你也能培养出英文牛娃

对话三十个牛娃家庭

王延明 编著

中国青年出版社

图书在版编目（CIP）数据

你也能培养出英文牛娃：对话三十个牛娃家庭 / 王延明编著 . -- 北京 : 中国青年出版社 , 2025. 5.
ISBN 978-7-5153-7591-5

Ⅰ. H31；G782

中国国家版本馆 CIP 数据核字第 2025LX2171 号

中国青年出版社 出版 发行

你也能培养出英文牛娃：对话三十个牛娃家庭
王延明　编著

责任编辑：尚莹莹
助理编辑：赵艺茜
责任印制：金　鹏
出版发行：中国青年出版社
社　　址：北京市东城区东四十二条 21 号
邮政编码：100708
编辑中心：（010）57350352
营销中心：（010）57350370
印　　装：北京盛通印刷股份有限公司
经　　销：新华书店
开　　本：710mm ×1000mm 1/16
印　　张：17.25
字　　数：270 千字
版　　次：2025 年 5 月北京第 1 版
印　　次：2025 年 5 月北京第 1 次印刷
定　　价：68.00 元

如有印装质量问题，请凭购书发票与质检部联系调换
联系电话：（010）57350337

编委会

推荐序

刻意练习是通往技能唯一的道路

有一个家长因为孩子英语成绩不好非常苦恼，她找到我说，孩子现在的英文学习是很刻板和单调的，她想给孩子换一个学校，换一个环境，比如去国外读书。那样的环境会不会调动孩子的兴趣，就能学好了？

我说，我很理解她的心情。

长期以来，我们都很强调兴趣的重要性。如果你喜欢一个东西，那么你坚持的可能性就大。更换环境，也可能会让孩子从讨厌一个技能变成喜欢一个技能。

只不过，有一个重要的事实，那就是，不管有没有兴趣，刻意练习是学好一项技能的必经之路。

有些运动员努力是因为家庭经济困难，还有一些是立志为国争光，也有因为纯粹的喜欢而训练，但不管出发点如何，他们共同的路径都是通过刻意练习的方法，通过大量的训练，来掌握一项技能。

他们的训练区别于普通人，他们会挑战难度，保持专注，长期坚持。

学好英语和没有学好英语的孩子，最重要的不是兴趣的区别，而是是否经过刻意练习。

事实上，英语高手有的把英语看成是工具，还有的为父母而学习，还有的仅仅是为了考高分，只有部分孩子是因为喜欢。

学习英语的理由可以很多，兴趣只是其中一种。

回到这个为孩子学习苦恼的妈妈，她想更换环境给孩子创造兴趣，我想她可能没有抓住问题的核心：她的孩子英语不好是因为训练不够，训练的质量不好。我的猜测是，即使换一个环境，也不一定能解决练习的问题，放到一个无人监督的环境，可能刻意练习的质量更差。

更好的解决方案似乎是面对孩子练习的问题，解决专注度、练习质量、动机，而这些，其实都可以在原先的环境里实现。

在厚海，很多孩子在国内的公立学校学好了英语。

这些刻意练习的孩子一旦在练习中进步，就会得到成就感和胜任感，会带给孩子愉悦和自信，再激励孩子坚持下去。

我给这个妈妈的建议，恰恰是我要给厚海所有家长的建议。刻意练习是厚海核心的方法论，我们希望所有的孩子都能通过刻意练习学会英语，并因此找到成就感和乐趣。

这本册子里的孩子，他们都有各自成功的原因。如果单独看每个案例，信息会显得杂乱，每个人成功的方式都不同，但是他们共同的路径都是：用不同的材料和方法，通过刻意练习的方式学好了英语。

希望大家在这些孩子身上找到正确的路径。

胡中华

厚海原版英语联合创始人

序

厚海创立于2012年，经过六年原版阅读的深耕，2018年我们决定组建“牛娃访谈”项目组。

这源于在厚海的内部教学会议中，我们经常可以听到老师们分享班里学生的案例，很多孩子经过几年的学习，英文水平达到了让人吃惊的高度。比如有小学二年级就通过PET考试的孩子，有四年级就读过几百本英文书的孩子，还有初一托福就考了110分的孩子。我们好奇这些孩子们背后的家庭到底做了什么，因此决定成立项目组，每个月访谈一个牛娃家庭。至今，我们一共访谈了六十多个家庭。

纵观这些牛娃家庭，我们发现，虽然每个孩子的具体情况不一样，但是这些家庭都有以下三个共同点：

第一，在英语启蒙阶段，听力输入量极大。
第二，长期坚持英文阅读。
第三，高阶英文能力的获得都是靠刻意练习的方法论作为支撑。

我们很欣慰，因为这些家庭都是长期主义者，都认同英语原版阅读，都秉持科学的练习方法。

我们访谈的初衷是了解牛娃的英语学习情况，没想到一旦和家长们开始交谈，话题就会不断地深入和拓展。家长们会谈到对孩子教育的长线规划、亲子关系、时间管理、各种课外班的平衡、未来是教育体系还是的选择，还有些家长分享了走过的弯路、掉进的“坑”，以及面对各种冲突时的选择等。

有人说，优秀的家长应该做孩子的榜样和教练，而不是保姆。我观察这些牛娃背后的家庭都有浓厚的学习和阅读氛围，比较民主平等，家长对孩子是启发式的讨论，而不是命令和控制。家庭氛围对孩子的作用是潜移默化的，也是影响巨大的。

因此，我们从中挑选了三十个家庭的访谈，集结成这本书。教育重在氛围，而优秀可以“传染”，希望这些内容能启发到更多家长。

作为两个孩子的父亲，我知道和别人家的孩子去比较是没有意义的。每个孩子都是独立的个体，只要认真浇灌，将来都能长成不同的花朵。教育是提供一种可能，而不是制造一种必然。了解一下别人家的做法，没准儿哪句话就会有启发，可以试一下，万一管用呢。按照爱尔兰作家塞缪尔·贝克特的说法，失败，试了，失败，试了再试，多少好点儿。

王延明

厚海原版英语 CEO

前言

2018 年暑假结束后，我开始负责厚海“牛娃访谈”专栏。

那时候，我刚刚从一个英语老师的教学岗位转到市场 & 产品岗位，家里有一个 4 岁多的娃娃。访谈的每一位家长都比我年长，他们充满多年育儿的智慧和经验，对英文学习和原版阅读的理解时常让我这个当时有八年教学经验的英语老师感到汗颜。

我越说越少，他们越聊越多。访谈后我整理文字稿，一遍遍回听访谈的录音，厚海一直坚持的听记作业，我应该能算得上是优秀的践行者。愚笨如我，那个时候根本没想过牛娃访谈的影响于我、于厚海之广和深远。

2019 年，我开始全面负责厚海的产品优化和研发工作。剖析需求、精确诊断、确定方向………经常让我和团队面临选择。究竟什么才是最优解？这个时候，牛娃家长们的话经常会浮现在我的脑海中。

Eva 爸爸说：阅读推动全能力。这句话别人不信，我真信了。

米多妈妈说：书房就是最好的学区房，英语可以不背单词不学语法，但一定要阅读。

Abby 爸爸说：孩子的认读词汇积累和句式使用，都是通过每本书 7~10 次的大量重复，自然形成的印象。

多多妈妈说：要想孩子早张口，必须让他多听。

Eric 妈妈说：我做得最多的就是给他堆书，家里的书永远都处于看不完的状态。读完了，就清到一边准备卖掉，然后再买新的。

Ray 妈妈说：学习自然拼读前，一定要有 1500 个听力词汇的积累。不然就是浪费时间。

厚海多年来一直帮助孩子们解决读写问题。我们仿佛是孩子英语学习马拉松里中后段的一个教练，对早期启蒙阶段了解甚少，是牛娃妈妈们的分享，让我们看到了优秀英文能力和阅读能力的来处。让这个曾经专注深耕阅读的机构不停反思和探索，究竟怎样的路线和产品能最高效地帮助孩子们搞定英文，实现自主阅读？究竟什么才是正道？

她们的成功实操经验，闪烁着智慧光芒的一句句话，汇聚成一个无形的灯塔，总在指引着正确的方向，对我们后来几年的产品和市场工作，有着深远的影响。

2023 年，在访谈了六十多个英文学习家庭后，我们决定选取三十篇优质的访谈内容，合集出版。这里不谈理论，只有最接地气的原版娃养成经验，只搬运每一天发生在家庭里的学习瞬间。这里有“英语学渣”妈妈、“英语老师”妈妈、走遍三十多个国家的投行爸爸、回归家庭的职场精英妈妈、名校教授妈妈，更多的还是学习能力强、愿意和孩子一起成长的“自鸡型”妈妈。

这些父母，无论从事什么职业，无论英文程度好坏，都拥有很多共性的品质：学习能力强、超高执行力、不控制孩子、认定了就坚持到底！

希望这本书里的只言片语，在您合上书的那一刻，让您坚定，给您能量！

刘莹

访谈者、厚海原版英语市场和产品负责人

目录

第1章 抓住启蒙黄金期 听力积累是根本

第2章
从认读走向自主阅读 坚持是唯一的道路

第3章

阅读推动全面发展 刻意练习助力高阶英文能力

出版说明

本书基于访谈对话整理而成，分享了少儿英语学习的经验和方法。为了保护访谈中所涉儿童的隐私，以及保持自然流畅的原始访谈语境，书中涉及的儿童均使用其学习英文时的名字，如小名、英文名等；书中使用的儿童人物照片，由本书作者获得其监护人同意后提供；书中涉及的原版书名、英文学习模块和方法等，遵从其原本英文表述，仅在第一次出现时标注中文翻译。

第1章

抓住启蒙黄金期
听力积累是根本

2岁开始英语启蒙，5岁半进入独立章节书阅读，妈妈高质量陪读真正把英语学成工具

牛娃介绍

★学生名字：May

★年龄：7 岁，*RE* 预备级学习中

★ 2 岁开始英语启蒙，5 岁半进入独立章节书阅读阶段

★利用英文版《西游记》实现大量听力和认读积累，利用英语学习另一门外语

访谈内容

01
启蒙早，抓住语言敏感期

刘莹老师：May 妈妈您好，孩子小小年纪英文水平就那么高，您的家庭启蒙一定特别扎实，先和我们说说孩子这一路以来的学习经历吧。

参加学校科学比赛的 May

May 妈妈：刘老师好！我和她爸爸对她的英文要求挺高的，我们是个对孩子英语期待比较高的家庭，所以 May 的英文启蒙比较早。

一两岁左右，我们就给她听英文儿歌，看英文动画片来培养听力。两岁半的时候，孩子算是正式接触了一些英文的启蒙课程，都比较简单，以培养兴趣为主吧。我们就感觉她对英文挺敏感，在一个语言爆发期，可能就是抓住这个敏感期了。

后来，在幼儿园期间，我们让她密集学了一遍自然拼读。学完之后，May 自信心倍增，突然感觉到：我之前只会几个常用的单词，怎么突然间我看着陌生的单词也能拼了。就像老师说的，见到词就能读出来，听到词就会拼写出来，她就开始特别喜欢学英文。

这个进步，我们也觉得特别神奇，就一直带她刷分级阅读，比如牛津树、*RAZ*。孩子读得越来越起劲儿，进步飞快。突然之间就能读一些句子和小短文，读了一个阶段的分级阅读后，我们想检测一下水平，就抱着试一试的心态，让她参加了剑桥等级考试、Movers 二级。

我现在回想起来那一天，心里还是特别感动。因为她当时只有 4 岁多，我在考场外面抱着她，说："你不用害怕，妈妈就在考场外等你。"孩子当时不明白考试是什么，还没那个压力，自己特别高兴，真的是戴着尿不湿进的考场。

那次考试也给了全家一个大惊喜，满盾的成绩。从那之后，她信心倍增，现在是一个特别自信的小女孩儿，我觉得跟她学英文的成就感分不开，毕竟英文是她的优势，在哪里都可以展现出来。

她 5 岁的时候，我们觉得应该是时候让孩子进行一下系统化的课程学习，抱着试一试的心态，我们就开始学习 *Wonderful World*（以下简称为 *WW*）这套教材的第三册书。而且正赶上暑假的集训班，连续 18 天，我特别怕她跟不上，但孩子坚持下来了，我们特别惊喜。

我记得特别清楚，第一期外教老师是 Nicole，特别喜欢 May，课间休息的时候 May 就给老师画画。这个老师特别懂得鼓励，给了孩子很多爱，18 次课要是没有外教的鼓励真的很难坚持下来，我们其实很意外。

之后 May 再上更高一个级别的课程就比较轻松了，也是经过这些，感觉到孩子从启蒙过渡到进阶，和之前明显不是一个阶段了。

02
大量听和读
打造扎实基础

刘莹老师：第一次上体系课就是 *WW*3，说明孩子的英文基础特别好，您介绍一下之前的启蒙阶段学习吧。

May 妈妈：我们家确实比较重视英文，孩子很小的时候输入就比较多，幼儿园期间最常做的就是看英文动画片，像英文版的《西游记》，翻来覆去地看。因为她太喜欢了，后来我就在网上给她找对应的剧本，打印出来或全套买回来，她也是翻来覆去地看呀、抄呀、画呀，大量地听。

我觉得英文版的《西游记》对孩子英文的发展起到了里程碑的作用，帮助她从听和看过渡到了认和读。我做得比较多的就是每天陪看、陪读、陪聊，我们在英文上花的时间是非常多的。而且孩子小，我比较注重保护她的兴趣。

刘莹老师：孩子的启蒙阶段，进行大量的听和读，这个非常关键。您帮孩子设计的路线也是很正确的，刚才提到自然拼读课程也帮了很大的忙，自然拼读课是在《西游记》听读之后学的吗？

May 读过的《西游记》剧本

May 妈妈：是的！在大量听读了《西游记》之后，我们学了自然拼读。而且也有很多人问我，孩子要不要学自然拼读？我都建议一定要学。但学完自然拼读之后一定要大量阅读，这样孩子就会越读越清楚，越读越巩固了。

当时我们用的教材是牛津版自然拼读，1~5 级。后来 May 在幼儿园大班跟着外教，又学了一次自然拼读，对学单词很有用，不用刻意死记硬背。

包括我前面提到的，学了自然拼读之后，孩子的信心一下子就足了，她发现之前不会读的都能拼出来，很有成就感。

就连后来做听记练习，有好多高频词汇反复出现，不用特意背，她写着写着就会了，有一些难度的词，比如她听记的时候，可能不会写，我会告诉她，认真听，它是完全符合拼读规律的，她就拼，试着写，基本没有什么大错误。

刘莹老师：孩子学自然拼读的这个时间特别好，她之前通过动画片已经积累了很多听力的词汇，学自然拼读之后才能把听力词汇和识读词汇联系起来，不然也不会有这么好的效果。孩子刚开始接触系统性的英文阅读时还很小，当时那么多的课后练习，能适应吗？

03
小年龄如何搞定厚海课程

May 妈妈：学习 *WW*3 和 *WW*4 的时候，其实对小龄段的孩子来说是比较友好的，每个 Lesson1 都有动画片。孩子特别喜欢看，我就反复给她看，潜移默化地根据那个情境猜测，可能那节课还没上，她已经能背出来那个意思了。

我一开始让她背课文，怕她有畏难的情绪，就把那个视频静音，让她以配音的方式去背，效果特别好，孩子背得特别快。当她能背下来一篇课文时，自信心又增强了。

学到第五本书时，没有动画片了，她突然还不适应，不过她喜欢画画，我就让她画出要背的故事内容。她一画，觉得挺有意思，也就背下来了。此后，她基本不用任何辅助手段了。每天吃早饭时，我会把这一周需要背的课文反复放给她听，潜移默化地学过之后，可能有点印象。我会说，你可以慢慢来，我们有一周的时间，每天早上听一听，晚上睡觉前听一听，听完之后，我读一遍，她读一遍。最后，我会先背给她听，让她给我挑毛病。她特别开心。

刘莹老师：这个方法好，孩子一旦成为小老师，太爱给家长挑错了。

May 妈妈：我错的地方，她真的记得特别清楚，等她背的时候，我错的地方她就不会再错了。所以我会适当降低一点难度，不会让她觉得“这个练习太难了”。

听记也是，我觉得这个练习太好了。因为 May 之前从来没做过这些训练，练习之后也特别喜欢写，觉得自己还挺厉害。

刘莹老师：是的，我还挺好奇，很多孩子连单词都写不了，May 最开始是怎么搞定书写的呢？

May 妈妈：学自然拼读那会儿，孩子已经开始接触写了，因为她喜欢画画嘛，拿笔比较早，手部的训练做得也比较多，所以她刚开始不抗拒写字。学自然拼读时会给她听写点单词，让她看一看，她愿意写，就试着写一写。甚至，她说，“我可不可以写一段换一个颜色？”我说没问题，我们就写一个彩虹色的听记。在最开始，我主要是帮助她接受书写任务，并顺利写下来，这样她就不会产生太多畏难情绪。

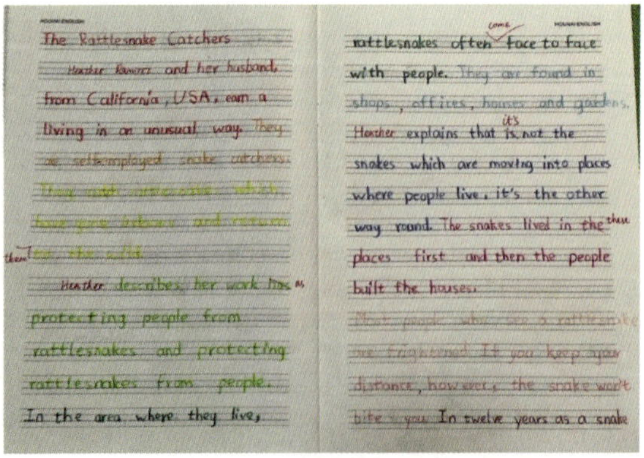

May 的彩虹听记

刘莹老师：虽然您前面的讲述听上去孩子学得不费力，很顺，但陪孩子走过来的家长都会感受到您是个对孩子特别好的妈妈。孩子能有现在的表现和您每一步的行动都分不开。

May 妈妈：我是比较关注她某些敏感的点。比如，她说今天在幼儿园看到了一个什么动画片，或老师读了一本书特别好。

她感兴趣，我马上给她找，包括后来接触数学或其他学科，我都会尽快抓住她的那个敏感点。我觉得这种学习方法比单纯地让她“把这个读了”，或“把这个做了”会更有效果。

我自认为不是一个特别焦虑的海淀妈妈，但不可避免地受到周围环境影响，我也会经常调节自己，以孩子的节奏来吧。

她爸爸有时候也跟我说，不要总盯着那个天花板，因为海淀实在有太多牛娃了。说实话，May 跟那些孩子比根本不算什么，只是说英语的学习只要肯付出时间和精力，肯定会看到效果，我们做的不过是开始早一些，然后坚持得比较好。

说句心里话，这个小龄段的孩子因为认知还没达到，不太懂得坚持学习的意义在哪儿，其实 70% 的坚持靠家长。

刘莹老师：您说得太好了。在这之前我们做过的牛娃访谈，大部分都是启蒙特别早，听力输入早。虽然家庭之间有不同，比如有的 3 岁开始英文学习，有的跟爸爸妈妈出国访学一年，但从路线上来讲，全都是前期大量地听，有了这个基础之后开始持续阅读。开始阅读之后，更多就是看是否能坚持。

May 妈妈：是的，坚持很重要，而且孩子小，家长的陪伴更重要。May 是个小女孩，她还是比较依赖我，年龄也比较小，有一次跟不上老师的节奏，在课堂上哭了，我及时关掉了摄像头，安抚她的情绪。孩子小，我陪着能随时给到这些支持。

刘莹老师：体系课越往上走，不仅需要孩子的英文能力，那些课文还涉及到了方方面面的背景知识，您觉得孩子年纪那么小，有认知上的困难吗？

May 妈妈：May 有一个哥哥，之前学过一遍 *RE*（*Reading Explorer*，美国国家地理学习出版社的英语原版教材）预备那本书，两个孩子都居家学习时，我就让哥哥给 May 讲了一遍，听听音频，所以 May 开始学习之前，已经了解了大概。她认知上达不到的，我会再给她讲，相当于做了个预习，否则以她的年龄段第一次学可能会跟不上。

预习我主要就是帮她理解某个话题，会提前找背景知识让她了解一下，再去上课。May 的情况是，也许她还不能达到特别让人满意的效果，但在她的能力范围内已经达到我们的预期了。

刘莹老师：其实我们之前访谈过一个牛娃妈妈，孩子年龄很小，但是英语级别非常高。那位妈妈的观点是，虽然有时候认知理解比较困难，但是也相当于帮孩子补充了一些认知。

May 妈妈：我觉得 *RE* 这套教材特别好，确实包含了很多方面的知识点，不单单是学习英文，帮助她取得多么好的成绩，也帮她打开了一个眼界吧。

我们给她买英文杂志，好像是 *High Five*，每一期可能会有一篇文章稍微带点西班牙语，而且刚好是可以点读的。某一次我就发现她读的好像跟那个还挺像，也让她尝试了一下西班牙语。所以现在她也在学习西班牙语，英文已经成为了和西语老师沟通的一个媒介，已经是一种可以交流的工具了，她没有把它当成一个学科来学。

刘莹老师：孩子在体系课学习时，有过一些畏难的时候吗？您自己有过焦虑吗？

May 妈妈：肯定有。比如一开始背课文就是，因为没有动画片的辅助了，文章句子也比较长，她哭过，我也会心疼。我跟她说，你要觉得太难了，我们就不背了。

但可能就是长期以来养成的这种学习习惯，她会擦擦眼泪说："没事，我接着背吧。"

包括她练习听记的每一个本子我都保存着，有时候她自己也会拿出来看，觉得"哎呀，我写得真好"。是的，这都是我们的宝贝。每一次课我都是陪着她上过来的，我知道她在这个年龄段自己付出了多少，和目前为止有的一点小小成绩成正比。

May 的听记练习本

刘莹老师：接下来想聊一聊孩子的阅读，孩子读分级的时候都读什么呀？您都如何给孩子挑选书？

May 妈妈：我也不知道读什么书好，就让她看咱们之前推荐的书单，完全按照厚海的节奏来。我有一些以前看过的书，比如《奇迹男孩》，也会给她讲下大概。她很感兴趣的，我就把那本书买回来让她读。

因为要从桥梁书过渡，一开始不会是太厚的书，否则都是文字，要看简单版本的，她自己在家没事就看，不认识的词可以跳过去，不会影响理解整个文章的故事意思。看完之后，我就让她大概讲一讲，理解了就好。

有的书可以找到电影，我会找出来，再让她看一遍，这就和背课文一样，文字加图片效果更好。

分级读物选的是牛津树，特别吸引孩子，有很多不同的版本，还有探险系列，每天给她做计划必须读。她学完拼读之后那个阶段是大量地读，反正我们家也买了好多书，堆在那儿，客厅、卧室到处都有书，她随手就能拿到，就会看，已经养成一种习惯了。

相对来说，她现在可能阅读理解稍微差一点儿。我也没着急，我觉得可能是认知还达不到，但这个不是着急的事，就跟着孩子自己的节奏来吧。每天都能看到她的进步就可以了。

现在孩子还小，我们继续保持大量的泛读，我相信阅读理解能力慢慢会越来越好的。

刘莹老师：是的，不需要着急，阅读到最后本来就是理解的问题。孩子现在的年龄能进入自主阅读，已经是非常不容易的事情了，理解的部分慢慢来。

May 妈妈：对，我现在就是继续陪伴，比如陪她上课，每次都特别有收获。有时候我俩比赛看谁学得好，比赛做笔记，因为这份陪伴，她也会特别有安全感和幸福感。

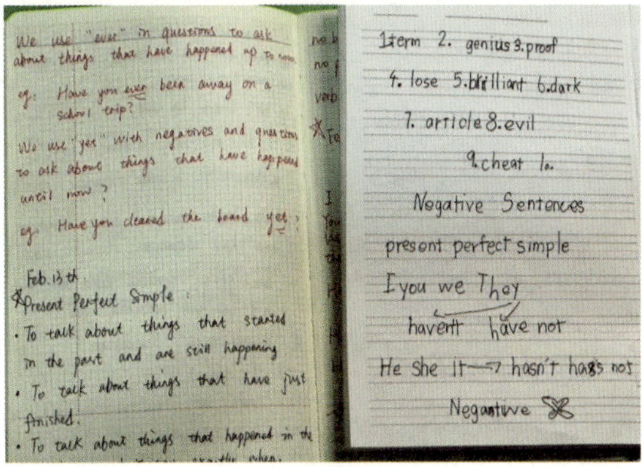

May 和妈妈的笔记

刘莹老师：您可能更能理解孩子，比如在哪个地方，她的一些表现没那么好的时候，您都可以理解。

May 妈妈：对，课后练习有哪块不理解，我也会帮她加强一下，让她不会那么焦虑，不会有那种畏难的情绪，也更有安全感，因为想到可能课后妈妈会再给她讲一讲，就能明白了，就会放轻松一点。

0岁开始英文阅读启蒙，7岁裸考KET优秀

牛娃介绍

★学生名字：Zoe

★年龄：一年级

★裸考 KET 优秀（差 1 分卓越，口语满分）

★ 0 岁阅读启蒙，3 岁可以和外教进行英语交流，5 岁阅读简单章节英文书，6 岁能自主阅读美国小学科学社会 G3 教材，可以阅读中级章节故事书

★对各类学科知识均充满了强烈的学习兴趣，被其他家长戏称为“自带发动机”的萌娃

访谈内容

“英语很渣”，“工作很忙”，“普通职场妈妈”，是 Zoe 妈妈对自己的介绍。虽然不具备明显的英文优势，但是 Zoe 妈妈花了大量时间深入了解语言启蒙的方法和英文学习的素材，并且和很多有经验的牛爸牛妈交流取经。

Zoe 在英文方面的出众，很大程度上来自妈妈的付出，她也用行动告诉我们：即使父母英文不“牛”，只要方向方法正确，也完全可以培养出英文“牛”娃。

香香老师：Zoe 妈妈您好，孩子一年级裸考 KET（Key English Test，剑桥考级的入门英语考试）就优秀等级，说明之前的启蒙及英语学习路线高效且正确。今天请您分享一下培养孩子英文的过程。

Zoe 妈妈：现在的低年龄段孩子考过 KET、PET（Preliminary Engliah Test，剑桥考级的初级英语考试）优秀太常见了。我们让 Zoe 试试是想查漏补缺，她没怎么做真题，只在当天考试之前做了一套真题见了下题型，单词也没怎么背，结果出来口语是满分，反映出孩子的听说能力很强，读写有差距。但 Zoe 对考试没那么抵触，考试对我们的指导作用还挺大的，帮助查漏补缺。

那时候，我周围好多妈妈都认同用英文阅读推动英文学习，现在英文好已经不是单纯指成绩好，而是能不能使用，能不能阅读。Zoe 刚出生的时候，我在很多海淀妈妈的博客中看到过这个观点，所以我就一直在寻找一个以推动阅读能力培养为目的的课程，很幸运找到了。

现在启蒙比较早的孩子可能大都有“听说较强，读写较弱”的问题。比如写的方面，洋洋洒洒写完了，虽然没有大错误，但是小的语法错误不断，读的方面一涉及阅读理解，题就会错很多。我们家英语最好的就是 Zoe，我们英语都没她好，也没办法辅导她。

后来我们发现她做阅读理解题的正确率和对文章内容的熟悉度成正比。当做到像是恐龙等内容，正确率就会特别高。但当遇到比如用 DNA 技术对犯罪现场侦破这类内容的文章时，正确率就会比较低。Zoe 的 KET 口语是满分，当天考试之前就做了一套真题见了下题型，平时我和孩子爸爸都没办法辅导她，也没有时间陪她学。孩子都是自己学，姥姥帮忙放放音频什么的。

香香老师：我们之前见过很多英语牛娃的爸爸妈妈本身英语特别好，有的是英文专业，有的在外企工作。很多英文没那么好的家长常常问，如何帮孩子学习英语，这方面非常期待您分享一下。

Zoe 妈妈：我的英语特别不好，在教孩子上也不自信。

不过，从孩子 0 岁，我就给她读书，输入；4 个月的时候，我给她讲中文故事，放英语音频等。

当时音频资源也不丰富，我在买英文故事书的时候就专挑配有 CD 的英文书。因为担心自己读得不准，中文输入的时候讲故事，英文输入的时候就放 CD。

半岁开始，Zoe 每天会看几分钟的英文动画片，当时有个视频每天讲一个单词一个手语，对孩子建立语言初步的认知帮助很大。1 岁左右的时候，当听到“milk”时，她就会做出倒牛奶的动作，这算是 Zoe 最早的英语启蒙。

可是，用这样的方法进行到 1 岁多的时候就出现了一个问题：孩子有选择性地只看中文故事，不爱看英文的。我惊喜于她这么小就能分辨中英文的同时，也思考为什么孩子拒绝英文。我意识到，孩子的英文输入量不够。毕竟她成长在中文的环境里，中文理解力慢慢上来了，就优先选择了自己能理解的中文故事。

后来，我买了点读笔、牛津树分级书、*RAZ* 分级书、儿歌类图书。当孩子发现点读笔可以互动时，得到了一个正向的刺激，开启了她学英语的大门。

当时刚 1 岁多点，她就能自己站在沙发旁点读英文书半小时，并很清楚如何实现点读，哪个点读笔对应哪本书，从此就不太排斥英文读物了。后来她又看了大量英文动画片。

可能也是因为我自己英文不好，想尽力给孩子创造一个全英文的环境，所以在幼儿园的选择上，我们就选了一家有外教的。

香香老师：很多来到厚海的幼儿园小朋友英文程度还是处在刚启蒙阶段，Zoe 能学 *RE* 的教材，英文水平和同龄人相比有明显的优势，您认为主要是什么原因呢？

Zoe 妈妈：我认为这是因为幼儿园期间我继续坚持给孩子的中英文阅读，使得 Zoe 在幼儿园的语言能力要比其他能力突出一些，3 岁时就能和外教交流了。不是重复，是交流。

小班的时候老师还在教 26 个英文字母，加一点点简单自然拼读在里面时，她就已经有拼读的意识了，想试着自己拼一些单词。我在家辅助了一些以自然拼读为基础的歌谣等，有韵律感，她在中班的时候就可以自主阅读 *RAZ* 的桥梁级别的绘本了。

孩子接触英文的频次比同龄孩子高，读书的量也大。我认为我们做得最正确的一点就是从 0 岁起坚持中英文双语阅读，养成了好的阅读习惯。

我现在能想起来的 Zoe 小时候的情景，大多是她自己抱着一摞书在书桌前阅读的样子，哪怕是大过年外面在放烟花也打扰不了她。可以说，从 0 岁开始因为坚持中英文双语阅读，Zoe 养成了好的阅读习惯，阅读也切切实实地伴随着孩子成长。我印象特别深的是，Zoe 迈进 9 个月的第一天。她那时正在学爬，一刻不停地到处探索。我还是照常上班前给她读一个故事，没想到，当我开始讲的时候，她主动爬到我身边坐下来非常专注。当我讲到小熊和妈妈一起手拉手去散步时，孩子居然把手主动伸向我——她听懂了！从那以后她听什么故事都非常认真。

香香老师：这是个重要的转折点。

Zoe 妈妈：是的，那天我非常激动，觉得之前所有的付出都是值得的。后来 Zoe 上了幼儿园，放学回家大部分时间也是用来阅读。还有一个惊喜是，英文学习和阅读带给孩子性格上的塑造。Zoe 本来是个比较慢热的孩子，但她在上英语课或录英文视频的时候，那个感觉是完全不一样的，特别自信和开放。尤其在讲长篇英文的时候，她的眉眼、动作、表情、语调全部都特别像她的外教，整个感觉很像外教的表达方式。

Zoe 在讲中文的时候就很严肃、内敛，讲英文时简直在放光。

英语让她变得更自信了，孩子思考世界的视角也不一样了。以前觉得这是句空话，发生在自己孩子身上才深刻体会到。尤其是上外教课，外教老师的思维、外教老师来讲各学科知识，带给孩子的影响都和中教老师不一样，像给孩子打开另一扇窗一样。

孩子在学这些东西的时候，我能感觉到她在用英语当工具，而且提问都超出了这个年龄段孩子的认知范围。比如她会问到关于世界史、中国史、中西方文化对比的问题，并能提出自己的观点，进行知识的横向迁移。

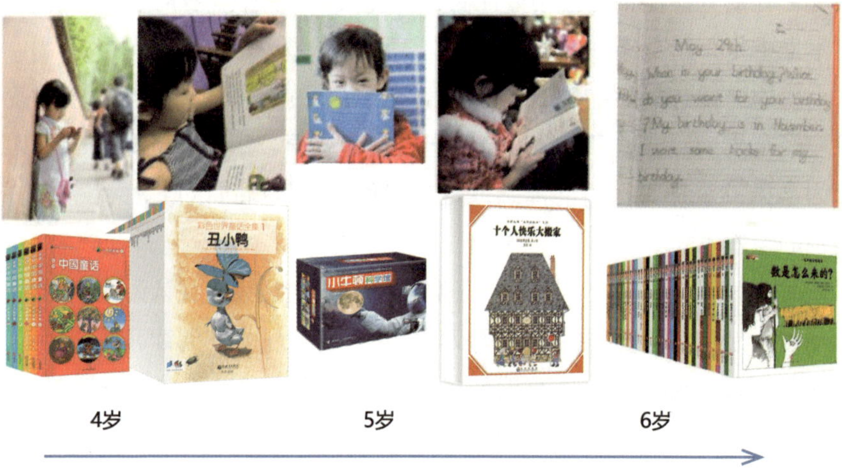

Zoe 妈妈给孩子创建双语学习环境

孩子有了学习的能力和动力，这让我很惊喜。

我认为比较突出的一点是她对于学习本身是有兴趣和热情的，非常积极地拥抱这件事。每次下课回家路上，她都不停地和我分享在 *RE* 外教课上学到的内容，尽管课本内容离她的生活比较远，听记作业是个很大的挑战，我还是会用各种方式引导鼓励孩子去完成，孩子也会非常积极地拥抱它们。

我希望孩子保持语言的优势，保持学习的动力，我没有给她选择特别应试的、只为了通过考试而设置的课程。我认为考试就是检测，以考带练，要正向看待考试，让考试反向帮助孩子提高阅读理解能力。

香香老师：我特别认同，早期英语学习以培养能力为重，基础打牢可以厚积薄发，不破坏对学习的探索和对世界的好奇，等需要的时候，孩子是很容易拿下一个好成绩的。

Zoe 妈妈：对待考试，我一直都比较理性。虽然孩子现在的英语水平已经远超过我，我没办法去评估她到底学得怎么样，但每次下课，我会让她复述上课所学的内容，孩子就会讲一大段英语，声情并茂，条理清晰，非常享受。我就知道她学习的状态是非常好的，而且学的内容是高于她现有课程水平的。复述到后面，我还挺想让孩子去学一学偏文学类的教材，更丰富她的世界。毕竟现在孩子们的水平越来越高，我见过很多比 Zoe 年龄小、语言水平却在她之上的小朋友。

香香老师：我懂您说的，不过我在 Zoe 身上看到了非常多的可能性，小小年纪就把英文说得这么好了，而且我们外教老师 Martin 对她的评价也特别高。

Zoe 妈妈：我对她的规划还是以公立学校路线为主，国际路线以后再说。

而且我比较理性，考虑因素比较多，没有对机构抱有巨大的希望，一周就三到四个小时，线上课一次才 25 分钟，这些不可能满足孩子的听说读写方面的所有需求。每个孩子有不同的诉求点，只要机构能达到某一个诉求，我觉得就挺好了。

相对大一点的孩子可能对应试需求比较高，但我认为提高综合能力更重要，应试能力的课程不能专门占用孩子太多时间。Zoe 完全在全中文的环境里成长，我尽力让她多频次接触英文，提供一个输出平台，进行更深入的学习。

Zoe 周围和她一样大的孩子全是“原版娃”，深耕英文阅读的课程和机构特别适合这样的孩子，也期待能研发出更多更好的课程。

5岁零基础，7岁读完15个*RAZ*级别，这位爸爸带娃做了这些

牛娃介绍

★学生名字：Abby

★年龄：7 岁

★一年读完 15 个 *RAZ* 级别，每天学习英语至少 45 分钟，已经坚持两年

★ 7 岁时 Star Reading 测试得分值 4.3

访谈内容

Abby 在接受我们访谈时 7 岁，就读公立小学二年级。8 月份时，她的 Star Reading 测试得分 4.3，也就是英文阅读能力相当于美国小学生四年级第三个月的水平。Abby 爸爸的朋友圈里，也经常晒出女儿全神贯注地阅读原版书的照片。

很难想象，英语技能扎实稳步推进，也热爱原版阅读的 Abby，两年前还处于几乎零基础的状态，Abby 爸爸笑称“后来我自己带娃，是从负数开始”。

听到 Abby 爸爸这样说，我们非常震惊，震惊之后更多的是好奇：爸爸妈妈做了什么，既培养起孩子长久的兴趣，又让语言技能跟着水涨船高？在这篇访谈中，Abby 爸爸就为我们追溯了孩子英文启蒙的两年历程。

——以下内容为 Abby 爸爸亲述

01
一年课外英语启蒙毫无成效，倒逼我思考孩子的英文学习目标

Abby 是 2014 年 7 月出生的小姑娘。我和她妈妈是双职工，对孩子的英文学习道路一开始没有明确的思考，只是在她 4 岁那年报了每周一小时的学习班，外教带着听说浸润。

上了一年之后，我们突然意识到孩子毫无进步。虽然知道她比较慢热，即便在现在的课堂上也不属于“话痨型”，但在课外学习了一年仍不愿开口，连我平常轻松地逗她问：“How are you? What's your name? ”她都只是摇摇头。

此外，她的认读词汇不到100个，基本属于零基础，我就知道一定是方法出了问题。

于是，我果断决定：停掉这种无效的学习班，自己带娃学英语。

给孩子启蒙这项“工程”，说大不大，每天1~2小时，但说小也不小：具体到每次多长时间？做什么？怎么做？我运用了工作里常用的“以终为始”原则来思考。启蒙阶段要先确定英文培养的目标：以后要不要出国？对孩子小学阶段的英文有什么期待？自己能投入多少精力？能不能陪着孩子学？想清楚这些问题，才方便后面计划的制订和实施。

经过一段时间的思考和研究，Abby的培养目标终于明确了，这里列给大家作为参考。

总目标：

重应用，通过3~4年的陪伴，实现听读无碍，阅读水平和欧美小朋友同步。

第一年：

培养语感，学习认读，积累大量听力词汇。

第二年：

大量阅读，从分级读物争取读到桥梁书。

第三年：

听读领先说和写，从桥梁书过渡到初章书、中章书，开始体系化学习。

02
在每日小私塾Our Little Class，我陪孩子亲子共读上千堂课

“小私塾”，顾名思义，是我和孩子亲子阅读、刷分级读物的英文学习板块。从Abby上幼儿园大班起，我每天带娃上小私塾，到现在坚持了两年有余。

在具体讲小私塾怎么上之前，我回望这段经历，有一个最深的感悟想先分享给大家，那就是亲子关系是学习的根基，亲子伴读越早越好，海量的资源也比不上父母蹩脚的口语。

很多家长都会说：“我那个英文太烂了，不能跟他开口讲，影响了孩子的发音可怎么办？”但是我读到的一个研究说，在汉语家庭中，当孩子小的时

候，父母跟他说英文的比例直接决定了孩子长大后的英文能力，以及他双语系统的协调能力。什么是双语系统的协调能力呢？指的是孩子能够从中文切换到英文，再从英文切换回来的自如程度。

而这个过程中，爸爸妈妈本身英文水平的高低并不对孩子造成影响。

所以，尽可能跟孩子去讲不太完美的英文吧。启蒙阶段高质量的陪伴和充分的交往，才是孩子语言能力的基石。

接下来，我就分享一下 Abby 上小私塾的具体方法。

2019 年夏—2020 年夏

学习材料：英文绘本、分级读物（*RAZ AA-F&G*、牛津树等）。

学习方法：利用图片、肢体动作帮助孩子获得可理解的输入；重复听说；不背单词，不讲语法。

学习时间：每天 45 分钟左右。

2020 年夏至今

学习材料：*RAZ*（*Reading A-Z*）、桥梁书、初章书。

学习方法：裸听 + 自主阅读（朗读、默读）。

学习时间：每天 45 分钟左右。

培养兴趣很关键。Abby 不爱说话，一开始对学习一门新语言完全没有兴趣。但是我知道她爱唱歌，就从 *Sing Along* 欢唱童谣系列入手，带着她唱英文歌。英文歌的优点是韵律感强、重复性高，朗朗上口，特别好学、好记。半年后，Abby 就不再排斥英文了，有时候还会缠着我问："爸爸，今天我们什么时候唱英文歌？"

在我看来，很多孩子排斥听或者排斥读，可能就是因为对学习材料不感兴趣。作为家长，比起直接把自己认为好的东西塞给孩子，不如多观察孩子的兴趣点，以此为抓手。喜欢听、喜欢读，比阅读技巧、阅读速度本身更重要。

家长输出是启蒙阶段最高效的教学方法。最简单的就是给孩子展示图片之余，使用 TPR（Total Physical Response，全身反应法），也就是动作展示。比如讲到"climb""run""jump"，直接表演出来，孩子一下就懂了。

尊重孩子的认知规律和节奏，大量重复。听童谣半年，Abby 能够蹦出一些英文单词，已经是非常可喜的变化。我们也觉得是时候加入分级，从唱童谣、看歌词，开始正式的情节阅读之路。刚开始阅读的 Abby 还不能整句输出，这很正常，整个过程我没有催促她，不制造压力，就是跟着孩子的节奏，一点点走，每天按部就班读一些。

我们用的材料也是市面上常见的 *RAZ*、牛津树、海尼曼。从 0 到 1 的阶段最磨人，我的步骤是“听—读—说”练习：先完整地听一遍音频，然后听一句、跟读一句，接着整个读下来，最后把图画盖上，让孩子讲讲这个绘本里说了什么。这个过程中不纠正发音，不纠正语法，读不出或说不出，就再多听一遍。

分级读物的前几个级别都特别短，通篇也就几十个不到一百个词，我每次从不同系列的相似级别里挑几本，穿插重复进行。每本书的“听—读—说”完成一次，我就会在书上打一个钩，最少的也学了 7 次，多的 10 次有余。

一年下来，孩子 *RAZ* 系列从 AA 级别读到了 F、G 级别，达到了和欧美小朋友同步的目标。Abby 积累了大量的听说词汇，词汇应用能力也提升了不少。

Abby 每学习一遍就打个钩

考虑到孩子的年龄，Abby 启蒙第一年基本没有涉及背单词和讲语法。也就是说，我不会给她列一个单词清单，每天背几个，也不会在出现 was/were 的时候就跟她讲这是一般过去时。她的认读词汇积累和句式使用，都是通过每本书 7~10 次的大量重复，自然形成的印象。同时了解 *RAZ* 这套书的家长朋友们一定也都知道，F 级别之前每册书的每一页基本都是 1~2 个句型的重复，重复的遍数足够多，不怕孩子不会用。

孩子上一年级后，小私塾依然继续。有了前期每天 1~2 小时的积累，孩子对英文听书、阅读、平时口语输出的兴趣一直保持，学习起来也无须过多督促。她可以裸听 *Magic Tree House*（《神奇树屋》）初章书，也更多地自己用平板电脑读 *RAZ*，今年已经读到了 N 级别。我们陪伴投入的时间明显减少了，更多的是进行听读后的检验，问问孩子书里的具体内容，确认她是在持续吸收。

03
英文需要系统化训练，选择合适的级别，挖掘创新的方法

前期的大量听和读激发了 Abby 的兴趣，让她觉得学英文是一件有趣的事，也是每天自然而然要做的事，同时也打下了良好的基础。不过，这些读物始终是“零食小菜”，对她的英文能力来说，既无法推动全面发展，其效果也受到家长水平的限制。

不全面，在于说和写的输出不足，还有时态等语法知识点没有专项练习。说受到家长水平的限制，显而易见，孩子的英文水平越来越高，不能让家长的英文成为孩子的天花板，需要让专业的老师跟她交流、引导。

要说“正餐”，还得进入一个体系学习。

Abby 一年级下学期，我们给孩子挑选机构，一开始瞄中的是更高的级别，用 *RE* 教材展开学习。但是孩子水平达不到，结合孩子的年龄和之前的自主启蒙经历，还有老师的建议，我们决定先学习少儿英语阶段的教材。经过测试之后，本来 Abby 的分数是可以上三级下的，但我们还是决定从三级上开始体系化学习。当时周围有同学家长不理解，明明能“追高”一个级别为什么要“就低”?

总结下来有这么几个原因。

1. 课文长度：少儿阶段的教材 *Wonderful World* 三级到四级是一个显著拔高，四级到五级又是一个显著拔高，每个级别文章长度在上一级的 1.5 倍左右。孩子进入体系学习本来就需要一个适应的过程，需要扎实地朗读、背诵，上一个学期就进入四级，孩子遇到的挑战可能会很大。

2. 认知层面：Abby 当时一年级下，如果学完三级下马上进入四级，文章会讲到孟加拉国的失学小朋友、秘鲁的木乃伊等话题，可能超出二年级孩子的常识范围。

3. 写作：即便是低一个等级，也开始写小作文，但是 Abby 从来没有写过成篇的文章，顶多是回答分级阅读后面的 quiz（小测验），所以入学测试的作文里词汇和语法错误较多，标点符号的使用更是完全不清晰，多练 6 篇小作文有益无害。

我想对各位家长说，选择适合孩子的难度级别很重要。我们在启蒙阶段费

了这么大的力气，就是希望孩子能把基础打好，从容地进入到精读，那么在选体系的时候干吗要盲目拔高呢？如果一篇课文里全是生词，孩子跟不上，或者讲的都是孩子不能理解的事物，学习感受和效果又能好到哪里去呢？这就背离了我们的初衷。

所以，我在仔细研究了老师发来的三、四、五级教材目录和片段后，认为老师的建议有道理，便听从了老师的建议。

每周三小时的在线课，我和很多家长一样，都会担心孩子坐不住，但好在 Abby 对英语兴趣很足。除了孩子自身愿意学以外，每堂课大约每隔 10 分钟就会进行不同的课堂活动，有猜词、讨论、朗读、造句等，调动孩子的注意力，而且体系课的教材内容也很丰富，不管是第一课的系列对话、第二课的科普，还是第三课的实用小文章，类型多元，适合孩子的年龄段。

所有的练习当中，我们最担心的是英英释义背单词。受到小私塾亲子共读时鼓励 Abby 复述故事的启发，我设置了让孩子“聊”单词的环节——围绕一个生词，想到什么说什么。

比方说，学到 wild animal（野生动物），她会举例说 bears（熊）是一种 wild animal，它们和 pets（宠物）不一样，“They don't live in the house”。学到 pot（盆）时，她知道 pot 的用途是“storing or holding things”，她想用花盆来举例，一时又说不上来，我就会换种方式让她自己画出来，画着画着 Abby 就有了思路——“You can plant flowers! ”

现在，Abby 的体系课已经升了一个级别，小私塾也在坚持，主要是孩子自己听读。回顾过去两年来的经验，主要有以下几点：

1. 坚持，比学习材料甚至学习方法更重要。

2. 启蒙阶段，家长最好能一直陪伴孩子做大量听力练习和亲子共读，帮助孩子获得可理解输入。

3. 保护孩子的兴趣，选择孩子喜欢的学习材料。

4. 不盲目求快，大量重复练习很有必要。

5. 进入体系，级别就低不就高，高质量完成每一份练习。

访谈老师结语：

从事少儿英语教育多年，无论是平时的咨询答疑还是每周的访谈，我接触的家长都以妈妈为主，对爸爸这个群体带有天然的陌生与好奇心。Abby 爸爸是近一年来访谈的第一位爸爸，通过短短几天的接触，我发现他在带娃英文学习之路上，展现出了极强的投入感和钻研精神，令人印象深刻。

无论是陪孩子坚持两年小私塾，每天最少 45 分钟从不间断，还是和机构老师认真沟通学习规划，确定合适的级别，都满满地倾注着给 Abby 的爱。他给 Abby 定期规划 AR（Accelerated Reader，英国 Renaissance Learning 公司研发的英文阅读分级体系）测试，精听、泛听、精读、泛读各种技巧信手拈来，说起 *Nate the Great*（《大侦探内特》）、*Captain Underpants*（《内裤超人》）、*My Weird School*（《疯狂学校》）等阅读材料如数家珍。“加大非虚构阅读比例”“精读的脑图训练也要接触起来”，看得出他对孩子下一阶段的英文学习，已然胸中有规划。

访谈最后，我们想让 Abby 爸爸提炼一些观点，以及最想对其他家长朋友们说的话。爸爸想了半天，告诉我们“带娃需坚持，貌似没啥捷径”，还配了一个“捂脸”的表情。我猜 Abby 爸爸想说，真理往往是最朴素的，就像他自己提及的那样：“家长要做的事，绝对比娃更难、更复杂。”

一年级阅读原版英文书过万本，妈妈做对了这三件事

牛娃介绍

★学生名字：Christine

★年龄：一年级，正在学习 *RE*2

★英文阅读痴迷爱好者，坚持英文阅读

访谈内容

在厚海天津中心校区有这样一个小学员，她被外教老师 Natalie 亲切地称作“bookworm”。只要课间一休息，就能看到她在阅读的身影，所以天津中心校区的各个角落都是她的阅读小天地。今天我们邀请到了 Christine 妈妈进行访谈，看看这位小书虫是如何被培养的。

刘莹老师：Christine 妈妈您好，孩子一年级有如此强的英文阅读能力，很难得，我特别期待您谈谈培养孩子的细节。您先聊聊孩子一路以来的学习经历吧。

在校区读书的 Christine

Christine 妈妈：您好刘老师，Christine 大概是从两岁开始学英语，在家里启蒙的时候只是简单地听儿歌，看一些英文动画片，或者我给她读一些简单的英文绘本，就是为了让她对英文觉得不陌生。

后来三岁时，她去了国际幼儿园，有了一个比较好的英语语言环境，不过当时她的重点还是以适应幼儿园的生活为主。有了一点儿英文基础之后，我发现用碎片的时间来播放英文音频，效果特别好，所以后来我们又加大了听力的量，在学校也很系统地学习了自然拼读，慢慢地，她就开始了自主阅读。

开始的阅读，我们主要是观察她的兴趣点，然后买一些她感兴趣的书，先培养她的阅读兴趣。

刘莹老师：您描述的这个过程特别像孩子母语学习的经历。有大量听的基础，再学习自然拼读，帮孩子拥有了认读能力。

Christine 妈妈：是的！因为孩子的认读能力，首先需要前期的一个大量的听力积累，然后通过加拼读的学习，再加上阅读来练习。学习自然拼读之前一定要听得够，不然学习效果也不好。在孩子对语言特别敏感的 2~5 岁吧，"听"真的特别重要。

我们在国际幼儿园，的确给孩子提供了一个比较好的语言环境。不过现在很多孩子利用点读笔、音频和视频，同样也能获得一个比较好的语言环境。现在资源很多，包括坚持上外教课等，都能给到孩子一个很好的语言环境。

但是后面的英文阅读我觉得就跟环境关系不大了，重要的是家长和孩子的共同坚持。

刘莹老师：在孩子从启蒙到能自主阅读的过程中，您觉得做得最对的几件事是什么？

Christine 妈妈：第一个，就是从小就培养她独立做事儿、独立阅读的习惯。比如很小的时候，我们就会对 Christine 说，爸爸妈妈现在有事情要处理，你需要自己安静地待一会儿。然后她就会自己玩玩具，但是最后往往都是坐在那里翻各种各样的书。她仿佛找到阅读这个"朋友"。

再后来，比如说我们开车出去，或者去附近的公园散步，她都会夹着一本自己喜欢的书，我也会鼓励她这么做。现在经常外出吃饭的时候会看到有的孩子在玩手机，我非常理解，大人需要片刻的安静或者需要谈事情。但每当这个时候我都觉得有点可惜，完全可以给孩子带本书，帮助养成习惯。

第二个就是她听得特别多。很小的时候先会听一些英文歌儿，看英文动画片，后来她上的是国际幼儿园，在上下学的路上，我都会播放一些英文故事，比如说《神奇校车》《牛津树》《神奇树屋》等。后来我就发现她有很多都可以背出来了，为以后的听力打下了一个不错的基础。

边看边研究

但是有的孩子已经非常习惯听中文了，再听回英文很难。有朋友会问我这个问题，所以说语言还是要尽早开发，在她还没有形成强烈固定的模式前，孩子一般什么都能接受。

第三个就是我特别爱囤书，只要看到不错的

书，我都会整套买回家。我就觉得可能当时孩子看不了，或者是不感兴趣，但说不定什么时候她会翻一翻呢。就像前段时间，Christine 突然就对考古、化石、岩石特别感兴趣。然后她就自己找出了很多书在那儿看，还会给我分享她的一些发现什么的。

所以孩子的英文阅读一直坚持得特别好，印象中基本上没有一天间断过。就算是去医院检查视力，那天滴了药，医生说不让看书了，她也会听音频，或者让我读给她听。基本上，读书就是她每天必须做的事情。

但是她的中文阅读相对就差一点，因为孩子能够英文自主阅读之后，英文书就读得明显多。随着中文识字量的增加，她对中文书的兴趣也越来越大了，现在她每天都会读一些。最近刚读完了一整套的《福尔摩斯》和《寻宝记系列》。

刘莹老师：这么早就拥有自主阅读的能力，很让人羡慕。孩子的阅读能力是如何养成的？

Christine 妈妈：因为前期听得比较多，后来又系统地学习了自然拼读，所以她过渡到自主阅读还是比较轻松的，不到 5 岁开始自主阅读。一开始我还计划拿牛津树这套书让她练习指读，后来发现她因为之前听得太多了，这套书基本上都能背了，所以我就找了她没有听过的几本 *RAZ*，让她试着读了一下，发现读得还不错。

印象特别深的是，她有一阵子喜欢有关龙的故事，所以我当时就买了一套 *Dragon Masters*（《驯龙大师》）。那套书有 14 本，但是只有 3 本有音频。她把音频听完了，之后想要再听剩下的，我就告诉她剩下的书没有音频了，等以后有了之后再听吧。然后她就没说话，自己打开书读了起来。

这个时候我才意识到她已经可以读很多东西了。所以我觉得，如果前期听的基础打得足够牢固的话，后面的自主阅读就是顺理成章的事情了。

刘莹老师：听力的基础太重要了，有的时候我觉得是家长不自信，比如给孩子听一个音频孩子不配合，我们就会首先放弃，其实听和阅读一样，都要坚持。孩子这么小，学习 *RE*，在认知上有困难吗？

Christine 妈妈：孩子在学习 *RE* 的过程中，在认知上基本没有遇到什么困难。首先是因为她之前看的书特别多，在我们家每天都会有任务阅读，就是规定每天必须完成的阅读，可能是历史类的、科学类的，或者是人文类的、自传类的。目的就是保证她读书的多样性，通过阅读来拓展她的知识体系，同时又能锻炼她获取新知识的能力。前段时间她就一直在读那个 *Who Was*（《是谁》名人传记系列），160 本快读完了。

每天的阅读任务，这个在我们家是雷打不动的，必须完成。

现在学习 *RE* 或者其他教材，对于她来说，只是把英语作为一种工具去学习新的知识，提升自己的认知水平。

现在我们上的 *RE*2 体系课程，作文的难度明显提高了，她最大的困难就是，想到什么就写什么，内容有了，但是感觉条理不太清楚。我一般会让她自己先写，写完之后读给我听，然后给她说一下我的想法。我们再一起确定文章的结构，最后让她自己按照外教老师的批改意见修改。

刘莹老师：阅读真的是帮助了孩子非常多，英文技能水平很高。如果让您总结在英语培养路径上的教训，您会想到哪些点？

Christine 妈妈：我觉得，一个是应该尽早规范书写。她英文的书写比较晚，写得也不是很规范。再一个就是不要读太多故事书，特别是一些字数特别多特别厚的故事书，尽可能用听来代替读。最后一个是单词还是需要靠背诵，刻意去背诵，只靠阅读还是不够的。这一点我们做得不太好，现在开始让她背单词了。

刘莹老师：孩子的英文体系学习起点一定非常高了。在阅读和学习的过程中，孩子有过抵触吗？

Christine 妈妈：也有过抵触或者反感，比如她现在读的故事里有的人物是非常熟悉的，就非常喜欢去读。但是也有一些是她不熟悉的，或者不喜欢的人物，她就不想读。这样的话，我就会告诉她，不太喜欢的这种书，能够坚持读完 10 本，她就可以请我们全家人吃一顿大餐，或者是请我们每人吃一根特别喜欢的冰棍儿，这个方法让孩子特别有成就感，特别好使，还是从咱们这儿学的。

现在很多家长都会焦虑，当然我有时也是这样。但是我觉得，特别是低年级的孩子，最应该做的事情就是去阅读，因为我们不管是学习任何一门语言，都是为了去交流，去使用。把这门语言当作一个工具去开阔自己的视野，最终还是会回到阅读上。而我们现在阅读，阅读，大量阅读，阅读的同时把一门语言学习了，这是非常顺理成章的事情。

刘莹老师：非常感谢您的分享！

3岁开始启蒙，7岁实现自主阅读，孩子的英文阅读能走多远全靠听力积累决定

牛娃介绍

★学生名字：Aiden

★年龄：9 岁，*RE*2 在读

★获得厚海 2023 年度“Reading King”称号

★ 3 岁启蒙，7 岁实现英文自主阅读，年阅读量 200~300 本，最喜欢 *Harry Potter*（《哈利 · 波特》）系列

访谈内容

01
不断试错，决定听力先行

Sophia 老师：Aiden 妈妈好，先和我们分享下孩子的英语学习过程吧。

Aiden 妈妈：老师好，我觉得 Aiden 学英文是一个不断试错的过程。

虽然我们口语都不算差，但毕竟没有长期海外经历，达不到 native speaker（母语者）的水平，因此在他小时候一直不敢教他，担心给了不好的示范和启蒙，所以前期有点让孩子刻意避免接触英文，另一方面希望中文成为他的主导语言，毕竟是中国孩子。所以 Aiden 3 岁之前英文还是零基础。

尽管如此，我们对于英语启蒙是有计划的，当时想的是 3 岁开始。有一天，孩子爸爸说，同事的孩子在美国待了半年，回来之后可以全部看懂原版动画片。这件事让我萌生了去美国学习英语的想法。

3 岁时，Aiden 跟着爸爸去美国访学。因为我们没有提前预约，最后费尽周折去了一家私立幼儿园，半天学制，学习内容就是小朋友们一起玩耍，做手工等，没有特别明确的教学目的。Aiden 当时仅有的英文储备就是告诉老师要 “pee pee” 或 “poo poo”，我们还担心他会不适应，听不懂，没想到他很快喜欢上那个幼儿园了。

慢慢地，他回家会和我们分享在幼儿园吃了 “葡萄” 和 “cracker”。他之前没怎么吃过饼干，所以对于不认识的东西直接用了英语，这让我们很吃惊。但是在那之后的几个月，他的进步一点都不明显，仍然只会说 “Hello” “Bye-bye”，还有在和小朋友抢玩具时喊 “Stop it”。5 个月的幼儿园经历结束了，他对英文的吸收效果不如预期的好。后来我们又在国外继续待了 3 个月，Aiden

的听力和口语在半年后开始有了明显提升。

那次回国之后，Aiden 去了小区一家普通幼儿园，同时我们给他做一些英语输入，比如一起看绘本和动画片，像 *Big Muzzy*（《玛泽的故事》）、*Penelope*（《蓝色小考拉》）、*Dora the Explorer*（《爱探险的朵拉》）等动画片，以及 *The Very Hungry Caterpillar*（《好饿的毛毛虫》）、*The Berenstain Bears*（《贝贝熊》）、*Little Bear*（《亲爱的小熊》）等绘本，还有玩一些根据绘本创编的手指画游戏之类的。

在动画片的选择上，我们一般会根据他的听力能力来选择适合的语速和难度。*Big Muzzy* 属于词汇特别简单的，我们发现他一边看，一边会跟着念，也会根据剧情主动回答问题，觉得他的理解应该没有问题，就转为看 *Penelope*。这部动画片的词汇多一些，但是语速偏慢，也很适合启蒙。后来他嫌语速太慢了，我们就转为看 *Dora the Explorer* 等语速稍微快一些的片子。当时他特别喜欢汽车，有一部叫 *Chuggington*（《恰恰特快车》）的动画片和配套的书，他会反复要求看。

此外，我们在沟通上尽量跟他保持语言一致，比如他用英语讲，我们就用英语回答，他用中文讲，我们就用中文回答，让他在语言上能够有一定的练习。

4 岁那年暑假，他第二次跟着爸爸去国外上幼儿园，虽然只有 2 个月，回来后英语口语水平却大幅提升，就是无论什么东西什么事情，他都能用英文想办法说清楚，可能用的词比较简单，或者本来一两个词可以说清楚，他要用好几个词，甚至一个句子去表达，但他的表述逻辑是对的，也能让人理解。那时候他的中英文可以自由切换，好像两套语言系统都有一点点成为母语的感觉，和同龄人的对话也没什么问题了。

我印象比较深的是，有一次，他和小朋友玩闹时被惹哭了，他一边哽咽一边说“Just a minute”，想平复一下情绪。这个表达还是蛮地道的。他还可以看懂一些语速较快、情节更加复杂的动画片了，比如 *Bob the Builder*（《巴布工程师》）、*Sid the Science Kid*（《科学小子席德》），他还会用英语复述动画片的情节。但是那时我们在阅读和书写方面没有特别重视。

另外，整个英语启蒙阶段，我们使用比较多的 App 是叽里呱啦。当时这个 App 初创不久，还没有现在那么丰富的模块和内容，不过里面有一些晨起和晚安儿歌，我们就会在早上催他起床，或者晚上安排入睡时给他听一听，对他没有做任何要求。

他听多了，自己也会哼唱。其中大部分歌曲跟一些生活情境特别符合，比如早起有一些刷牙洗脸的步骤，或出门前要戴上帽子、手套之类的动作，我们就会一边跟他做这些动作，一边来唱，他自然也会跟着哼一哼，唱一唱。通过这个过程，他学习了不少词汇，还有一些简单句型。

这个 App 会统计小朋友听了多少词，我们当时估计了一下，大概 2000 个。当时我们看各种英文学习资料，了解到小朋友差不多可以开始接触自然拼读和 sight words（高频词）。在幼儿园中班升大班的那个暑假，我们让他看了名为 *Alphablocks*（《字母积木》）的动画片，玩了 ABC Eggs 网站中自然拼读模块的游戏，想着玩一段时间后再系统学。结果两个月之后，他就学会了自然拼读。

Sophia 老师：孩子启蒙阶段的经历真的是非常丰富，输入量也非常大。既有真实的语言环境，也有您人为创造的环境。孩子能自学完成自然拼读的学习，和前期输入量大特别有关系吧？

Aiden 妈妈：是的。最主要是因为他听力的输入量是足够的。当时 Aiden 借助了 3 个工具。一个是自然拼读动画 *Alphablocks*，这部动画片以 26 个字母的积木为主角，通过字母的组合形象地展示了 letter name 和 letter sound 的区别，“拼”的方式以及“拼”之后发音的变化，对于孩子来说比较容易理解。

另一个是 ABC Eggs 网站，通过游戏不断复现一些常见词，或者某个规律的拼法。我们每天让他玩半小时左右，加上他听力还不错，通过游戏能更快地把读音跟词义联系起来，也帮助他更好地理解。

最后是“叽里呱啦”App 里的自然拼读课程，比较系统地介绍了主要的拼读规则。在进入课程的后半段，他就自然地开始自己认读了。

当时周围有很多小朋友较早接触自然拼读，我还是决定缓一缓，先把听力的工作做足了，再自然开始。后来也证实这个方法的高效，因为 Aiden 通过前期的听力积累，比较顺利地建立了读音—词形—词义的联系，看到陌生单词也可以拼出来。可能更接近于母语认知路径的缘故，学习周期比直接开始自拼的小朋友缩短很多。

Sophia 老师：您对自然拼读的认知太正确了。我们身边其实有很多错误的认知，很多家长和老师会认为只要学了字母就可以学自然拼读。

Aiden 妈妈：虽然我自己是英语文学相关专业，但是对于英语启蒙这块接触特别少，看了很多资料很多书，发现自己当年可能有些认知也不是特别正确，是一路在纠偏。记得我当时看了一个材料，说的是为什么英美国家一般会在孩子 5 岁之后才开始正式学习自然拼读，是因为“拼”这件事本身就需要有一定的逻辑思维作为基础，即便生活在纯英语环境里的英美小孩也是在浸润很久之后，有了大量听力输入之后才开始学，不是零基础就开始，所以我当时就想着慢一点，不要急于追赶进度。

Sophia 老师：关于听力材料和动画片材料，您是如何给孩子选取的呢？

Aiden 妈妈：选他比较感兴趣的内容，他想看什么，需要我们陪，我们就陪着，基本是初章书或分级读物。当然也会有一些引导，比如我们认为对他更有帮助的书，会放在醒目的位置，他可能就会去选择。

有时候我们会到“喜马拉雅”App 找一找，像 *RAZ* 音频、原版动画片的音频。他喜欢汽车和科普类的题材，我们当时就听了不少《神奇校车》的音频。我之所以看重“听”，是因为动画片对孩子视力有一些影响，而且是一个被动的视觉刺激，孩子不需要完全听明白，就可以借助图画动态、人物表情之类去推断某个情节，就像我们大人看美剧，很多时候看的只是情节，没有去体会语言，对语言的帮助没有那么大，长期这样不是太好。所以同样的材料，如果孩子可以听得懂 80%~90%，我让他尽量去听，可以调动他的想象力。

他听 5 分钟，我就问他感兴趣吗？他说想听，那就继续听下去。有时候睡前会给他听一些英语音频，如果他越听越兴奋，或者听得哈哈大笑，还没有睡意，说明他能够理解这些内容。如果听一会儿就睡着了，说明他并不是很理解，或者他觉得内容本身比较枯燥。

因为他的听力基础还不错，一般选的听力材料会比阅读材料高出两个等级，这样不至于太简单或太难。

02
泛读和精读，需要同步进行

Sophia 老师：Aiden 听力先行的启蒙重点，非常符合母语学习者的语言习得路径。下面请您分享一下孩子是如何做到自主阅读的呢？从零基础到自主阅读一共用了多长时间？

Aiden 妈妈：前后有 3~4 年时间。

我们是从 3 岁开始启蒙，大班之前学会了自然拼读，我们陪着他，以朗读为主。幼儿园后期看了一些分级读物，比如 *RAZ* 系列、*Step into Reading* 系列、*I Can Read* 系列等。一年级开始读桥梁书，像 *Owl Diaries*（《猫头鹰日记》）、*Dragon Masters*（《驯龙大师》）等。读 *Dragon Masters* 时，他可能觉得出声读速度太慢了，就进入了默读阶段。

他读的第一套初章书是 *Magic Tree House*（《神奇树屋》）。一开始看到比较多的文字，他可能有点畏难。我说："你读两段，我读两段，或你扮演男孩子，我扮演女孩子，我们一起每天读 2 个章节。"读了几天他就觉得没那么难了，有时候会一口气读三四段甚至一整页。这样读完两本 *Magic Tree House* 系列的书，他就开始了独立初章阅读。

Aiden 一年级快要结束时，同事给了我一本中章书 *The Year of Billy Miller*（《神奇的一年》）。书里讲的是一个小男孩从刚进入二年级的忐忑到最后收获自信的过程，写得特别细腻，充满了温情。刚好 Aiden 马上要进入二年级，我觉得他也可以开始看中章书了，就跟他一起读了这本书。读的方式还是和之前进入初章时一样，每人轮流读两段。

读完这本书后，他就开始自己看了。像 *Harry Potter*、*Charlotte's Web*（《夏洛的网》）、*Stuart Little*（《精灵鼠小弟》）、*Holes*（《别有洞天》）、*A Long Walk to Water*（《漫漫求水路》）、*Who Was/Is*（《是谁》）系列、*Where Is*（《在哪里》）系列，*The Jungle Book*（《森林王子》）等，他自己想看什么书可以随时提，我们知道什么书比较适合他也会提供。

Sophia 老师：听起来，这个过渡真的很顺滑，Aiden 有出现不愿意学的情况吗？遇到冲突的时候，您是如何推进的？

Aiden 妈妈：确实不怎么有，即便寒暑假集训营强度很大，练习很多，他也没有什么情绪。有时候拖延可能就是无言地对抗了，他是一个性格非常温和的孩子。当然集训期间，他的练习完成度也不是太理想。

说实话，我觉得这和之前把他扔到纯英文环境里有关，虽然后来想想当时他什么都不会说，有点残忍，不过这也让他建立起对英语的亲近感，让他觉得这不是一种很陌生的东西，而是一种生活的语言，一种沟通的方式。因此，他没有任何的排斥心理，在阅读中得到很多快乐。

我们家生活也特别简单，从他出生起家里就没有电视，可能在他的认知里，这些东西本身就不是生活的必需品，所以对电子产品没有依赖。我们也尽量避免过多使用这些东西，一般是在孩子睡了之后，再处理工作或看看手机。下班后尽量先陪陪他，平时晚上，我们除了在一起聊天，就是一起读书，通过阅读可以获取很多新鲜的知识。比如他当时看初章书，每天一本，后来变成每天两到三本，说明他能够看懂这个内容，能给他带来新的信息，他就觉得读书很有意思，这本身就是一个很好的娱乐。

不过我们作为父母可能对他还是有要求的，会跟他说，你只阅读不思考，可能还是一个比较低效的学习，要多动脑筋，然后给他提一些要求。

即便有冲突，我觉得孩子更容易原谅大人。因为我并不是那种性格特别好的妈妈，他爸爸相对来说性格比较温和，有耐心，也很给力，能很好地帮孩子稳定情绪，所以我管得比较少，一般只提醒他，说今天晚上要把什么事情给做了。Aiden 磨蹭时，我也会着急发火，可能孩子性格真的还不错，刚开始他会觉得有点委屈，但是过一会儿心情就好了。他很容易原谅别人，我做得没有他好，需要向他学习。

Sophia 老师：真是一幅很美好很珍贵的画面啊！没有电子产品娱乐性东西的刺激，没有什么外界的影响，一家人坐在一起聊聊天，父母以身作则，陪他读书，可能孩子就愿意去读书了。孩子看书之前，您会引导他先读单词还是直接就读了？比如有些书可能里面图片很好看，但是读不懂，您是根据什么来判断孩子适合这本书的？

Aiden 妈妈：直接读。如果是一本小说，我们可能会介绍下时代背景，帮他理解。当然我们也会有倾向性地提供他容易理解的书籍。比如之前的那本 *The Year of Billy Miller* 就是和我们家的家庭结构比较像，和他面临的问题也有相似度，他就比较容易联系起来和共情。

至于难度大小，如果用通用的方法，就是“五指法”，一页中超过 5 个单词不认识可能难度就偏大了。另外还可以通过 GE 值或蓝思值来选择。当然也不用拘泥于此，简单的一个判断方法是看他能否专注。如果他听了一会儿就开始扭动，或做其他事，可能就不是很感兴趣或听不太懂。如果他能够专注看 20 分钟左右，说明难度比较适合。

Sophia 老师：孩子读书时遇到不认识的单词，您会直接说出意思还是让他自己解决？

Aiden 妈妈：他如果问，我就会告诉他，或者让他猜一猜，稍微解释下。他不提，说明还能往下走，我就不说。

孩子的认知也有上限，有些时候他对一本书的吸收确实没有我们想象的那么完美，可能只看到情节，没法理解作者背后真正的思想，这个时候我就去跟他做一些探讨，或者给一些背景知识，他可能会更好理解。

这点我们做得也不是特别好，对于有些东西的挖掘和探讨还可以再多一点，所以现在不急于去推进度，材料还是要匹配他的认知，跟他的生活环境、体验相匹配。我们是比较佛系的家长，也没有特别希望孩子拔得很高，孩子性格也比较佛系，对人和善，哪怕我们提要求，他也不会有特别强烈的反抗情绪。当然，这样的性格，在这个社会可能就显得没有那么强的竞争心。

Sophia 老师：他可能话不多，但是会默默去行动。

Aiden 妈妈：对，我觉得每个孩子都有特点。他有他的优点，我们辩证地去看，他就是一个普通的孩子，他的爱好和热情所在是什么，我们就给一些支持。

Sophia 老师：您在陪伴孩子方面做得非常充分，有观察到很多细节，以及孩子的需求。每个孩子都是不一样的，英语启蒙类似摸着石头过河，可能一开始也不是非常确定这本书就一定适合孩子，要去看他的反应。您之前提到过在孩子学英语的过程中走了不少弯路，具体都是什么呢？

Aiden 妈妈：其实挺多的。第一是 3 岁之前，因为担心发音不纯正而刻意让他避免接触英语，其实这是一个误区。对于孩子来说，只要是正确的语音语调听多了，自然会去修正，不用刻意避免接触。相反，多种语音语调对他的学习反而是利大于弊的，毕竟英语是使用的语言，在使用中就一定会接触到不同语音语调，甚至发音不太准确的人。

第二是在没有任何启蒙的情况下，把他扔到一个纯英语的环境中，因为认知相差太大，他在跟小伙伴玩的过程中还是没法理解很多内容，一开始的效果并没有我们预想的那么好。语言是需要一定积累的，如果他能在一个环境里稳定地生活半年以上，应该会有一个爆发期。这一点我当时的认识没有跟上。

第三是刚进入初章的阶段，对于阅读还是有点贪心，希望他能在数量、质量上都兼顾到。其实应该建立泛读和精读相匹配的体系，泛读在家，精读在机构，或许这样可以更好地照顾到时间精力以及学习效果。

Sophia 老师：做父母有焦虑，就是想给孩子最好的，或许没有什么所谓的最好的路径，都是在不断试错中找到比较合适的方法。您觉得接下来孩子在英文方面会有哪些坚持？

Aiden 妈妈：我觉得，一方面，他需要更多的阅读去支撑整体英语能力的提高。阅读不限于英文材料，中文阅读对他的底层认知也是有帮助的，所以还是要更多地阅读。另一方面，他要有更多的思考跟独立的见解。我们家小孩属于比较听话的那种，在独立思考这块相对来说欠缺一些，所以需要我们去帮他加强一下，经常鼓励他提出自己的想法。很多事没有对错，只要是善意的，都可以去尝试。

Sophia 老师：孩子现在有参加一些 KET、PET 之类的考试吗？

Aiden 妈妈：我们没有考。其实学英语的想法很简单，想让他实现阅读自由，因为我觉得有些中文翻译并没有体现英语用词的精妙，希望他除了能够读中文，也能够直接去读英文版的书，更好地体会语言的魅力。

但是，最近我发现他英语学习有点停滞了，因为功课压力增加了，我们在想要不让他考个试，以考促学，让他提升一下，特别是在词汇这方面。

03
守住初心，把孩子当作成人来对待

Sophia 老师：真好，您和孩子都各自充分地实现了一个小目标。孩子一开始学习体系课程就是 *RE*2 这本书，对认知是有要求的，您觉得孩子当时学这些内容会觉得难吗？

Aiden 妈妈：*RE*2 还可以，听记是一个比较难的部分，他有时候会拖延。*RE*3 有些材料是有挑战的，所以我们现在想用其他课程先做点补充，再去上 *RE*3。经验告诉我们，学习内容一定要跟孩子各方面的情况相匹配，适合他的最重要。

有一个侧重精读的体系课还是很重要的，精读课程和在家大量泛读是互相支撑的，精读能加深对很多特定字词的理解，以及对文章深度的挖掘，泛读是整体知识面的拓展，以及阅读速度的提升。精读可能更多是关注“点”，以点带面，把书读“厚”，而泛读关注的是“面”，孩子要学习把书读“薄”。其实在泛读中，我还是挺推荐“完本阅读”的，这样能帮助孩子建立起比较宏观的篇章理解架构。这一点上，我觉得英文的章节书体系挺好的，孩子从开始接触阅读时就能读完一整本，对他的阅读驾驭感和理解力都有很大帮助。当然现在这一类的中文书也很多了，一样可以起到类似的作用。

Sophia 老师：从孩子学英语到现在，经历了那么多不同的阶段，您觉得自己做得最好或最多的一件事是什么？

Aiden 妈妈：我觉得是做出适合孩子的选择。我们也跟风上幼升小什么的，现在回看当时对他是有点拔高了，孩子能力没到那个程度，小男孩成熟也比较晚，不太会表达，可能对他来说不是一个特别好的感受，所以还是要做适合他的选择。过程长一点或者曲折一点都没关系，都是体验人生，也不能说哪一种就是最好的人生。人生是有很多赛道的。

现在我都是基于这个原则做选择，看看他的反应，看看他内心想要什么，我们只是引导，然后相信他的选择。因为他选择的肯定是喜欢的，他就能够投入精力跟热情去做这个事。只要他的选择不是那种特别超越我们的道德评判的，在我们接受范围之内，我觉得都可以。

有时候大人说你到底想上哪个班，其实是大人自己有点选不好，把这个责任扔给孩子了，这个其实不对。一方面，我觉得大人可以跟他讲这些班都好在哪里，这是我们的判断，但他有他的判断；另一方面，就是他的目标让他自己去定，比如寒假想看哪几本书，想做哪几件事。包括我们让他选择培训班，或者他自己选择要看的书，我们都是想让孩子多承担一些责任。毕竟我们自己有些时候订的计划也很难全部完成，也不能这样要求孩子，他能做到 8 分就很不错了，有时候玩性重，忘了，他会说今天没完成，其实已经意识到了，会有点内疚。这个时候再去批评他，我觉得就没有太多意义了。比如昨天预定看 80 页的书，只看了 50 页，没有完成，我尽量不提，不然就是揭伤疤，我把他当作成人来对待。今天能看 55 页，他和自己比就是在进步。

教育这个东西特别个性化，我们也是第一次当爸妈，在探索和尝试，其实也不知道孩子的体验感，很难说哪个对他来说更好。

Sophia 老师：您觉得提高英文阅读对孩子还有哪些更长远的帮助？

Aiden 妈妈：首先是语感的建立。我们没有刻意去做一些语法训练什么的，不过他从实践中已经有很多的具体体验，建立了比较好的语感，哪怕以后去学语法，应该也能比较快地理解和掌握。

其次对他的视野会有帮助。当时我们觉得低龄段特别好的中文阅读材料还不是特别丰富，学习英文能让他看到更多更好的作品。当然现在已经有很多很好的中文阅读书籍了。

第三是可以让他有一种人文的情怀。很多低龄的英文书籍里已经体现出这方面的思想，对他可能也有一点潜移默化的影响。

比如当时他读了 *A Long Walk to Water*，从中看到另一种非常艰辛却充满信念的生活，就非常感慨，然后还把这本书推荐给爸爸看。还有一次是我们共读 *Wonder*（《奇迹男孩》）这本书。当时我读中文版，他读英文版，我们每天交流看到哪个部分了，各自有什么体会。现在的学习环境，很难会碰到像有些书中的情形，他通过这些书能够看到中文世界之外的多种生活方式，看到不同文化的多样性和特点等。通过阅读，他知道还有另外一个世界，这些在他心里会有一点萌芽，或许能帮他更好地建立国际化的视野和认知，对这个世界的包容性会更好一些。包括他想做点事儿，想寻找点价值感，很愿意去帮助别人，这些对他的性情和内心都是一种滋养。

Sophia 老师：我听您说这些真的很感动。整个看下来，首先您非常重视阅读，包括对英文学习路径的理解，一开始就认为英语学习是一门技能，而不是只盯着分数；其次您真的花很多时间去陪伴孩子，包括您去读中文，让孩子去读英文原版，然后去交流，让他有更多思考。非常感谢您接受我们的采访，也祝福孩子飞得更高，一切顺利。

3岁开始启蒙，英语学习坚持5年，妈妈说专业的事由专业的人去做

牛娃介绍

- ★ 学生名字：Liz
- ★ 年龄：8 岁半
- ★ *RAZ* 读到 U 级别，一年听和读的章节书超过 300 本
- ★ 获得 2023 年厚海阅读节“初章组冠军”

访谈内容

01
启蒙初期轻松愉快地学习，让孩子对英语有掌控力

刘莹老师：Liz 妈妈您好，再次恭喜 Liz 获得我们组织的 2023 年厚海阅读节“初章组冠军”，孩子英文阅读量大，表达也很地道。您先和我们介绍一下孩子学英文的过程吧。

Liz 妈妈：刘莹老师您好，我真的想先表达一下感谢。Liz 上次参加厚海组织的阅读节活动，从前期准备到能够站在镜头前去勇敢地表达，得到了很好的锻炼，也得到了很多老师的鼓励。同时通过这个平台，我们看到了更多优秀孩子的表现，也找到了一些努力的方向，我真心觉得这个活动做得特别棒。

在阅读英文的 Liz

也跟您反馈一个事儿，Liz 这两天在学习小说精读课四级的课程，她反馈说如果让她一整天都上这门课，她都愿意。相较于我们之前上过的一些阅读写作课，我觉得这个课程设计非常好，其他的小说阅读课会花比较多的时间去读文章，厚海直接把这块内容放到了课前，通过“Reading Companion”检验孩子对于内容的理解。课堂上主要是外教引导孩子们去做一些归纳总结，掌握阅读技巧，课后用写作进行输出。这样的设计干货满满，让孩子在课堂上收获非常多。

刘莹老师：哈哈，感谢您的反馈。

Liz 妈妈：是你们确实做得好。其实最早我对英语启蒙完全没有概念，大概 Liz3 岁的时候，我看了盖兆泉老师写的《做孩子最好的英语学习规划师》和《做孩子最好的英语学习规划师 2》，当时感觉如获至宝，两本书既有理论，又有实操，还有成功案例。从那时起，我们就正式开始了英语启蒙之路。我们当时用的是叽里呱啦 App、*Super Simple Songs* 儿歌以及一些启蒙动画，像 *Big Muggy*（《玛泽的故事》）、*Caillou*（《卡由》）、*Maisy Mouse*（《小鼠波波》）等，她都非常喜欢。同时我会在这个阶段跟孩子共读一些英文绘本，在家里或出门的时候带着她用英文指认一些物品，通过这样的方式帮助她积累了最初的 1000 多个英文听力词汇。

我觉得整个启蒙阶段带给孩子对于英文的感觉是非常轻松愉快的，少了刻意“学”的成分，更多的是沉浸在英文的小世界里玩。按照现在比较流行的脑科学研究的说法，孩子对于启蒙初期的英语学习有掌控力，达到了一种心理状态。当时她每天主动打开 App 打卡，学习里面有趣的小课程，主动在 App 里探索周边产品，去听读很多绘本、学唱儿歌，全程不需要家长任何干预。

在她不到 5 岁时，我们就开始考虑上一些外教课。因为家里没有老人接送孩子，所以只考虑线上课程。通过对比、试听等，我们最终选择了一家主流的英语机构，使用的教材是 *Longman Express* 香港地区小学教材，Pearson 公司出版。这套教材是针对二语学习的，里面有大量常用词汇和句型，而且练习非常多，这个过程的学习对于孩子积累词汇、练习表达是非常好的。

我们学了两年多，从 1A、1B 一直学到 4B，因为机构停办了，我们就与外教商量利用其他的线上沟通工具继续教学，后来在一年级上学期学完了整套教材。当时我们做了一次 Star Reading 测试（一种英文阅读能力水平测试），GE（Graed Equivalent，用于评估阅读水平处于美国学生的年级数值）在 3.4，基本符合盖兆泉老师说的英语阅读领先欧美同龄孩子 1~2 年的水平。这之后，我们又一次面临了教材选择问题，在对比了 *Wonders*（美国小学教材，MC Graw Hill 公司出版）、*Journeys*（美国小学教材，Houghton Mifflin Harcourt 公司出版）和其他原版教材，以及试听了几次 *Wonders* 录播课后，我们确定了 *Journeys*。

Journeys 相当于国外本土的小学语文教材，涉及的内容非常广，包括艺术、环保、建筑、人物传记、种族问题等，这些内容在之前 *Longman Express* 中是见不到的。我们从 G3（Grade3，三年级）开始，目前学 G4（Grade4，四

年级）。

在 5 岁到 6 岁期间，因为她已经掌握了一定的听力词汇，我们当时利用牛津自然拼读教材的视频，让她自学了自然拼读。

在分级阅读方面，我们是从 4 岁多开始，当时最早用的是 ReadingABC，由于她已经习惯了“叽里呱啦”的打卡方式，所以对 ReadingABC 的打卡模式也不反感，从 AA 到 G 大都是自己完成的。最多是她有看不懂的 quiz 问题，我给她做一些解答。ReadingABC 大概用了一年，我们就换成原版 *RAZ*。

在 M 级以前，我们每个 level 都要读 60 多本，按照“听—读—测”的顺序。在读之前我们会把 Glossary（词汇表）生词先过一遍，让她对这些生词有个大概印象，再去朗读和默读。

在 M 级别以后，她主要是“听—默读—quiz”的方式，默读前也是先看 Glossary，再做 quiz。不过因为后面级别的篇幅比较长，孩子上了小学以后，时间还是非常紧张，所以从实操的角度没有让她每本都读，而是挑喜欢的，每个级别不少于 40 本。目前她在读 U 级。

Liz 在 4 岁 10 个月时，
读培生幼儿绘本

刘莹老师：孩子在读 *RAZ* 时，她有遇到过读不下来或不太明白这句话到底在说什么的情况吗？

Liz 妈妈：您指的是长难句，我们基本上没有刻意关注过，她读的书比较多，语感还不错，而且在 *Longman Express* 教材里也做过大量从句练习，所以目前看长难句对她的阅读没有构成很大的障碍。

在提升阅读能力方面，我们最近引入了一个线上的软件 Mypath，相当于是包括了美国的数学课和阅读课。它有一个理念，针对这个课程知识点，如果孩子初测题能够做对 80%，那么这节课就可以过了。刚开始我认为她没有全对，就很纠结，有一天我问课程顾问，能否在软件里看到孩子之前没做全对的题目和正确答案，以便回去再巩固一下。

顾问说不用太刻意针对这个点，掌握 80% 是可以过的，如果孩子能够做对 80%~90% 的 quiz，基本上她对文章的理解是没什么问题的。分级阅读的书也比较多，其实没必要去弄懂每一个非常小的点。

刘莹老师：先看大的方面，细节暂时不管可以让孩子放松一些。在阅读方面，孩子除了靠 *RAZ* 来推动，还读过其他书吗？

Liz 妈妈：她一直也在读初章书和中章书。我们使用过 EPIC、Libby 等线上图书馆，她会去里面挑一些感兴趣的书或视频，比如宠物类、校园生活类等。她年龄还小，所以挑的书里面 Fiction（虚构）类会更多一些，我们不会做过多干预，还是以培养阅读兴趣为主。这些 App 里面很多是 audio book（有声书），我们会挑一些当音频，早上洗漱或洗澡的时候放给她听。另外，我们也会定期去图书馆借一些书，主要她自己挑书，当然家长也适当做些引导，因为有还书期限的限制，比起买的书，她自己更有动力在期限内读完。

02
听是阅读的基础，刻意练习是必经之路

刘莹老师：孩子接触的语料真的很丰富啊！Liz 之前学的 *Longman Express* 教材有很多词汇和句型，*Journeys* 教材相当于帮她补充了一些阅读方面的感觉。孩子在读 *RAZ* 的时候，尤其到了后期，难度变大了，孩子是如何渡过真的理解了、看懂了这个难关的？

Liz 妈妈：其实在 *RAZ* 分级阅读的过程中，我们有碰到坎。她在读 M 级别之前，差不多都是用之前的英文积累来推动阅读，到了 N 级别，是有点吃力的，我自己感觉可能是 M 和 M 之后的词汇比较难了，我们就加强了她对于单词部分的练习。

我们用的是背单词软件百词斩，每天打卡，选它的原因是图形化的背单词方式比单纯的字对字方式更容易让孩子记住。

寒暑假的时候，我们还会增加她听音频的时间和内容，所以有可能是因为听力积累得多了，同时单词难关稍微帮她渡过了一下，她再去读后面级别的时候就好一些。

这里我要推荐一个小工具，是我们在百词斩之后用的一个背单词软件。在原版 *RAZ* 网站有一个“vocabulary”模块，购买了这个模块的家长可以在网站上给孩子布置单词练习的小任务，布置好以后，孩子的 *RAZ kids* App 上就会显示这些小任务。所谓的小任务其实是一些比较简单好玩的小游戏，孩子通过

完成这些小游戏可以较好地掌握单词，比单纯读 Glossary 效果会好很多，而且用游戏化的方式让孩子更容易接受和坚持。

这个网站还有一个好处是，像 *Journeys*、*Wonders* 等教材里每篇课文的生词也可以在网站上布置小任务，完成后 App 端就可以练习了。

刘莹老师：这个工具我也是第一次听说呢！谢谢您的分享。*RAZ* 开始的部分可以在家庭里进行泛读，到了后面确实需要一些刻意练习来加强。除了有背单词的加入之外，您认为还有哪个环节对 Liz 的阅读帮助比较大？比如孩子在前期听力输入很多，会帮助阅读吗？

Liz 妈妈：很多牛娃妈妈在听的部分做得非常多，我在这方面做得不太好，在听的这部分给的材料不够多。

在刚启蒙的阶段，我们有 App、动画片，我也会跟孩子进行英文对话。那时候没有加入大量地听，但她在这一块没有表现出特别欠缺。但是越到后面，我越感觉到听是需要补的，毕竟按照“听说读写”的语言学习顺序，听是非常重要的，是后面输出的一个基础。所以在她大班时，我开始有意识地加强了听这方面。

刘莹老师：当时大班的时候，她大概每天接触英文的时间是多少？

Liz 妈妈：每天量化下来是 1~1.5 小时。我觉得她在学英语这件事情上得到的正反馈比较多，包括她上小学以后，语文和数学可能没有英语这么突出，现在她也在学校里担任英语课代表，这种正向激励督促着她有一种强烈的愿望学好英语。

刘莹老师：孩子内心对于学英语这件事的能量是很足的。在阅读节决赛的时候，我们都记得孩子的口语表达非常突出，这种表达能力是怎么一步一步形成的？

Liz 妈妈：我们会鼓励她多做一些表达的练习。现在人工智能发展得如火如荼，AI 能做的事也越来越多，那么在孩子能力的培养上就要去找一些 AI 难以替代的能力，比如演讲能力、创造力等。Liz 本身是一个比较内向和害羞的孩子，上幼儿园时碰到陌生人都不敢说话。这一点上，我们

今年暑假，Liz 参加贵州丹寨小学访问活动，给当地孩子上英语课

的思路就是在她小的时候鼓励她多去表达，创造各种机会把她“推”出去，让她参加学校里的一些社团活动，这样一点点锻炼她的胆量。

她在学校里连续两年都参加了英语戏剧社团，一直非常喜欢。老师和他们强调，在舞台上表演，动作、声音一定要比平常夸张一些。我觉得这个方面可能对她的表达也有一些积极作用。

刘莹老师：这种落到具体场景中的练习确实不错。一般孩子在跟着老师上课的时候，大都是老师提问题，孩子去回答。Liz 是什么时候能够用英语大段地表达自己的一些想法的？

Liz 妈妈：基本在大班前，我们出去旅行，或者去参加一些活动，我跟她一直用英文交流，她大段的表达是没什么问题的。再后来阅读的量有了一定积累，就能自然而然说出来。

03 营造全英文环境，抓住孩子语言学习的黄金期

刘莹老师：我听到现在，觉得孩子前期的输入效果比较好，基本功很扎实。比如孩子在大班之前，动画片、亲子共读没有断，又在上着外教课，听着有声书，读着 *RAZ*，这个量还是挺大的，是一个多方面共同作用的结果。在体系化教材的学习上，孩子的表现怎么样啊？

Liz 妈妈：在一年级之前，我们几乎没做过什么英语上的刻意练习。一年级之后，我们学了 *Journeys* 的教材，其实外教对于这个教材是相对比较陌生的。不像 *Longman Express*，机构有一个产品团队为外教们准备好教学素材。我们跟外教合作的时间比较长，彼此也比较熟悉，所以会直接反馈学习过程中的问题。比如外教一开始上课的时候对于“vocabulary”这块不是太重视，基本上带着孩子读一遍，再把例句读完，偶尔让孩子造一两个句子就结束了。

后来，我发现这部分孩子掌握得非常不好，就向外教反馈这个问题。

Journeys 教材的配套是非常丰富的，有专门针对词汇这块的挂表，里面对每一个单词做近义词对比，或更多的例句。我就问外教能否把这个东西给孩子在课堂上再巩固一下。以前 *Longman Express* 教材的所有练习全部在课上做完了，反反复复练习，我觉得孩子是能够搞定的，但是学了 *Journeys* 以后，课

后外教也没有给 Liz 布置练习，我就没有抓手，不知道孩子学得怎么样。特别是我偶尔让她做一两张卷子，大部分单词都没掌握的时候，我就有点慌。所以我们后面就加了 *Journeys* 教材对应的“notebook”，像练习册一样，里面主要以单词和语法的练习为主。再后来，我们还加了一个听记部分，这个是向厚海学的，对孩子巩固单词、积累句子都有帮助。

刘莹老师：其实您相当于做了产品经理的工作，做了很多功课，外教老师是在您的指导下把课讲完了，呈现您的想法。

Liz 妈妈：差不多是这样。但表达方面肯定还是外教更地道专业，专业的事由专业的人来做。

语言学习是需要环境浸润的，这也是为什么很多人去国外待了一段时间以后，英语也变得好了。但是我们现在没有这样的环境，像 Liz 目前在公立学校，不论学校怎么去重视英语学习，总体来说根本没有办法去跟双语或国际学校相比。所以在她学习英文这条路上，我们尽量给孩子提供一个英语环境，尽可能让孩子多接触一些英文，比如课后的数学课、音乐课都可以用英语上。这样既学了英语又学了这个课程，一举两得。

刘莹老师：确实如此，在一个非母语的环境中学英文这件事，我们抢的还是那个时间。就像您说的，把一个孩子扔到英语环境里肯定会非常快地解决语言问题。我们家长能做的也是想办法把全英文浸润的时间加上来，比如大量听力输入、英文阅读、朗读和背诵等。本质上也是在人为给孩子创造语言环境。

Liz 妈妈：对的，英语学习也有一个黄金期。但是孩子的时间精力有限，特别是上了小学以后，时间越来越紧张，怎么在黄金期结束之前尽可能地提升英语能力，其实就是想各种各样的办法。

刘莹老师：孩子在学 *Journeys* 的时候，我感觉您也像一个中教老师给孩子做了非常多的补充，外教来配合您。比如外教肯定不擅长语法之类的，您会在家里给孩子讲这些吗？

Liz 妈妈：其实 *Journeys* 教材里是有一点语法的，不过比较简单，孩子学起来也不吃力。我自己有一个概念，在孩子三年级之前不去刻意强调语法学习。因为我之前给 Liz 做过中考英语试题，语法题基本上全对，我干嘛还要费那么多时间用中国人学英语的方式把语法搞得那么复杂呢？我觉得暂时没必要。

刘莹老师：和 *RE* 科普类的文章不一样，*Journeys* 教材的文学性强一些，阅读它的难度还是蛮高的，您是如何判断孩子的阅读能力在逐渐提升？

Liz 妈妈：两方面看吧，一是 *RAZ* 的 quiz 基本上每篇都会做，她的准确率如果能够在 80%~90% 或更高，就说明读懂文章是没有问题的。到后面的级别，可能她的认知水平还不够，这个时候可以适当加一些陪读，以便清楚她对于文本的理解程度是怎么样的，知道在什么地方还得给她加别的东西，给她支持。

另一方面，定期的 Star Reading 或者蓝思测试，也可以帮助家长了解孩子目前的阅读水平和当前相对薄弱的环节，可以有针对性地优化。

刘莹老师：您真的给了孩子很多高质量的陪伴。孩子现在每天也在坚持英文阅读，您觉得推动她坚持的点是什么？

Liz 妈妈：这么小的孩子能够坚持下来，一定是多方面起了作用。一方面是正向激励，另一方面是习惯，我们经常说 21 天养成习惯，她天天都这样做，习惯了，不干这件事反倒觉得缺点啥。她现在不是每篇文章都读，是挑自己感兴趣的读，在这个基础上会有一些新鲜的东西，这个过程也会促使她去做。

我也看过很多的牛娃采访，其实大家用的方法都差不多，关键是坚持，然后过程中不断去优化调整一些方式方法，你觉得哪一条可能更适合孩子，或者能让孩子在这个阶段有比较大的一个进步，你就多去尝试。总结的话，一个是尝试，一个是坚持。

家长的认知决定了孩子的高度，家长要在孩子英语学习这件事上做到心中有方法、脑里有思路、行动有策略，是需要不断学习的。这里还是要感谢像厚海这样的机构，给了我们理论上的帮助和实操的方法。

刘莹老师：虽然我们的课后练习占用了孩子非常多的时间，但是我们也知道只靠一个课程或教材肯定不行，还需要家庭观察孩子，随时给孩子补充需要的一些材料，不管是听的还是读的。我们也是通过访谈了解不同路径下的各种方法，找到最正确最高效的英文学习方式，分享给更多的家长，希望大家都能做对的事。非常谢谢您接受我们的访谈。

9岁开始英语启蒙，一年刷完*RAZ*，本想归因于天赋，看到他的书单才明白了一切

牛娃介绍

★学生名字：Jesse
★年龄：11 岁
★ 9 岁开始启蒙，一年刷完 *RAZ*，裸听上百本高章书
★ AR 测试 12.8，听力和阅读词汇量 10000+

访谈内容

在访谈 Jesse 妈妈之前，我以为这将会是一个非常励志的故事——9 岁才开始英文启蒙，一年就刷完了 *RAZ*，Jesse 一定吃了很多苦，妈妈一定“殚精竭虑”做了无数规划和调整。但在访谈的时候，Jesse 甚至超过 native speaker（母语者）的语言能力和进步速度着实让我惊掉下巴。访谈中我还一度想要放弃，这孩子太过“天赋异禀”了，似乎没什么可以借鉴的经验。

但看了妈妈罗列的长长的听力书单和阅读书单，我才释然，所谓妈妈那些轻描淡写，背后还是孩子时间和精力大量且专注的投入。

这是一篇也许会让您觉得不可思议的访谈，但不妨碍它能给我们一些启示和方向。

01 充分利用年龄优势，打通听力层面的理解

刘莹老师：Jesse 妈妈您好，孩子算是大童启蒙，但一年就读完了 *RAZ*，非常惊人，先和我们介绍一下孩子学英文的过程吧。

Jesse 妈妈：刘莹老师好！谢谢对孩子的认可。因为我们的家庭是快乐教育，在孩子一年级之前，我们确实没怎么重视英文启蒙，他跟着学校的进度，一年级开始接触英语。

到了三年级，孩子开始准备要考奥数的高端班，我才开始在小红书上搜攻略，正好搜到了英语。我跟他爸爸的英语都特别不好，担心孩子将来在英语上掉链子，想赶紧突击一下。我一看原版阅读挺好的，于是正式开始英语启蒙。那是三年级升四年级的暑假，他已经 9 岁了。

我们用的是 *RAZ* 和牛津树，他一边听，一边看，然后默读，不怎么做 quiz。他不太确定的时候，会在一个级别中做两三篇 quiz，不会的地方我给他讲解。大概到了 K 级别，进入初章以后就可以自己看了。最近这半年才开始加入科普文，比如 *Let's Read and Find Out Science*（《自然科学启蒙》）系列，国家地理儿童百科，《国家地理》科学系列、阅读阶梯系列都看完了。故事和科普的配比大概是 1∶1。

刘莹老师：我挺惊讶的。我们从 2018 年开始做牛娃访谈到现在，像 Jesse 这样三年级才正式开始一点点按照“听—说—读—写”的路径来推动英文学习的所谓的大童，还是第一个。您在最初下定决心要开始英文启蒙时，有专门研究过英语学习路线之类的吗？还只是在小红书上看一下攻略？

Jesse 妈妈：我在小红书上搜了资料，后来买了盖兆泉老师的书。因为我们是男孩子嘛，有时会觉得他虽然 9 岁了还是比较幼稚，所以孩子主要是听故事来启蒙，有时候也需要哄一哄，他属于比较耐“鸡”的孩子。有时听得高兴了，会自己读一小段。这时我会打断他，因为我们想快速把它推进完，而朗读有点浪费时间。我给他用的是纸质书，放一句音频，他跟读一句，这么一点点过来的。他比较喜欢牛津树，有点抗拒 *RAZ*，不过还算比较听话，给他任务也能完成。

刘莹老师：三年级的学校英语其实也并不是特别难，大概只到 *RAZ* 的 D 级别难度。在您的观察中，孩子在刷 *RAZ* 的过程中，他会有一些单词或句子不明白或读起来很费劲的时候吗？

Jesse 妈妈：好像也没有什么担心。因为他听力的量特别大，上学期间每天至少听两三个小时，放假期间可能有四五个小时，只要是不在写东西的课余时间，比如洗澡吃饭、去户外休息等，他全在听。他没有听 *RAZ*，而是一边听一边看《小毛人》《贝贝熊》等。到了《西游记》，他先看了一遍动画片，又大概听了两遍，然后就可以听懂那些初章小说了，像《小毛人》《老鼠记者》《猫头鹰王国》。启蒙到第 8 个月，他听完了《哈利 · 波特》，后面听的方面没有太难的。他的进度特别快，好像属于听力型的，看东西可能还差点。

Jesse 刚入初章书时

刘莹老师：您觉得孩子是怎么快速打通听力，尤其是理解的层面？他有遇到过听不下去的情况吗？

Jesse 妈妈：我觉得他有年龄优势，认知能力强，还有他看的英文科普书特别多。章节小说也挺多，纽伯瑞获奖作品听和看了 25 本，罗尔德 · 达尔的书听和看了 18 本，他都是短时间内完成的。*RAZ* 从 AA 开始，有的时候一天刷一个级别，后期篇幅长了，难度也大了，基本是一天刷 5 本，也有 10 本，量还是比较大的。他遇到不懂的地方，我会给他讲，后来我给他一支翻译笔，他就自己去弄了。

RAZ 刷到 XYZ 级别时，需要查的词汇特别多，翻译笔经常用到没电，但是也咬牙坚持过来。之后翻译笔基本就用不着了。他除了完成其他各科目的内容，剩下时间都给了英语，一年刷完了 *RAZ*。一开始他什么都没听的时候，肯定听不懂，我就给他找低一点难度的，一点点按照他的水平来匹配。他听完《西游记》后，在听力上就没怎么卡住了。

刘莹老师：所以孩子年龄优势在这个时候就体现出来了，理解力方面会比较强一点儿。比如听的第一个《西游记》材料，之前看过中文版，情节也很熟悉了，他可以非常快速地完成声音和意思之间的连接。

Jesse 妈妈：是的。在他看动画片之前，我把那些单词都打印出来，他看完了单词再去看动画片。他没有专门去背单词，也没学过自然拼读，不过那些单词基本上都能拼出来。他说看得多了，会发现一些规律。他听了有 100 多本高章小说，觉得英语比中文简单。

02 大量听力输入，实现英文自主阅读

刘莹老师：这个量真的非常大！您是怎么给孩子选择听力和阅读材料的？

Jesse 妈妈：我是在小红书上或公众号上找一些比较有名的材料，他还挺喜欢的，尤其是虚构的材料，也不觉得有什么难度。我一开始买的分级，他会摘出每个级别里的虚构分级，先看了，甚至还会跳级把下个级别的虚构也都看了，但是同一个级别的科普分册看得很慢。像 *RAZ* 后面级别的科普性太强了，他有一段时间是比较抗拒的。现在他在科普内容方面的习惯好像培养出来了，

像 *How It Works*（《万物》）或一些其他科普类的书，他挺喜欢看的。

刘莹老师：您会担心他没读懂吗？还是觉得他不会有任何问题，自己默默地在那看就可以了？

Jesse 妈妈：一开始我也担心，会让他做一点 quiz，他基本上全对或错一两个，加上又比较爱说，会讲出来自己看过的内容，我就知道他没什么问题。

刘莹老师：一般的启蒙路线是前期先听，积累了相当多的听力之后，去学习自然拼读，完成识字认读的阶段，再逐渐过渡到章节书。但是 Jesse 好像没有这种从认读过渡到自主阅读的阶段，主要依靠大量地听，比较快地实现了自主阅读。我本来想着这篇牛娃访谈写出来，应该可以给大童的家长们一些参考，现在我觉得大家看到这个访谈可能更多赞叹孩子的“天赋”。

Jesse 妈妈：我觉得是因为他有三年的校内英文学习，也算是有一点基础。最开始 *RAZ* 读了一两个级别后，他的 AR 值是 2.4。而且国外的原版书和国内公立校教材的差别还是挺多的，*RAZ* 开始 AA 级别的时候，他也有好多不认识的单词或不理解的句子，我会给他翻译。后来他阅读的量变大了，同一个单词一再出现，他想忘也忘不掉的。

刘莹老师：听您的描述，我觉得您不是那种焦虑的妈妈，您还是给了很多空间让孩子去享受阅读的这么一种状态。有的妈妈可能觉得这个单词不认识，就会很焦虑，是不是这个级别不合适或孩子需要恶补一下。

Jesse 妈妈：可能孩子太大了，已经来不及焦虑，只能商量着来。

刘莹老师：孩子能读懂越来越复杂的内容，您觉得是因为 *RAZ* 这套分级的梯度比较合适，一步步带着孩子完成了进阶，还是孩子用其他的能力覆盖了阅读？

Jesse 妈妈：他阅读的量是很大的。他在读 *RAZ* 和牛津树的时候，一直在穿插着其他材料，像《皮特猫》《国家地理儿童百科》等。桥梁书读得也挺多，像《糊涂女佣》《小猪梅西》《亨利和玛吉》等。在 *RAZ* 前期，他是一边听一边看。听着音频然后默读每一本书，我们用的是纸质版 *RAZ*，一本一本地这样刷下去。我也没有要求他一定要朗读，就是默读然后做

原版阅读一年通关 *RAZ*

quiz。到了 N 级别之后，我就只让他看。后来他把 *RE* 也加进去了，虽然没有精读，他自己看文章、做题，我们再给他对答案、纠错，这样很快过完了一遍 *RE*。*RE* 有“Reading Skill”，主要侧重在学术议论文上，如何去使用一些阅读技巧和策略方面的内容对他挺有帮助的。

我也不知道怎么说，可能不付出这么长的时间去投入到英文里，确实不会有多大的效果。

03 从启蒙开始，孩子从未间断过听或读

刘莹老师：这个投入的时间确实是一个关键。我们访谈过的不少牛娃家庭也会对英文大火猛攻，不过大家还是会遇到很多的坎儿，比如孩子年龄小，比如妈妈也会犯一些小错误。我是第一次见到像 Jesse 这样的大童，用两年时间很快地完成自主阅读，整个过程很“无痛”。如果总结一下孩子的英文学习路径，您会归因于哪些方面？

Jesse 妈妈：第一练习的量足够大，扩展的材料也多。他看一个题材的时候，我会给他找好几套书，把同一个题材的那些东西都拎出来。比如宇航员话题，我会把 *RAZ*、国家地理、科一科二等这些系列里面关于宇航员的所有话题都单拎出来，让他集中看。有点精读的感觉，也会记得更清楚一点。

第二他是听力型的孩子。他有时上课的时候不看着老师，但耳朵也是听着的，所以老师提问的时候，他都答得出来。

刘莹老师：孩子的这个学习过程真的很惊人。我觉得孩子的认知力、理解力和学习力都是有很好基础的。他阅读的英文内容在理解上没有那么大压力，有点降维的感觉。孩子三年级开始启蒙的时候，应该已经解决了书写问题。那口语表达怎么样？有额外上过什么课程吗？

Jesse 妈妈：没有。他没怎么背过单词，没进行过系统的英文练习，听读很均衡，写相对弱一些。不过他比较爱说，听高兴了就读两句，到后来自己蹦两句，我也没太管他。去年他参加过一期厚海阅读营，老师每天提问题，他自己组织语言回答，那一期下来收获特别大。

刘莹老师：这个没关系，听说读的基础打得好，写的能力在后面会很快跟

上。这个孩子可能真有一些语言天赋，即便之前没有做过英文启蒙，三年级开始启蒙时的理解力和学习力都非常好，您给的路线也很对，让孩子是一种享受的状态，不至于当成一门学科那样去学习。

Jesse 妈妈：对，他最早看的那些个小说也比较有意思。他特别喜欢《大卫·威廉》，看了一半，他觉得可以听了，就直接听了。包括很多初章书也是直接听，像《神奇树屋》《小侦探内特》等。

我们也是摸索着走，只是没想到会走这么快。

刘莹老师：我本来以为在这个过程中或许会走一些弯路，特别是针对大童来说，比如认知到了一定水平，就不愿意看那些低幼的英文素材了。但是 Jesse 不一样，他的英文学习路径很直观，结果也很好，肯定也是时间和精力都投入到了。我今天非常受教的是您的心态，您不焦虑，没有让孩子考 KET 和 PET，孩子反而学得非常好。您一定是创造了孩子觉得特别舒心的环境，我估计您在家里的亲子关系也特别好吧？

Jesse 妈妈：还可以，Jesse 比较听话。他开始学英语的时候不到 9 岁，好像还没到叛逆期，那个时候特别好哄，和他说完成这些任务，可以去玩之类的，他就很配合。我是一直陪着他的，他有问题可以随时问，有时候走开一下，他也得喊我。等到他能自己看的时候，我在旁边可以干点别的，给他整理书，做点计划之类的。我们从启蒙开始，没有间断过一天，一直到现在，他每天都得听或读，大多数时候是读。

刘莹老师：其实您一直陪着孩子，他会觉得爸爸妈妈很重视这件事。您在这个过程中不焦虑，不会过度诊断某个方面太不行了，而是一直推动他往下进行，特别能坚持。

Jesse 妈妈：要是坚持不了的话，他就学不出来。

我基本每个月都给他测一次 AR 值，知道他大概是什么水平，心里有数，也知道下一步该给他弄什么，所以确实不怎么焦虑，而且他给我的反馈很好。其实，我最开始对孩子在英文上的期待是别掉队，提前让他多学一点，以便有更多时间去学其他科目。没想到他就靠着一开始的听，到后来会一点点口语表达，他那些稿子都是自己

在阅读的 Jesse

写的。

刘莹老师：您给孩子的空间比较大，他挺享受的，又有妈妈陪着，又能看好玩的故事。

Jesse 妈妈：是的。他现在也确实享受到学英文的好处了，想看英文电影可以不用看字幕，直接就看了。他学的奥数，好多都是原版书，拿起来就学，不用再去翻译了。这点还挺好的。

他的英文在整个年级应该是数一数二的，学校有外教课，一周一节，外教跟助教老师都挺惊讶的，他的英语怎么突然就这么好了。他们学校会排英语剧，老师就会主动找他去做这个事，他在全体同学面前一表演还挺受欢迎的，所以他现在有点吃到英文的红利了，他就会学得更起劲，更有成就感。

在英文学习这件事上，家庭是付出了很多的。

刘莹老师：我觉得这篇文章写出去，又得有家长说我们制造焦虑了。其实每个孩子的基础和天赋都不一样，我们就是想给大家展现出来真实的样子，在每一个英语牛娃背后，每个家庭做对了什么事情，哪怕只有那么几点，如果能让其他家长做参考也是值得的。非常感谢您接受我们的访谈。

英语老师家孩子的学习路线

牛娃介绍

★学生名字：Zimmer
★年龄：小学二年级在读
★ 6 岁开始学习原版教材，二年级学到 *RE*1
★从小喜欢看英文动画片、纪录片，热爱阅读

访谈内容

访问牛娃 Zimmer 妈妈时，孩子正在旁边的教室里上课。开始访谈后我才知道，原来 Zimmer 的妈妈是英语老师。这次真的是“别人家的孩子”来了。在英语学习路线方法的规划上、良好的亲子关系上，Zimmer 妈妈都堪称典范。访谈进行到后半段，Zimmer 刚好下课，也加入到了我们的采访中。Zimmer 心智上的成熟度远超过同龄人，让我十分惊叹。这篇牛娃访谈也有孩子的心声。

01 课后练习强度大小，是选择机构的主要考虑因素

刘莹老师：Zimmer 妈妈您好，之前一直在微信上聊，咱俩终于“网友”相见了。我特别期待访问您，作为英语老师，一定在孩子的英语学习之路上把握得更准。

Zimmer 妈妈：刘老师好，要说作为英语老师在辅导孩子英语上有什么帮助，我认为是比较理解家长、孩子和机构或学校之间的关系。有时候确实是孩子自己的认知问题，比如 Zimmer 前段时间回来就问我：“妈妈，什么是社会，什么是贫民窟?”这确实超出了他的认知，课上认知部分可能没办法很好地推进下去。那么这部分就需要家长来解释，不可能什么都依靠机构。认知没到那份上，这种状态下的不懂，我就觉得很正常。

刘莹老师：男生应该对科普类型的话题更感兴趣，孩子不明白的时候您是怎么帮助他的?

Zimmer 妈妈：他确实对科普比较感兴趣，但也分话题，恐龙、宇宙啊这些就没问题。我会给他找一些相关的视频资料，比如 BBC 的纪录片，让他观看，帮助理解。

刘莹老师：Zimmer 一年级的时候在英语阅读上已经有很好的基础了。在那之前，孩子的启蒙路线是什么样的？是您自己教的吗？

Zimmer 妈妈：根本教不了啊，自己教特别痛苦，您一定也有同感，自己的孩子需要一个学习上第三者。之前我们在另外一个机构学，也是拔高类。虽然它的课程难度够，但是练习监督不到位，而且我也明白作业的重要性，如果老师没要求的话，操作起来会遇到很大阻碍，孩子不配合，我和孩子都痛苦。

咱们都是学英语的，学语言哪有轻松快乐的呀，必须坐在桌子前老老实实练习、背诵！该背单词背单词，该做听记做听记。

刘莹老师：所以您给孩子选择辅导机构，很看重练习要求，对吗？

Zimmer 妈妈：是的，练习强度是首要因素。哪怕是外教课堂带着孩子阅读，我认为课堂时间在整个学习中的占比真的很少。外教可以提供很好的英文环境，思维都是直接给，加上教材又是以阅读为导向的。但是只停留在听说上或是过分依赖课堂，是完全不行的。学习语言不管一开始怎么欢乐，最后还是必定得走上刻苦的道路。

刘莹老师：非常赞同您的观点，英文学习是 30% 的课堂比例，70% 的技能训练。您觉得 Zimmer 英文阅读课堂上最大的进步或收获是什么？

Zimmer 妈妈：我觉得是单词量和阅读。单词量确实增加了很多，加上做听记，潜移默化很多东西就印在脑子里了。读课文也很重要，我本身是学理科出身的，学英语全是因为喜欢。上高中的时候用磁带录《花木兰》的英文电影，吃饭都听。就是喜欢，觉得怎么那么好听，被声音吸引。听和跟读为我打下了很好的英文基础。

现在孩子也是，每次听记前，听和跟读、朗读的过程肯定不能少。刚开始的时候，Zimmer 有几篇听记做得不好，几乎满篇都改呀，引起了我的重视。我开始和他一起，上下学的路上反复听课文音频，一句一句过。听记才有了改善。

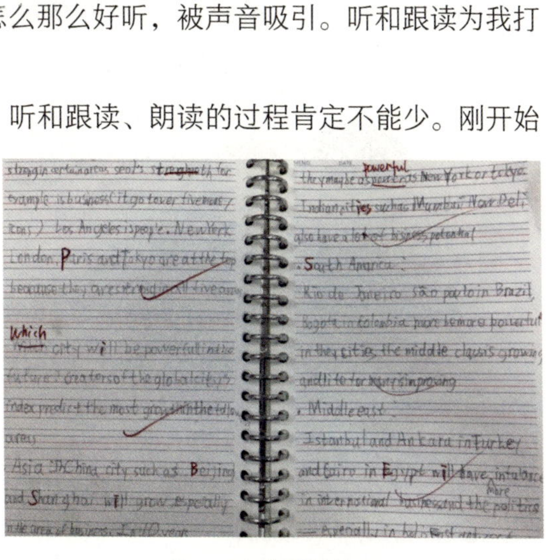

Zimmer 的听记练习

听读课文真的很重要，有时候孩子会为了赶紧完成作业，着急直接上手听记，结果错一大堆。如果家长再不懂，不明白听读课文、背单词、理解其实是一个整体，互相补充不能割裂，孩子的学习效果会很受影响。但 Zimmer 确实是因为年纪小，有很多理解不了的，需要我来解释。

刘莹老师：是的，低龄段的孩子在用阅读推动英文学习的过程中确实存在认知水平不匹配的问题。除了给孩子尽量解释之外，您还用过什么方法吗？

Zimmer 妈妈：课前预习是个好方法。有很多资源可以借鉴，比如 BBC 的纪录片等。哪怕孩子看不懂，他有个画面对应也可以帮助理解。不过，这需要家长花些功夫，我这方面也没做到位，但这一定是个好方法。

02
如何进行英语启蒙

刘莹老师：这个建议特别好，有预习，先引起孩子对即将要学习内容的关注也可以帮助理解的。我知道您是高中英语老师，特别期待您分享下以前是怎么给孩子启蒙的？

Zimmer 妈妈：上幼儿园之前，孩子主要就是读绘本，看动画片。我没有按照什么分级读物一本本来，说到这，我确实有点任性，给孩子选的书都是我自己喜欢的。

0~2 岁主要以读英文绘本为主，2~3 岁是动画片启蒙，*Penelope*（《蓝色小考拉》）、*Peppa*（《小猪佩奇》）、*Ben & Holly's Little Kingdom*（《本和霍利的小王国》）看得比较多。绘本这方面我没有追什么系列，都是在网上看着买，我看到喜欢的就买，Usbone 的翻翻书买了一大堆。其实他根本看不懂，就算我给他讲，也是中文为主，英文为辅，但是让他看英文字习惯习惯。

正在读书的 Zimmer

3~6 岁这段看英文版的 *Dora the Explorer*（《爱探险的朵拉》）、《海底小纵队》、《超级飞侠》。4~6 岁给他看了很多 BBC 的纪录片，我也很喜欢看，就和孩子一起看，还有恐龙主题、*Little Giants*（《小巨人》）、动物探秘系列等。

刘莹老师：您不迷信分级读物，介绍的这些资源都是很有趣的，而且也没有放很多功利心在英语阅读上面。像您说的“不讲究”，其实保护了孩子的兴趣。

03
孩子也加入了访谈

访谈进行到一半，Zimmer 下课了。他兴奋地拿着考了满分的单词测试卷走进来。以下的访谈内容孩子也参与了进来。

刘莹老师：据说孩子每次单词测试分数都很高，他是怎么背单词的呢？

Zimmer 妈妈：也不是每次都那么高，上上周我们单词测试没过关还被留下来了。英英释义背单词，我会和他一起把释义中的关键词画出来。比如 energy 和释义中的 active 意思一致，划出孩子熟悉的又能同义替换生词的那个关键词。我有时还给讲讲词根词缀，他觉得特别好玩，和偏旁部首一样。

刘莹老师：我问问孩子。Zimmer 喜欢上外教课吗？

Zimmer：喜欢，很好玩。我最喜欢课文，今天讲了大恐龙，就觉得内容特别好玩，特别吸引人，想弄明白。

刘莹老师：除了这个单元讲恐龙，拿其他单元举例，哪部分是你最喜欢的，哪部分是你不喜欢的？

Zimmer：Grammar 是我不喜欢的，我都能听懂，但就觉得挺烦的。我最喜欢的是课文，课上老师会一句一句带我们分析，讲得很有意思，还有活动。特别是后面的阅读题，让大家说说为什么要选择那个正确答案。

刘莹老师：那你每次下课回家后完成课后练习的顺序是什么呢？

Zimmer：先完成听记，但是妈妈都会让我先听，一句一句跟读，再做听记。单词的话，我先背，如果不明白的就问妈妈，然后妈妈念英文释义问我是哪个词，最后再拼写。

刘莹老师：你平时读英文书吗？

Zimmer：妈妈给我买了好多英文书，我就自己挑。最近我最喜欢 *Fantastic Beasts and Where to Find Them*（《神奇动物在哪里》）。我特别喜欢 J. K. 罗琳，这本书我有两本，一本英文一本中文。要是读不懂英文，我就先看看中文。

放学路上也在跟读的 Zimmer

刘莹老师：这个方法好棒呀，如果你已经读了中文版，还会想看英文的吗？

Zimmer：我更喜欢英文的。这个教材，有时候我往后面翻，读一个新的课文没有读懂，我就会看课文后面的阅读理解题。看看就大致知道课文讲什么了。

刘莹老师：我明白了，是后面的题目帮助你理解了课文的意思，帮助你找到了一些阅读的要点，是吗？

Zimmer：对，预习的时候，我就先看课文，没懂的话我就看看后面的题，然后返回课文找找答案。要是遇到生单词就在单词本里查找一下，再回来看课文。

刘莹老师：Zimmer 很成熟啊，一点都不像二年级的孩子，总结能力也很强。Zimmer 妈妈，您在考试上对孩子有什么规划吗？

Zimmer 妈妈：我教高中生，考试这件事我接触得比较多，所以我也从大孩子的角度说说想法，英语学习一定是长久坚持的过程。

有不少孩子，小学时候也是学到了很难的程度，比如考了 KET、PET。但是，就纯粹为了考试而已，应付小升初，反正也进了好初中，英语学习就搁置了，上了高中发现，可能自己六年级还认识的词，到了高中却不认识了。

这是因为中考英语并不难，所以凭借他们小学毕业的能力吃老本，随便上个英语班中考都能考得很好。这里我说的搁置，是指没有顺着他们本身所在的高度继续往上走，这种退化是很快的，而且让人觉得很可惜，到了高中，英语优势完全显示不出来了。

所以，英语水平从来都和年龄、年级没有任何关系，只和自己的努力程度有关系，和家长的理念有关系。

英语学习是为了一辈子的，不是为了某一次考试，考试从来都只是起到路标的作用，而不是终点！学英语的目标应该是交流自由，甚至是三外四外的踏板，如果只是为了达到什么级别，我觉得实在有点亵渎孩子们的努力了。

刘莹老师：您说得太好啦！如果从一个有很多大孩子的教学经验出发的话，要您给现在的家长提一个学英语的建议，您会提什么？

Zimmer 妈妈：应该是独立，要尽快让孩子独立学习，让孩子自己去管理学习。这个培养越早越好，孩子是会长大的，你现在盯着，让他学这个学那个，考各种试，到了高中呢？自己没有主观能动性没有学习方法，到了初高中反倒会出大问题。

刘莹老师：想必家长们也很想听一听您这样的经验之谈。Zimmer 很成熟，这一定有您让他独立学习的引导在里面。我很受启发，非常感谢您接受此次访谈。

8岁每年阅读200多本英文章节书，PET卓越，妈妈说坚持才是王道

牛娃介绍

- ★学生名字：Kevin
- ★年龄：8 岁
- ★ 4 岁半开始原版英文书阅读，6 岁进入独立章节书阅读阶段，家里英文绘本及小说近千册
- ★每年阅读英文书 200~300 本，PET 卓越

访谈内容

刘莹老师：Kevin 妈妈您好，今天非常高兴您能来分享一下孩子这些年的阅读经历。

Kevin 妈妈：谢谢老师，我看过很多篇的牛娃访谈。

我们家孩子吧，你要说他聪明，还真不是。他只是记忆力好，优点突出，但缺点也很突出，就是个非常正常的孩子。我也不是“鸡血”妈妈，我们家在（北京）朝阳，经常觉得和海淀的妈妈们没法比。我们唯一做得好的就是坚持，希望我们的经验能给普通孩子一个参考，只要坚持，每个孩子都可以在英文阅读上走得更远。

刘莹老师：抛开分数，不去功利地追求结果，只为了持续英文阅读。7 岁左右的孩子可以学习 *RE* 教材，说明 Kevin 已经不受限于这套教材所设定的年龄认知界线。孩子在这之前是怎样的一个学习过程呢？

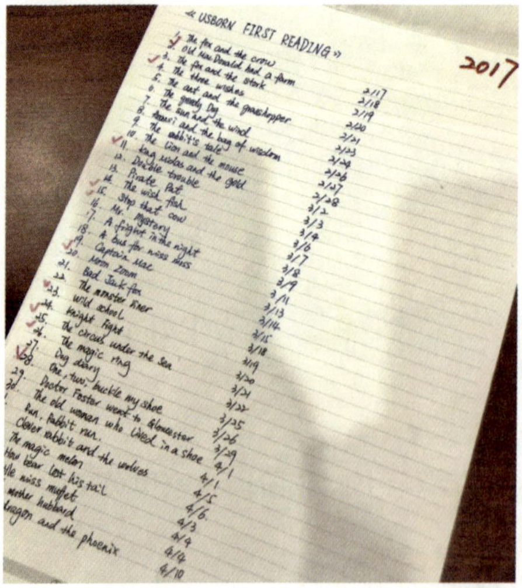

Kevin 妈妈的读书记录（Reading Log）

Kevin 妈妈：最早是我带着启蒙的，给您看看我的“小账本”，我就是带着孩子一起读，每天都有记录，几号读了哪些书。每天都在坚持。最早开始读的是 *Step into Reading* 兰登分级系列、牛津树系列等，大家非常熟悉的书都读过。每一个系列都想办法集齐，差不多一天读一两本，就这样一套一套往下读，孩子真的也见了不少单词。

刘莹老师：这个记录太震撼了！您带着孩子读的方式是什么呢？

Kevin 妈妈：凡是我记录的都是孩子自己朗读的。每天先听音频，自己听熟了之后跟音频读两遍，然后在没有音频的情况下读给我听，整体比较偏向精读的过程。除此之外，还有非常多孩子自己泛读的书都没记录。

整体看，Kevin 学习英语一直都是通过阅读原版英文书，所以他的基础听说读都很好，但是写作这块儿没有刻意练过，很薄弱。因此不管是在家里启蒙还是选择机构，我都不要那种哄着孩子开开心心蹦蹦跳跳的课，因为读写特别重要，尤其是写，我更倾向于那种很多练习的方式，才能强化。

刘莹老师：太厉害了，让孩子跟读朗读其实比较偏向刻意练习。我很好奇，孩子配合您吗？他有没有不愿意读的时候？

Kevin 妈妈：我觉得是 Kevin 性格上可能就是比较愿意配合，他是属于听力型学习的孩子。我用同样的方法让 4 岁半的妹妹读书，妹妹就不配合我，更愿意看英文动画片听音频，所以每个孩子的确不一样。选择适合孩子的方式最重要。

Kevin 愿意读下去还有另一个原因是，我没有特别逼迫孩子，只要读下来就行，不会给他额外增加什么任务。而且我不拒绝中文，当孩子真的不理解时，我会用中文给他解释，一起查字典，等等。

我们是亲子共读和孩子跟读朗读这两条路同时进行。他在跟读朗读的时候，我就坐旁边听着。他哪儿不会或者读到哪儿卡壳了，读得很迟疑，我就问一句："这个单词什么意思？你懂吗？"他说不出来，我们就一起查，或者如果我知道，就直接告诉他。

刘莹老师：了解了，其实您要求孩子跟读朗读就是一个精读的过程。精读和泛读都会进行，您会带着孩子一起精读，泛读就由孩子自己来，那对于您提到的孩子不认识的单词，有要求他记下来吗？

Kevin 妈妈：老师您总结得很对，是这样的。我带着他跟读朗读用的都是分级读物，从易到难有一个渐进的过程。孩子自己读得也特别多，那部分我没有做这样的要求。精读用分级读物，开始时单词部分，我是要求他背的，甚至还让孩子抄在本子上。但我没有考核过他，觉得孩子能坚持这样读下来就很不错了，孩子也很辛苦。

刘莹老师：用分级读物来做精读，这个方法太值得借鉴了！

Kevin 妈妈：我们就是这么读过来的。而且我还主张，分级读物每一个级别的阅读量要足够大。比如像牛津树，把它全买了也就那么 30~50 本。我觉得一个级别，你要读到 50 本，甚至 60 本才可以进入到下一个级别。就是多多益善，至少一个级别要读 50 本，这个级别才能算过。比如兰登一套只有 30 本，这是远远不够的，所以我穿插着不同的分级读物，难度一样就可以，大量给孩子读。

刘莹老师：您说的这些听上去很好理解，但操作起来很难。需要妈妈对每一种分级阅读的内容难度都有了解才可以，您一定是做了很多功课吧？

Kevin 妈妈：是的。所以我一直说，其实我们不算牛娃，我们做对的事情只有坚持。我为了引导孩子阅读，自己读了很多英文启蒙方面的书，而且读了不止一遍。家长一定要学习，不能什么都依靠机构。

比如，Kevin 在 4 岁半就开始接触自然拼读课程了，但是我通过读书才知道学习自然拼读之前要有大量的听力词汇，这样学习才有效果。但很多家长都把自拼当成启蒙课，自己不学习就容易被误导。

在 Kevin 进行系统的 *RE* 课程学习之前，我们就一直用这样的方法在家里面读书，基础打得还可以。但是一开始接触体系化的英文刻意训练，比如背单词和听记等，就完成得不太好，需要花很长时间。不过今年明显就好了，我觉得 Kevin 就是通过听记，之前学的自然拼读终于会使用了，他好像一下就开窍了，所以现在的单词正确率还是挺高的，听记也越来越快。

刘莹老师：是的，自然拼读的学习要配合着阅读一起进行，光学规律，效果是不好的。英语启蒙阶段最重要的不是学习自然拼读，是要有大量的输入。您陪着孩子做大量的阅读就是给了大量输入。所以，一定不能盲目“鸡血”和焦虑，要走正确的路线。

Kevin 的书柜，每一本都读过

Kevin 妈妈：一上来就很“鸡血”的，比如让孩子去应试的辅导班，反倒没有给孩子足够的输入。再来，家长一定要坚持，不付出这个时间和精力，怎么能期待孩子凭空就比别的孩子厉害。记得当时我和很多妈妈一起组团买的兰登的书，但真正坚持读下来的只有我们，现在非常多家庭的妈妈爱囤书，只是囤没有用，要陪着孩子真正读起来才行。

刘莹老师：非常赞同，而且您一点都不焦虑，脚踏实地踩准了每一步。在原版阅读方面，您是如何引导孩子坚持下去的呢？

Kevin 妈妈：家长真的要付出和坚持，每个所谓牛娃背后都有一个在坚持的爸爸或妈妈。我家的书非常多，我做了两个大书柜去摆放。而且我买书也有很多技巧。比如大家熟悉的《神奇树屋》，它还有一个神奇树屋小百科，把书里提到的历史背景、科学知识展开去讲，而且没有音频，词汇更难。我就让孩子先看树屋，再看百科，比较着看，从不同的角度来看孩子能了解得更深入全面。

关于同一主题的三本书

书一多，不同系列的书多了，我就挑出相同主题的书，根据难度和体裁让孩子读。比如岩石主题的，先读一个小故事，再读百科，我还给他买了不同的矿石来观察。再比如 Titanic（泰坦尼克号）主题的，《神奇树屋》里面就有一本，还有百科系列中也有关于这个事件的介绍。我都挑出来让孩子读。

Kevin 特别喜欢《老鼠记者》，特别版的口袋书、轻装版的，还有精装版的，有十几二十本，我也全都买了。只要是孩子喜欢的，家长要尊重孩子，一方面是给他读，另外一方面尽可能多地买，趁着他有这个热乎劲儿让他持续读下去。Kevin 前一段读《波西 · 杰克逊》，涉及很多希腊神话的内容，他特别感兴趣。读完之后，跟我说："妈妈，还有没有别的书来介绍希腊神话里的这些神？"然后我就到处给他找书。

如果孩子对某一话题感兴趣，我就多买某一话题的书，从不同维度了解同一事件，视野更全面更开阔。孩子有这样的状态是最好的。

刘莹老师：妈妈真是非常用心了，妈妈对于阅读的重视也深刻地影响到了孩子。

Kevin 妈妈：坚持非常重要。我有很多朋友来家里做客会问我，孩子怎么能读这么多书？我都建议他们去买书，我们家玩具不多，把这些书摆在那儿，孩子自然就感兴趣了，但是家长不给他摆，老问孩子想看什么，其实孩子也不是很具体清楚自己想看什么，在阅读大类上尊重孩子的兴趣喜好就好。比如Kevin到现在都没有看过《哈利·波特》，我觉得也无所谓，他想看什么，我就买什么。

刘莹老师：妈妈用心又尊重孩子，您做得都很对。那跟我们聊一聊实操层面的问题吧，比如最开始您要求孩子跟读朗读的时候，孩子有没有不配合或者很抗拒的时候？

Kevin妈妈：当然有啊。我物质奖励不多，是坚持的过程让孩子自己产生了成就感。我就是利用读书记录，每天记录，过一段时间让孩子自己来看，咱们多棒，咱们都已经看了这么多书啦！所以奖励不是必须的，让孩子做可以获得成就感的事情会轻松很多。坚持非常重要。

很多家长坚持不下来是因为这背后也需要付出很多，所以宁愿把孩子放在机构，我不太赞同，我觉得大量的时间还是在课下。Kevin现在每周有英文外教课三个小时，对比起他完成课后作业和大量阅读的时间来说，这三个小时太少了。所以大量的功夫还要在课下。

包括我也不会给孩子灌输“你要一直跟着一个外教学习”这种观念，多见见不同的老师特别好。所以其他家长提到换老师啊，对老师的国籍会比较在意，我不太在意这些。问孩子喜欢哪个老师，他说都喜欢。那我们就不挑，包括口音，也不挑。

刘莹老师：孩子不挑老师说明他的适应性很好，能在每个老师身上都学到不一样的点，是一件好事情。我听说孩子考过了PET，您是怎么看待考试的呢？

Kevin妈妈：是的，我们是PET卓越，FCE（First Certificate in English，剑桥考级的第三级别考试）也考了，差3分通过。在考试上，当时考虑到他年龄比较小，还没有正式开始写作训练。我们就上了一个辅导班，帮孩子训练一下答题技巧。

但考试只是为了检验，语言学习肯定要更重视应用。考试辅导班帮着孩子训练一下答题技巧是有必要的。但是原版阅读是最重要的，家长一定不要盲目为了成绩而只选择应试班。如果着急要成绩也可以先学应试，考完了还是要转回到原版阅读的道路上来。

刘莹老师：您的建议我非常赞同。今天和您访谈我也非常有收获，解答了很多家长的问题，是非常宝贵的经验。也希望更多家长能像您一样，不焦虑，用最正确的方式坚持下去。

第2章

从认读走向自主阅读
坚持是唯一的道路

6岁自主阅读，一年阅读2000本英文书，妈妈说阅读可以解决英语学习的一切问题

牛娃介绍

★学生名字：Emily

★年龄：7 岁

★ 4 岁 8 个月开始英语启蒙，6 岁进入独立章节书阅读阶段，家里英文绘本及小说上千册

★每年阅读英文书（包括分级读物）2000 本

访谈内容

两年半前，我们牛娃访谈项目的第 14 位主人公，是 7 岁就开始学习 *RE* 预备级的 Kevin。我们从 Kevin 妈妈那里收获了特别多成功经验，她和 Kevin 一起做的 Reading Log 也经常出现在我们的各类线上讲座中，被当作成功的分级阅读方法，被很多家庭借鉴。

两年半后的今天，我们采访了 Kevin 的妹妹 Emily。她打破了哥哥的纪录，刚满 7 岁已经学到了 *RE* 级。我们非常感恩能陪伴兄妹俩共同成长，妹妹 Emily 同样是一位热爱英文阅读的“小牛娃”。我们也特别好奇，妈妈在陪伴妹妹学习英语及阅读的时候又有哪些新的感受体悟？

我们又一次邀请了 Kevin 妈妈，当然，这次也是 Emily 妈妈，来做访谈。

01
英文阅读排第一

刘莹老师：Emily 妈妈您好，我们又见面啦！一直关注着您两个孩子成长，妹妹 Emily 7 岁就能学习 *RE*2 了，比哥哥当时还要更高效，有了哥哥的经验，陪伴妹妹学英语动作一定更精准，期待您分享。

Emily 妈妈：刘老师好！对比陪伴两个孩子的学习过程吧，我觉得主要是因为我经历过哥哥，所以在妹妹这里更心里有底一些，不会焦虑。而且您也知道，我的方法论只有一个：就是我非常非常重视英文阅读。两个孩子都无比受益。

Emily 的英文启蒙，尤其是最初的认读方面，其实还因为你们在 2020 年做的读绘本的活动。我记得好像是连续 7 天的绘本打卡，有老师讲解，朗读练习，然后打卡有反馈。我那时候就觉得可以开始了。

当年是哥哥的书，妹妹继续读

然后也是 2020 年，大半年孩子都在家里没有上学。那半年时间，Emily 就是每天读分级、看动画片。每天坚持，孩子就从启蒙认读到能看桥梁书了。启蒙真的没必要待那么久时间。但真的也得益于那段时间，大人孩子都待在家里有时间，否则这个过程也许要拉长一点。

刘莹老师：半年就能从启蒙拉到桥梁书，真的很让人惊叹。

Emily 妈妈：关键还是坚持，量大，还有高效。妈妈们可以自己去选择分级读物，但是不要只盯着一个系列读，要搭配着来。千万不要觉得孩子比较喜欢读牛津树就一直读，因为牛津树主要是小故事嘛，即使读到很高级别，孩子能见到的语料还是很窄的。

妹妹当时的分级路径是：

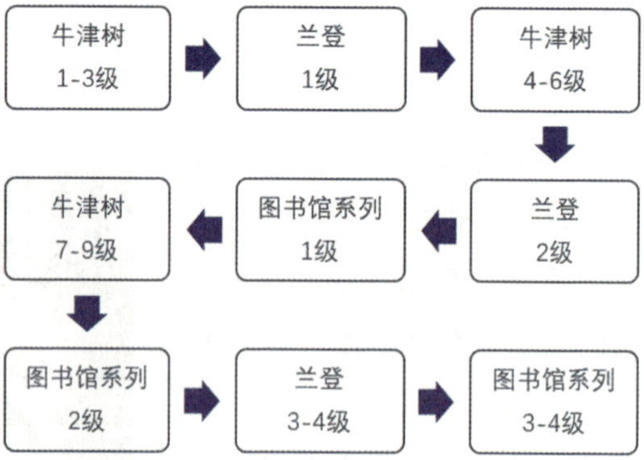

读到图书馆系列或是兰登的 4 级，孩子就能读一些桥梁书了，比如 *I Can Read* 系列里面那种一个主人公系列的故事，*Frog and Toad*（《青蛙和蟾蜍》）之类的。这些分级阅读方法都是听音频，跟读，朗读熟练。

而且，让孩子阅读提速，大量读，我们也可以借助一些工具。Emily 一直在读一个加载了非常多读物、分级很详细且完整的电子设备。到现在还保证每天至少半小时，里面的分级有 150 级之多，而且能难度自适应。这样的工具其实帮家长省了很多事，材料也不需要去到处搜罗还要匹配音频等，家里只要有人能监督一下，孩子拿起来就能完成每日的阅读。Emily 能很快过渡到桥梁书，这样的工具也帮了大忙。

我很怕会对孩子的英文水平有错误的认知，我希望她能读得广一些，而不是仅靠一套分级认为好像能读得级别很高了，就没问题了。读得广，孩子积累得更好，比如我们通过这个路径和电子书的阅读之后，孩子再去读 *RAZ*，她直接就能对标到比较高的级别，我们就快速地读过，完成后面的练习题。

还有一个很好的工具是看英文动画片。我也是不让孩子看其他的电视节目，但是孩子们成长过程中不可避免地会接触到电子产品，所以我觉得要对视频类节目有个正确的认识。与其让孩子刷短视频，那我宁愿陪着看英文动画片。每个孩子都爱看动画片，动画片是一个图像、声音、理解全方位给孩子刺激和输入的过程，图像和单词联系得很紧密，是个很好的工具。里面又有符合孩子年龄的有趣故事，这些都能让动画片成为最好的可理解性输入内容，让孩子看得有收获，能积累，保证磨耳朵的质量。这样每天 40 分钟读分级，20 分钟看动画片，再利用碎片时间来听音频。每天的英文输入量也就够了。

英文动画片推荐	
启蒙	
动画片+绘本类	
Peppa Pig	《小猪佩奇》
Maisy	《小鼠波波》
Caillou	《卡由》
Thomas and Friends	《托马斯和他的朋友们》
The Magic Key	《神奇之钥》
动画片类	
Ben and Holly's little Kingdom	《本和霍利的小王国》
Justin Time	《贾斯汀时间》
Guess How Much I Love You	《猜猜我有多爱你》
Bob the Builder	《巴布工程师》
Go！Go！Cory Carson	《柯利嘟嘟车》
进阶	
PJ Masks	《睡衣小英雄》
Sofia the First	《小公主索菲亚》
Fireman Sam	《消防员山姆》
Magic School Bus	《神奇校车》
The Way Things Work	《万物运转的秘密》
Geronimo Stilton	《老鼠记者》

Emily 妈妈推荐动画片列表

02
英文课程学习经历

刘莹老师：经过您这么一介绍，我就明白为什么孩子能在两年之内学到 *RE* 级别了。孩子一定是由于阅读走得很靠前，反哺了英文课程的学习。

Emily 妈妈：可以这么理解的。我是重点贯彻阅读，英文阅读一定排在第一位。所以，我们不算是严格按照咱们的练习要求去做的。比如孩子上了 *WW*3 级别的课程，要求开始背单词，我就没有强求她一定把拼写搞定。但课程配套的单词本，我是好好利用了的，我会让 Emily 拿着词典笔把英英释义扫一下，通读释义和例句，然后我来读释义，我只要求她能对应住单词就行。拼写确实没有硬性要求。

为什么这么做呢？因为我想把更多的时间放在阅读上，就是我相信，孩子单词的问题可以在阅读中得到解决，也许她现在单词测试因为拼写只拿一半的分数，但阅读的时间够多，这些单词问题都会解决。我在孩子小年龄段的时候重点还是阅读，如果每天要在搞定拼写上花费半个小时，那我宁愿她去阅读。现在 Emily 学习 *RE*2 也是不会刻意去背单词，但是每次测试都是满分，就是因为阅读量达到了。

所以 Emily 的这条路线，是建立在充分阅读上的。如果其他家庭里孩子不阅读或者阅读量不大，那还是要好好背单词、背课文、做听记，不然的话就什么都没有了。

刘莹老师：非常敬佩您的坚定和超强的执行力，其实条条大路通罗马，考验家庭和孩子的就是能否正确判断，然后坚持下去。那在孩子目前 *RE* 这样的体系课学习上，您最在意什么呢？

Emily 妈妈：首先是教材不错，比如 *WW* 教材都是每个单元按照主题去进行的。我觉得特别适合第二语言学习者。其次我现在特别在意孩子的写作。就拿厚中（厚海英语体系课的中级别）来说，每个课文之后都有两个写作题目，虽然每个题目只要求写 5 句话，但每次我们都把它写满。

动笔之前，我都要求孩子认真审题，根据作文提问的问题，可上网搜索相关资料，阅读之后再动笔写。写作的时候还有一个很好的工具也推荐给大家，就是 AI 语音输入鼠标。这个工具也可以用在中文的写作和表达上。一二年级的孩子年龄还是比较小，写作的时候手没有脑子快，如果直接动笔写的话，会有点阻碍孩子思考。

如果再小一点的孩子，想让他练习一些表达，这个语音输入鼠标也很管用。我会让孩子把自己想到的、想写的先说出来，通过语音鼠标，文字就直接在文档中出现了。然后我再让孩子抄写一遍，同时改正一些错误。

这个过程让孩子特别有成就感。她会看着自己原来能“写”这么多。以前没有这个工具的时候，是她说我来写，然后让孩子去抄。落到纸面上，孩子特别有兴趣，还不停地朗读自己的作文。

因为平时的阅读量很大，所以 Emily 在写作文的时候语法表达还是不错的。我把重点都放在写之前，做好充分准备，梳理好思路。平时读得多，到后面运用起来特别得心应手。有一次外教老师聊到自己国家的一个节日，碰巧这一天也是咱们的端午节。我利用课间休息的时间，和 Emily 一起把之前读过的有关端午节的内容找出来又看了一下。第二节课，她果然就能和老师侃侃而谈。

现在很多家长会给孩子专门请外教口语陪练，还都不便宜。我真的认为如果前期阅读不够，输入不够，孩子和外教的口语练习是很浮于表面的。就是看着好像孩子能说很多，但其实是低水平的重复。我觉得很多现在的外教口语课是原来蹦跳英语课的变形。根本问题都没有解决，只是表面繁荣。

特别期待大家能拨开云雾看清本质，有这么多时间和金钱其实完全可以投入到阅读上，投入到一些工具设备的购买上，让孩子获得根本的能力。

还有，我特别喜欢咱们课程有课后练习的这个抓手，家长特别放心。我现在排斥一切没有课后抓手的课程，课上学再热闹，课后练习东一下西一下，效果一点不好。

03
听力输入及学习工具推荐

刘莹老师：您对“课后抓手”的认知，真的让我想给您起立鼓掌。对于孩子的听力输入，您是怎么做的呢？

Emily 妈妈：听力的输入我也是依赖工具，除了陪孩子看动画片之外。我把听力素材都放到“倾听者”设备里，“倾听者”我是家里有一个，车上有一个。如果说只是 15 分钟左右的路，或者说 10 分钟的路途，我们一般就不听了。但是，20 分钟或者半个小时，这路上孩子肯定要听。其实就是碎片，我们有时候觉得不过瘾，这故事没听完呢。别在意这些，碎片时间的力量很强大的。

听，对孩子就是潜移默化的影响。比如，有的孩子说英语的语速老是那么慢悠悠的，那是因为他听的就都是慢的。而且好多外教，面对中国孩子的时候，不自觉就会放慢速度，所以我在给孩子听“倾听者”的时候，比如 *RAZ* 的音频，至少要调到 1.25 倍速。如果说可以的话，让孩子听 1.5 倍。语速完全没有问题。

听得快，孩子说得快，他在语感上会有节奏。

刘莹老师：您之前提到的工具，能给我们分享一下吗？

Emily 妈妈：我们常用的就是前面提到的，语音输入鼠标、词典笔和“倾听者”。语音输入鼠标帮助写作，把口头表达变成书面文字；“倾听者”让我们能利用碎片时间进行听力输入；词典笔可以把文本变成音频，随时跟读。

刘莹老师：非常感谢 Emily 妈妈的分享。您是我访谈过最坚定、最坚持的妈妈。相信这份力量也会感染到孩子，帮助他们走得更远更稳。

三年级学到*RE*3，通过PET，高知父母这样培养强大学习力

牛娃介绍

★学生名字：Eric
★年龄：开学四年级
★从二年级开始 *RE* 学习，从 *RE* 预备级学到 *RE*3 级
★ PET 通过，拥有超过同龄人的认知水平，妈妈经常搬出《资本论》来回答问题

访谈内容

这次我们迎来了 Eric 的爸爸妈妈，这是牛娃访谈开始以来第一次由父母一起接受访谈。他们真正把孩子当朋友相处，用足够的尊重和爱培养了孩子较高的认知水平和良好的阅读习惯，深深地触动了我们。

刘莹老师：Eric 爸爸妈妈，你们好，您二位是我访谈以来第一次爸爸妈妈一起来参与，相信爸爸参与了很多孩子学习的过程吧。特别期待您二位的分享！Eric 马上也要开始 *RE*4 的学习了。

Eric 妈妈：刘莹老师好，又见面啦。是的，开学就该学 *RE*4 了。我们是二年级开始系统学习 *RE* 的，从预备级开始。今年暑假我在家带着他读 *RAZ*，已经读到 Q 了，我们又搭配了一个在线的口语课。

Eric 爸爸：之前我们也上过一些其他的课程，以应试为主，比如教孩子形容词就会用顺口溜，什么“美小圆旧黄，法国木书房”；也教了完成时等各种时态啊。但是班级上学得比较好的孩子，口语表达很一般。于是我们就思考这么学下去和我们当年学英语没什么区别，走语法应试的一条路，费那么多时间和精力也未必能学好英语，这不是我们想要的，我们就决定再找找其他的学习方式。

Eric 妈妈：这就是我的工作了，当时看了很多机构。很认可以英文阅读来推动英文学习的理念，而且我们家都很认可要跟着外教学习英语这件事，中教就算有再强的海外学习经历，思维还是达不到英语母语思维，跟着外教学就很直接，越小的孩子吸收越好。

刘莹老师：您二位对孩子的学习有非常多思考。我记得上次和爸爸聊天的时候，您提到过会和孩子一起学习，陪伴很多。孩子小时候的英语启蒙。爸爸妈妈一定也花费了很多心思吧？

Eric 妈妈：我认为作为家长最重要的是挖掘孩子的特点，因材施教，而不是把自己的想法强加给孩子。Eric 的英语启蒙，我们没有报什么班，小时候就是亲子共读了很多绘本。其次就是带他出去玩的时间也很多。比如，孩子上中班的时候，我们带他去新加坡。每天坐地铁听英文报站名，没几天他就非常熟悉每一站的名字，并且和具体的景点做了链接。

最关键的是，孩子意识到英文的重要性。我们也趁机引导他，学好英语可以到处去玩啊旅游啊。所以通过出去玩，孩子对英文学习建立了更好的意识，我觉得这比报班学几个单词重要多了。上小学前，我们在报班这件事上几乎没花过什么钱。一年级上的英语班也需要入学测试，我们就只是在测试前帮他练习了书写。

后来开始学习 *RE* 课程后，我们比较直观的感受是：孩子跟着外教学英语不需要先把英文转化成中文学，而是直接接受。这就是刚才孩子爸爸提到的英文思维，也很好养成了孩子阅读英文的习惯，这个特别重要。

比如我带孩子读 *RAZ*，每本书后面都要完成阅读理解题。如果是我们成人，经过这么多年应试教育就会把做题当成目标。但我发现，孩子并没有觉得妈妈只是为了让我做题才带我读书的，他对内容本身特别感兴趣，很享受文章的内容。就算已经完成了题目，还是会反复阅读文章内容。

刘莹老师：孩子能接受大量重复这种看似比较枯燥的方式的。

Eric 妈妈：对，我就意识到，孩子这样的学习方式已经不是刻意地在学习，而是很享受这个过程。这和我们小时候的学习经历是不一样的。孩子的这个内驱力很宝贵，所以我们最认可外教原汁原味教授阅读教材，原因就是无形中帮孩子建立了英文阅读习惯。

Eric 爸爸：妈妈还给 Eric 选了一个 App 叫 Brain Pop，里面是美国科普动画片。每天看半个小时，孩子特别喜欢，每天重复，还会和我们讨论。这个 App 极大丰富了孩子的科普知识，里面的话题也是包罗万象，和咱们用的国家地理教材很配套。我们 Eric 还喜欢看新闻，早上起来就看书。

刘莹老师：孩子的这个阅读习惯是怎么培养出来的呢？爸爸妈妈的阅读应该也很多吧？

Eric 爸爸：我们家没有看电视的习惯，回到家之后我们也会读读书。我觉得你们的小说课对

正在读英文书的 Eric

Eric 的英文阅读帮助比较大，他之前课上学的《疯狂学校》，老师给了孩子特别多鼓励，课下我就陪着 Eric 把整套书都看完了。这给 Eric 的英语阅读打下了非常扎实的基础，激发了兴趣。孩子在家读英文小说经常自己乐出声。

而且我们也遇到过很棒的外教老师，比如老师会给孩子们讲中国的历史和文化，我很惊讶，你们的老师素质还是很不错的。这些都会在孩子心中埋下求知欲的种子。外教虽然做老师，但不会被这个职业框住，他们多方涉猎，能给孩子的更多。

刘莹老师：是的，教授像 *RE* 这样的教材难度还是比较大的，要求外教不仅有教学技能，还要有大量的知识储备，所以我们吸引来的外教也偏学术，能给孩子们带来很多正面的影响，比如对阅读的重视，等等。您有统计过孩子一共读了多少本英文书吗？

Eric 妈妈：Eric 启蒙阶段读书的量没有那么大，但是他读得比较精细。我们也经常就书上的内容给他进行扩展，所以 Eric 读书会更深入一些。比如他现在开学四年级，但问我们的问题是这样的："妈妈，为什么社会主义制度比资本主义制度高级，但是我们普遍的生活水平不如一些资本主义国家高？"我就只能搬出《资本论》来回答他。*RE* 教材也是以科普为主，可以很好地推进孩子们的认知水平。

刘莹老师：孩子这么小，能问出这样的问题说明认知水平已经很高了，您是怎么培养的呢？

Eric 妈妈：当妈妈不容易啊，孩子什么都问，需要父母不能停下学习的脚步。很多时候我们也会被问住，就赶紧去学习。我们特别愿意和孩子聊，还研究过很多原版的教材，包括 *RE* 这套教材，也是看中了它丰富的内容。

刘莹老师：这样保护了孩子的求知欲，你们亲子间交流的内容可以帮孩子提高认知水平，也是另外一种方式的阅读。我记得之前爸爸还提到过，*RE* 预备级您是和孩子一起学的，帮他适应外教课堂，您是怎么做的呢？

Eric 爸爸：我就是鼓励他背书。比如想买什么玩具，那就把课文都背下来，爸爸陪你一起背。当时孩子还小，心智没那么成熟，愿意配合我，他就真的用两三个月的时间把课文都背下来。而且孩子的记忆力很好，读个几遍就能背下来。年龄越小，学习的方法越重要。课程的作业要求听记、背诵，我们都特别认同，小时候就是要大量输入。

其实，刚开始拿到 *RE* 这套教材我也担心他不懂，逐字逐句给他讲，后来发现是我多虑了，外教老师讲得很清楚。孩子可以回答我提出的问题。而且后来我反思自己这种逐句讲解，其实也不对。孩子应该是直接从老师那里吸收，英文到英文，不应该再受中文二次加工的干扰。

刘莹老师：您的这个认识太难得了，很多家长都是用自己的学习经历去对标孩子的，总想通过翻译或者语法来考查孩子是否理解。那 Eric 的听记也做得不错吧？

Eric 妈妈：说来觉得有点不好意思，Eric 的听记做得不好，他更喜欢背课文。课文背得还挺好，我们就没有太推动他做听记。上了 *RE* 三级后新增的每课写作练习对孩子帮助也特别大。和孩子在学校里接触的中式写作不同，因为有批判性思维的加入，要写好的一面和坏的一面，孩子接触到了不同的思维方式。

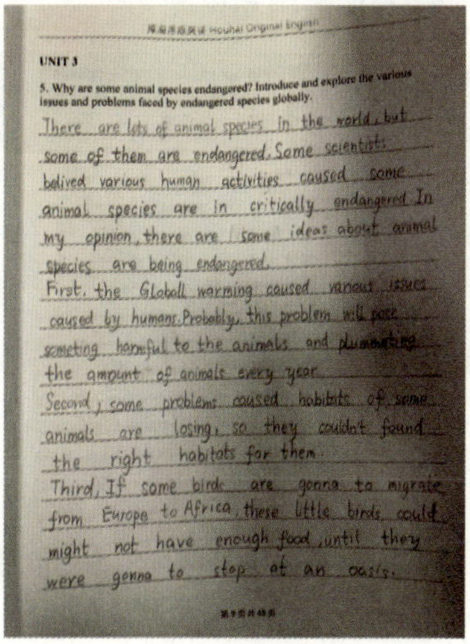
Houhai Original English

UNIT 3

5. Why are some animal species endangered? Introduce and explore the various issues and problems faced by endangered species globally.

There are lots of animal species in the world, but some of them are endangered. Some scientists belived various human activities caused some animal species are in critically endangered. In my opinion, there are some ideas about animal species are being endangered.
First, the Globall warming caused various issues caused by humans. Probably, this problem will pose someting harmful to the animals and plummeting the amount of animals every year.
Second, some problems caused habitats of some animals are losing, so they couldn't found the right habitats for them.
Third, If some birds are gonna to migrate from Europe to Africa, these little birds could might not have enough food, until they were gonna to stop at an oasis.

Eric 写的厚中作文

Eric 爸爸：而且我也特别认同外教对孩子写作的批改，他们不会把重点放在你要组织多难的句子、用多花哨的词、怎么去装饰语言，而是放在对观点的表达上，老师每次都很鼓励他。有写作的习惯就很好，同龄的小朋友可能都不知道什么是 essay（短文），但我们已经能写很长的文章了。

Eric 小说课《疯狂的学校》的写作练习

对于语法错误，外教老师也批得很认真。但更多是鼓励观点的表达，不像咱们小时候写作文有套路。我们发现 Eric 最近开始自己想要写一些东西了，他在看《汤姆·索亚历险记》，已经想要去写些小故事，开头段的描写有点在模仿他看过的《疯狂学校》，这得益于咱们的写作氛围和熏陶。

在外旅行中的 Eric

刘莹老师：这说明孩子的输入还是比较到位的，只有大量输入才会有模仿。而且您和外教老师一起鼓励孩子，这样孩子的写作驱动力才得以保护。能看出来，您和孩子的亲子关系也特别好，愿意配合爸爸背下一本书的课文，孩子合作度很高。

Eric 妈妈：爸爸确实和孩子一起背课文，爸爸背得不如他快，可能会让孩子有种自豪感。而且还有一件事情，让孩子懂得了大量输入的重要性。我们冬天去夏威夷，遇到了一个老医生，在和 Eric 交谈的时候，Eric 就用课文里背到的医学和生物知识和这位老人聊天，什么血小板啊、黄金葡萄球菌啊，等等。

这个老外惊呆了，一个中国小孩儿怎么知道这么多。这也极大鼓舞了 Eric，让他特别有成就感，认为背课文“没白干”。我们还请教了如果再学一门外语学什么，那位医生建议学习法语。

刘莹老师：厚中这套教材无形中为孩子开了一扇窗。而且爸爸妈妈平时和孩子的沟通也很平等，孩子感兴趣的点爸妈会帮助做更多的外延和拓展，对孩子的关注和敏感都在线。

Eric 爸爸：妈妈在这方面做得确实好，孩子床边有个小书架，妈妈经常会给他换书。孩子有任何问题，我们都会想办法给他解答。在平时沟通的时候，我们尽量用比较专业的语言和他交流。也许当下孩子不能完全明白，但总有一天他会想起爸妈说过的话。

Eric 床头的小书柜

刘莹老师：而且我听说孩子已经通过 PET 考试了，您有为了考试专门去报班学习刷题吗？

Eric 妈妈：没有，我们就是自己在家练习了几套题。我对考试的态度一直都是只要起到检测效果就好。不会专门为了考试去学习某个课程，孩子年纪还小，我们更看重多一些输入。考试可以往后放一放，积累最重要，多阅读提高认知能力。

刘莹老师：这也是为什么孩子的认知水平和学习力都比较强的原因。阅读，和爸爸妈妈的沟通，都能帮助孩子提高自己的认知水平。非常感谢您二位一起来接受我们的访谈，也希望孩子未来能取得更大的进步。

Eric 妈妈：谢谢刘莹老师。

同样上了两年英语课，为什么只有他实现了自主阅读？家庭对阅读的重视程度解释了一切

牛娃介绍

★学生名字：YOYO

★年龄：8岁

★ *WW*3级在学，获得北京外国语大学组织的“全国青少年阅读风采大赛”北京市一等奖

★每年阅读超过200本英文书，最喜欢的书是*Charlotte's Web*（《夏洛的网》）

访谈内容

这次牛娃访谈，我们访谈的对象的是入选“我是厚海原版娃”活动的阅读牛娃之一，YOYO。因为无法到校区来接受采访，我们第一次用在线视频的方式访问了 YOYO 妈妈。我们最重视什么，就会选择什么。和 YOYO 妈妈的访问让我深切感受到，一个重视阅读的家庭对孩子阅读的影响有多么巨大。

如何撬动孩子英文阅读的兴趣，保持好的习惯，YOYO 妈妈的方法值得我们好好借鉴。

01
YOYO 妈妈自述
推动孩子英文阅读的心得分享

刘莹老师：YOYO 妈妈您好，真开心又见面了。寻找阅读牛娃的活动最终入选名单拿到我面前的时候，我完全没想到名单上的 YOYO 就是曾经我班上的那个 YOYO。孩子现在这么热爱阅读完全在我意料之中，原来上课的时候就和您经常交流。特别感谢您接受我们的访谈邀请。

YOYO 妈妈：刘老师好，确实好久不见啦！接受访谈我也特别激动，仔细回想一下孩子这些年来的英文学习和阅读的历程，对我也是个再次反思的机会。我自己还总结了一下，有几点非常重要。

刘莹老师：太期待了，您先和我们分享一下您的心得吧。

YOYO 妈妈：YOYO 其实不算能力特别强或者很超前的孩子，目前在学习 *WW*3 的阶段。但是他真的喜爱阅读，给大家分享几点我的心得吧。

第一，读物的选择非常重要

现在信息非常通畅，我们选一些比较经典的读物就可以。原版的书目在英美国家流传了十几年，知识扩展上也是很超前的。这一两年我们买了很多书，大家都知道的蓝思指数，800 之下的那些好一点的基本我们都买了。比如《小屁孩日记》《老鼠日记》《丁丁历险记》，等等。兴趣真得特别重要。

很多家长会好奇，为什么 YOYO 就对阅读有兴趣？我觉得，家长要善于发现孩子的兴趣点，比如 *My Weird Shool*（《疯狂学校》）这套书，在阅读初期，孩子也是比较抗拒的。我们用做游戏的方式，让孩子陪着爸爸妈妈一起来阅读。前两本读下来之后，后面就不用管他了，他真的就自主阅读，投入到里面，把自己当成书里的一个角色。

再比如《夏洛的网》，很经典。但开始孩子不太愿意看，因为他知道这是个经典读物那种感觉，然后呢，我没逼他。我就把书放在他随时能看到的地方，一直出现在他的视野里，还找来了原版的电影。后面孩子就自己接受了。要想办法发掘孩子的内驱力。

第二，阅读不能太功利

以前和其他家长交流，发现很多家长对阅读有很大的目的性，好像阅读一定要有点作用才行。选择读物也是看这本书会有用吗？对学英语有帮助吗？但对孩子来说，一定是他从阅读中体会到乐趣，才能养成阅读习惯。比如《丁丁历险记》，漫画形式的，我开始不看好这个书，也觉得这不是“正经”书，只会浪费时间。它有 23 本，但是孩子非常喜欢，这 23 本，YOYO 看了三遍。

读这套书的时候，我观察到孩子真的在享受阅读，连冬天泡脚的时候都拿着这套书在看，特别放松的感觉。有两件事让我对这套书的阅读有了改观。一个是书中其实有大段大段的对话，有一次孩子给我讲这个故事，我发现他几乎把整段都背下来了。还有一次，我让他吃一个什么东西，他用英文回答我说不想吃。我能想象到的是他会说“I don't like it”，但他用了这本书里的话“ I am sick of it ”来回答我。我非常震惊！通过看原版书，孩子能脱口而出里面非常地道的表达。

后来朋友借给过我们两本中文的《丁丁历险记》，YOYO 看完之后说，还是觉得英文版的更好一些。他开始会评价，这也给我一个机会向他解释了什么是翻译，为什么中译版本会和原版有不同，等等。这些让我都特别有感触，孩子是真的理解了。这个让孩子思考和学习的机会是“阅读”给的。

第三，高质量的陪伴

除了为孩子选择好读物以外，高质量的陪伴更重要。现在中国家长对教育的关注是空前的，资源也比较多。很多妈妈会觉得，OK，我把书给你买了，我把班给你报上了，我做了我们该做的。实际上我个人觉得还是不够，因为不到十岁的孩子，自制力是非常有限的。

用心陪伴是什么概念？我认为还是要和孩子站在一个相对平等的位置，你跟他在一起，不是监督他学习，而是要用心陪伴，阅读更要陪着。

第四，可以自主阅读了，怎么继续高质量陪伴？

比如 YOYO 读 *My Weird School* 系列。我和他爸爸想了一个妙招，具体方法就是：两周内，他协助爸爸妈妈进行读书 PK（比拼）。由爸爸带他读这个系列第一本，我带他读第二本，每人每天拥有 YOYO 10 分钟的陪读时间（美其名曰“他陪我俩”），然后 PK 看哪组先读完。

其次是我会陪他一起背单词，阅读能力上来了，但是单词就有局限了。我陪他一起参加了胡老师 21 天背单词的活动，虽然在那 21 天孩子没有完全背下来，但后面通过巩固，我们都掌握了。

我用了一个小游戏，就是用单词造句。他喜欢给爸爸妈妈出难题，接龙 7 个字母以上的单词，赢过爸爸妈妈了就特别开心。我也会假装读不过他，让他有成就感。

YOYO 还会要求我们读他认为精彩的部分，他就是觉得你们不读太可惜了。所以家长一定不是光指挥孩子，要和孩子一起。

第五，家长如何处理焦虑？

作为家长一定会有焦虑。彼此之间会交流，你家孩子读什么书了？升到几级了？我觉得可能还是不断地调整自己，不要和别人比，要和自己比。比如大家非常在乎的 KET、PET 考试。但仔细研究后就会发现，这些考试改革之后对阅读是更加重视的，包括口语写作这种输出类的更需要阅读作为输入。所以考试只是一个检验，不是目的，功夫还是要放在能力的提升上。

02
孩子的英文阅读兴趣到底来自哪里？

刘莹老师：您的这些分享太好了，也感谢您的用心准备。除了发现孩子的兴趣点之外，您还用了什么其他的方法来撬动孩子英文阅读的呢？比如很多孩子还是对玩具、视频更有兴趣。

YOYO 妈妈：6 岁以前的习惯很重要。比如爸爸妈妈陪着读，亲子共读，孩子都是很喜欢的，我觉得好看的绘本孩子一定是会喜欢的。我记得从前我还会和 YOYO 一起对非常简单的小绘本进行角色扮演。家长只要陪得真诚，孩子一定能喜欢上阅读。

到哪儿都书不离手的 YOYO

更大的一个问题或者挑战，我是觉得可能出现在孩子从桥梁书到章节书的过渡中。但那也不需要着急，持续地读下去，有的孩子 6 岁半能过渡，有的孩子 8 岁，这些都没关系。孩子半年变化就特别大，差几个月也没关系。

但是如果孩子在阅读上遇到困难，家长一定要搭脚手架帮孩子推上那个能力。比如，只是靠学校里的英文教材让孩子发展英文阅读是不太可能的。系统的英语课还是要学，这能推进孩子持续阅读下去。

对阅读的坚持，加上英语系统课的撬动，家长要做的就是静待花开就可以了。

刘莹老师：您给孩子的英文启蒙是从什么时候开始的呢？具体是如何实施的？每天都会进行吗？

YOYO 妈妈：孩子的启蒙比较早，主要就是读英文绘本，但不是每天都有，孩子有时会逆反不愿意读。所以相比较他上小学之后自主阅读的量来说，启蒙阶段的量要小很多，比如 A to Z 我们只读了 A-C。

体系课程对自主阅读的帮助更大一些，没有什么捷径和巧妙的方法。持续灌输给孩子：英文阅读就是生活的一部分。家庭的阅读气氛非常重要。YOYO 爸爸特别喜欢买书，他经常买回来分给家里人，YOYO 的，妈妈的，连姥姥都有书，给每个人发书。孩子会很受影响。

我们还规定了每周六晚上的亲子电影院，爸爸会挑选一些经典的英文电影用投影仪播放，大家一起看，是美好的亲子时光，也是英文的输入。

刘莹老师：这些潜移默化的影响有特别大的力量，家庭重视什么孩子就会做什么。所以我总结您做的事情就是，整个家庭重视阅读，提供阅读的环境，选择合适的课程搭脚手架，持续推动阅读。

YOYO 妈妈：是的，没有特别巧妙的方法，孩子也会出现不愿意读的时候，那就不读，停一停。但是对阅读的重视，传递给孩子的这个理念我们是坚持得比较好。我们也开家庭会议，彼此提意见、提希望。

03
英文自主阅读靠的还是坚持

刘莹老师：能感受到亲子关系也非常好。孩子是什么时候开始系统英文教材学习的？在之前有过什么样的英文学习经历？

YOYO 妈妈：一年级下学期开始的，我是被同事推荐的。从 *WW*2 开始，之前在一个外教机构做的启蒙，适合学龄前的课程。上学后就觉得不太适合了。我想帮孩子从听说过渡到阅读上来。

刘莹老师：您是如何帮助他开始自主阅读的呢？刚开始学 *WW*2 应该还不能进行章节书的自主阅读。

YOYO 妈妈：可以这么说，最开始的阅读是咱们体系课的学习可以覆盖到他阅读的难度。自主阅读还是要从 *My Weird Shool* 开始，前两本是我们一起读下来的，到第三本孩子就开始自己读了。过渡还是很顺利的。YOYO 读中文书就很喜欢、很快，所以英文的自主阅读也没太费力，也有觉得难的时候，但是都过来了。

而且孩子之间吧，可能也有些暗暗的竞争，当他发现自己在同伴中读书最多，也给了他很多优越感，他还会和同学分享自己读的英文书。

刘莹老师：在对一件事情的坚持中尝到了甜头，获得成就感确实能推动孩子继续坚持下去。我听下来还是认为您做的最核心的事情是让孩子对阅读兴趣的保持，这个核心推动他完成过渡，持续拉升英文阅读的难度，又从中收获了成就感。

YOYO 妈妈：是的，YOYO 现在可以阅读蓝思值 700~800 难度的书，也可以自己阅读厚海 *RE*1 的教材并做后面的练习题。

04 英文阅读做得再好，还是要背单词

刘莹老师：孩子是怎么解决阅读中生单词的问题呢？

YOYO 妈妈：单词还是要背的，这个苦功夫没有办法。我们一起背了胡老师的 21 天单词，完成了打卡。包括他现在正在背 KET 的词汇，也是很枯燥的。我常和他说，你看英英释义背单词这方法太好了。

比如“basic”，中文解释是“基础”的，我们理解起来“基础”的意思有点点不重要的感觉在里面。但是英文解释是“the most important part of something”，这就一下子解释清楚了这个词的根本意思，也说明我们用中文来背的时候是有误区的。这些例子我常和 YOYO 分享，他也很认可。课程也推动他背了很多单词，所以我很认可咱们要求孩子英英释义背单词的方法。

刘莹老师：感觉您对 YOYO 的培养更加可持续一些，不会只关注眼前的得失，更多是为未来打基础，很多对的东西走起来会有点难，比如英英释义，但是能让孩子受益更久。那在阅读中碰到不认识的单词，孩子会怎么解决呢？

YOYO 妈妈：是的，因为就算是孩子上了大学了，难道他就停止学习了吗？不是！我们要给孩子更多学习的技能，阅读就是最好的学习技能。生单词的话，YOYO 有两个方法：一是，只要不影响阅读和对故事情节的理解他就过去了，不刻意追求每个词都认识；二是，但如果碰到好几次了，这个词过不去了就查一下。

我放得比较宽，只偶尔检阅一下读懂没有。因为孩子都那么投入了，他一定是理解了。所以家长要帮助孩子投入到阅读中，而不是一直担心他不懂。谁都不喜欢被考核，我会和他讨论，一讨论就能发现他到底掌握没有。

刘莹老师：您说的这个方法太正确了！很多孩子没有阅读兴趣，就是被家长不停地考核和担心给消耗掉的。听您描述 YOYO 这个投入的劲头，我相信他一定通过阅读积累了很大的词汇量。

YOYO 妈妈：是的，这个我也是后来才发现的。他甚至还看类似于 DK 英文字典那样的读物，把字典当书来看，有段时间迷上了和我“单词大赛”，看谁说的单词长。

刘莹老师：非常感谢您今天的分享。对于孩子的英文阅读来说，很多家长觉得畏难想寻求各种方法，但也许从一开始就是因为我们不是那么笃定地认为阅读重要。家长对一件事情的坚持，对美好事物的分享，孩子都能感受得到。真正撬动孩子英文阅读的也许不是方法和锦囊，而是家长对阅读的坚信。这些都在您身上有很好的体现。再次感谢您接受我们的访谈。

三年级学到*RE*3，累计阅读上万本英文原版书，妈妈最擅长给孩子“塞书”

牛娃介绍

★学生名字：多多

★年龄：9 岁

★三年级学到 *RE*3，累计阅读上万本英文原版书

访谈内容

刘莹老师按语

“我的英语是俄语老师教的，又荒废了这么多年，现在的发音连‘老鼠’的 mouse 和‘嘴巴’的 mouth 都分不清。”多多妈妈毫不避讳，爽朗地笑起来，就像陈述“今天天气不错”那样语气自然。

在北京深耕英文教育到了第十一个年头，为了方便爸爸妈妈博采众长，把好方法、好理念传递给更多对孩子英文有要求的家庭，我们访谈了不少优秀学员的家长。我们早已习惯这些家长自身拥有不错的英文水平：海归、专八、四六级、英语老师……起码可以陪孩子做亲子共读，给孩子讲讲英文绘本。

像多多妈妈这样坦率承认自己“帮不到忙”的妈妈，是我们开设访谈以来遇到的第一个。

但是，三年级的多多却在英文上发力明显：公立小学英文成绩名列前茅，带到学校的原版书，同学们都看不懂。在 *RE* 教材体系课的学习历程中，外教 Isaac 老师评价他“爱说，而且难不倒”，拓展的知识他都懂，还能跟老师聊个不停，甚至到了需要老师故意让些机会给其他小朋友的程度。

我们非常好奇，妈妈踩准了哪些关键节点，让孩子能在每一步都衔接得很顺利？同时我们也非常欣慰，家庭英语环境和家长的辅导能力并不构成孩子英文水平的天花板，更多家庭一定能在多多妈妈的分享中得到启发。

01
0 岁—中班
打牢语言基础，坚持听说先行

说英文学习之前，我想先从中文学习讲起。

我有一个要好的大学同学，跟我一样算是“深一代”吧，生孩子比我早一些。那时她老公调到一个几乎不讲普通话的县级市两年，她跟着过去，孩子就生在那边。白天，家里只有她自己和孩子两个，院子里玩耍的小朋友都说方言，我这个同学就特别担心自己孩子的语言能力开发问题。

在书房阅读原版书的多多

怎么办呢？除了每天多跟孩子说话，给孩子读睡前故事以外，她还想了一个好主意，那就是把自己读的中文绘本录制成音频，做家务的时候，或者实在想放空的时候，反复播放给孩子听。后来她跟我说起这件事，言语中都是欣慰。孩子一岁开口说话，回来上幼儿园也很适应。

我想表达的是，婴儿对语言真的很敏感。我当时没有读过专业文章，只觉得好朋友的经历给了我很大震撼，就认为要想孩子早张口，必须让他多听。

我们家是姥姥、姥爷和我三个人一起带孩子，都算是比较健谈的人，每天跟他说话，带他出去玩，也会有意识地说“宝宝，看，这是树，这是汽车”“跟阿姨打招呼”“叔叔好高呀”什么的。

我想，这也是后来多多中文说得早、英文学得快的底层原因。

说回英文，其实我们的英文启蒙是从幼儿园开始的。一开始，我们图近，上的是家门口的小幼儿园。但是孩子太多，孩子想上厕所老师都管不过来，我们不满意，中班就转到了国际幼儿园。每天上午是由外教带班，天天跟他们说英文，孩子就在幼儿园保持了长期、稳定的英文听力输入。可能由于他的语言能力开发得早的缘故，老师白天说的英文，他下午回家还能记得，模仿得很快。

其间，我参加一个早教活动，主讲人是一名在香港工作的妈妈。那个妈妈自己英文很好，只要她跟孩子对话，一定是讲英文，所以她的孩子两三岁时就可以全英文沟通了。但我的英文相当有限，怎么办呢？我记住了那个妈妈说的：视频、动画片，要看就给孩子看全英文的。

现在回想多多当年看的视频，App 叫什么我都忘了，只记得里面有个 Dibo，Dibo（多多妈妈说的应该是 *Dibo the Gift Dragon* 这部十多年前的动画片），我也听不懂，只是让孩子没事就去看那个。我问他：“你看得懂吗？”他点点头。我就随他去看。

现在回想起来，我没有给孩子找多么好的资源，没进家长群，也不看论坛。但回头想一想，其实不管找什么样的材料，只要坚持，就有效果。多多进入大班，英文明显比别的小朋友好。我记得他在幼儿园学了 12 个月的英文，对那个年龄的孩子来说，其实挺难的。后来在一次别的机构试听课上，老师问有谁知道月份怎么说，当场有很多一、二年级的小朋友，没人能说出来，只有他站起来把 1 月到 12 月背了个遍。

02
中班—大班
外教解决认读，补充分级入门

从听口到认读的这个过渡，我们是在懵懵懂懂中完成的。

当时，孩子幼儿园的园长跟我是邻居，他家孩子比我家的大一岁，他开办幼儿园就是为了自家小孩，可以链接到一些外教，我觉得这个资源不容易，要好好利用，于是我拉上小区的几个妈妈在小区里开课了。

当时，小区妈妈们买了两套教材让老师选，老师说《迪士尼英语》不错，就用了这套教材。学了两册多，解决了基本认读问题。

跟这些组班妈妈聊天的过程中，我才发现，原来英文启蒙有这么多“工作”要做。如果说英文学习这件事上，我的第一个认知升级是给孩子看英文动画，那第二个认知升级就是小区妈妈给我科普的“分级”概念。孩子上课时我们在外边聊，不上课时也在群里聊，分级应该怎么读。

我英文不好，而且才知道“分级阅读”这件事，脑子是懵的，不知道买什么书，更别提用什么标准去挑了。同小区的另一个朋友了解我的情况，看出了我的窘迫，就私信说：你别买了，我家有很多分级书，孩子看完了还没来得及处理，你带多多来我家看吧。

两个月，我带着多多每天都去朋友家读书，相当于两个月把自主阅读的部分全补完了。

选书的时候，朋友又给我科普：一页书的生词最好不要超过五个，一只手能数得过来，是最适合孩子的难度。我后来也在咱们的文章里读到过这个选书方法，叫“五指阅读法”。再有不会的单词，我会先带孩子结合上下文一起猜。

印象最深刻的，有一次在读 *RAZ* 时遇到了“鱼鳍”这个词，生活里很少见到。我就对他说：“不认识的单词，我们先猜，实在猜不出来的话妈妈跟你一起想办法，我们再去查字典。”

那个时候，他还没接触过中文的“鱼鳍”怎么说。于是他拿笔在纸上画了一条鱼，在鱼身上又画了一个三角形，说：“妈妈，我觉得是鱼身上的这个地方。”我说好，我们一起查查，查出来果然是鱼鳍，孩子高兴得一蹦三尺高，在房间里转圈圈。我想这种体验给了他进行英文阅读很大的信心。

阅读初期的文本，整本书里更多的都是常见的名词、动词，比较好猜也好理解。但是现在不行了，很多词更加抽象，猜是猜不出来的，我就让他用词典笔扫，或者去问老师。我对孩子使用词典笔没有太多的顾虑，因为它能保证孩子阅读的连贯性。课外泛读更重要的是孩子的兴趣和坚持。

03
一至三年级
鼓励口语交互，放养独立阅读

上小学后，在校时间占据了孩子白天的绝大部分。我自己学的是哑巴英语，所以期望孩子每天还是要有一些英文口语练习。不在乎时间多长，但一定要有个人陪他说。遵循这个原则，我给他选了价格相对低的一款外教英语陪练班，每节课 25 分钟。

刚进入这个课程时，我们按水平测试可以上牛津树 9 级。但上着上着我发现，因为每堂课时间短，所以大部分时间都在读课文，自由口语练习很少。我就去找顾问老师沟通说：“我们就想让孩子多跟老师聊天，不按教材行不行？”顾问老师建议我们调低级别，因为低级别的课件上字少，朗读的部分少，孩子自由发挥的多。于是，我们就调到了 2 级。

知道多多在上这个外教陪练班后，有家长打听：学什么教材？还有的家长不理解：大家都在挑战高级别，你家孩子明明能上 9 级，为什么要降到 2 级？我总要跟她们解释我的初心：一个口语练习课，和教材的关系其实并不大。我不期待孩子能在这个小课里学到多少单词、多少语法、多少阅读，重要的是一个开口的机会，能够不畏惧说，把一个问题通过自己的语言表达出来，就够了。

多多练口语的时间安排在早晨。去学校的车上，拿着手机开视频就能跟老师聊天。他特别喜欢出去玩，所以最近在聊旅游英语，说说去哪里观光，怎样做一个行程规划。类似这样的主题，他每天早上跟外教说得手舞足蹈，不亦乐乎，有时候兴奋到早餐都忘了吃。

说起旅游，我们有时间就会出国。学了英文嘛，就要运用，所以我常常给他铺垫：妈妈英语不好，爸爸英语也一般，你是咱们家英语最好的人，以后交流就靠你啦！

一开始他特别害羞。在越南，整船都是外国人，他不敢跟人家打招呼的。但是过了半年，我们去马来西亚，我跟他说：妈妈要去做按摩，你问下阿姨哪里有？他就能开开心心地跑去问。去前台要个枕头啊，完成了酒店的互动任务去换个礼物呀，他都能自己沟通。

书房有两面这样堆满了书的墙，图为其中一面

除了每天持续口语练习，多多的原版阅读也在不断推进。我做得最多的就是给他堆书，家里的书永远都处于看不完的状态。读完了，就清到一边准备卖掉，然后再买新的。

身边不乏有人怀疑：你买那么多书，孩子看得完吗？每到这时我又很想反问：家长不买，孩子会看吗？我买 10 本书，他起码读 2 本，那我买 100 本书，他是不是能读 20 本？如果我只买 20 本书，他或许只能读 4 本或更少。

有的书，刚买回来孩子不见得读，在那里放一放，说不定哪天他就会拿起来翻翻。就好像我们大人有时候死钻牛角尖想不明白一个问题，过段时间自己想通了，是一个道理。家长不需要死盯着孩子这段时间一定要看什么书。

你有你的打算，孩子自有打算。

小孩子都喜欢看好玩的书，无论是中文还是英文。多多和大部分小朋友一样，也是看漫画比看纯文字多一些。我不排斥他看漫画，也想让他涉猎多一些主题，但是因为我英语无法开口，做不到很多妈妈一样，选定书之后自己先看一遍，然后给孩子讲一遍，等孩子建立起熟悉度之后再让孩子自己读一遍。我就想，那可以让他自己读，然后给我讲呀。

所以我买书回来，就会有意识地做一些引导。我会实事求是地跟他说：妈妈英语不好，上高中时英语是俄语老师教的，这本书妈妈看不懂。但是妈妈觉得这本书特别有意思，你看了之后能给妈妈讲讲吗?

我感觉他听到这些时，是有一些骄傲感的。

他会觉得：我有一项比妈妈强，我可以承担给妈妈讲书的任务。这也是他动力的来源。读的书多了，他有时也会“嘚瑟”，情不自禁地想要跟我分享。今天来校区的路上，他还说到什么芬兰有一个很小很小的机场啦，瑞士和瑞典是两个国家啦，一路说个不停。

我现在觉得，妈妈英文不好有英文不好的优势。如果我什么都懂，可能会下意识地干涉，可能会居高临下地教他。

孩子有天生直觉，你是不是想要控制他，再小的孩子都能察觉到。我也不太关注孩子读 *RAZ* 的进度，读读停停，现在也不知道他读到哪里。之前买过 AR 测试，隔段时间还测一下，现在不测了。

虽然总体来说，多多是个爱读原版书的孩子，但他也会出现很多家长焦虑的现象，那就是喜欢看自己熟悉的中文读本。

我反而觉得可以这样看待：中译版本是孩子英文阅读的桥梁。比如最近 J. K. 罗琳的新书《圣诞小猪》，我就先给他买中文版，英文版就放在旁边。虽然他现在还在读中文，但他用中文建立内容熟悉度之后，过渡到英文版就没有那么难了。等他看完中文版之后，我会把中文版藏起来，把英文版塞给他。

“塞书”，是我家的一大特色。每天晚上孩子收拾书包时，我都会往里塞一本书，尽量塞英文的，他在学校有时间可能就会翻翻看看。即便孩子在学校沉不下心来读长篇大论，读几句漫画也是好的，能读总比不读好。

昨天晚上，我刚好翻到一本《丁丁历险记》，就跟他说：“这是我们小时候也看的，很好玩的哟。”“你们小时候看英文版的吗?”“我们小时候没有那个条件，只能看中文版的。”“哦。”“那我给你装上吧?”“好。”

孩子已经三年级了，今后功课越来越忙，英文阅读的时间注定会压缩；学的东西也越来越难，我本就不能在知识上帮到什么忙，今后更不可能帮到了。但我从来没有因为无法深度参与孩子的学习而感到遗憾失落。我能做到的，就是督促好他早上 25 分钟的英文口语练习，再加上买书换书，做好孩子的“后勤保障”。

剩下的，就是相信孩子自我成长的力量。

10岁学到*RE*4，朗读、泛读和听记练习，孩子坚持了多年

牛娃介绍

★学生名字：Gavin
★年龄：10 岁
★即将开始 RE4 学习，从 *WW*2 开始体系化学习之旅，以体系课学习带动英文阅读
★标准“原版娃娃”，热爱英文原版阅读

访谈内容

01

朗读练习，伴随了孩子的整个学习过程

刘莹老师：Gavin 妈妈您好，您先介绍下孩子的学习经过吧。

Gavin 妈妈：刘老师好，Gavin 今年 10 岁，马上五年级啦。我们是在一年级升二年级的暑假来咱们体系课测试的，测试结果是可以上 *WW*2 级，但我们当时正好赶上暑假集训班，不太了解强度就直接上了集训。情况就是比较“惨烈”，尤其背诵课文对 Gavin 来说很痛苦，他在之前没有这么大的背诵量。

但是那个假期结束后，我们就觉得孩子的学习能力有明显提高，就是他一旦上了一个台阶，接受了新的挑战时就不会再下来。后面我们就一直进行体系化学习。孩子密集地上了很多课，包括厚海的集训课，每天一课，连着上了好几期。那段时间对我们来说是比较幸运的。

孩子学到 *WW*4 的时候，即使课文明显长了，他背课文用大概 15 分钟就可以搞定。但是，我一直都觉得 Gavin 不是班级里最拔尖的小孩儿，不是那种接受和输出都非常快速的，这就要求我们在课外要做更多的工作，比如预习和朗读。

在学习 *WW* 系列这个阶段，我们做得最多的事情，就是开口朗读。

我们估计在一年之内可能至少朗读了 20 万词，每天坚持读课文、读分级，出声读，把不会的词全都画出来。我可以不讲语法，也可以不把所有文章的每个词每个句子都翻译出来，但是一定要朗读并且要朗读对了。

刘莹老师：语言的学习确实需要孩子开口做声音的练习，您每天让孩子保持朗读的量大概是多少？

Gavin 妈妈：是的，我刚开始是没有这个意识的，源于孩子的语文老师说，中文是母语，获得语感最好的方法就是朗读。我就想，如果想让孩子用母语式的方法学习英语，也是要朗读。而且 Gavin 最开始面对英语有胆怯的心理，不开口朗读的话，可能都不敢和外教交流，所以他的语文和英语都会进行朗读。

Gavin 正在学习

RAZ C 级别之前，比较简单，他一天能读 10 本。后面难度上来了也至少要读完四五本。当时孩子在低年级阶段，没有什么其他的事情要忙，每天有 1~2 小时都放在英语上。朗读是专门利用晚上时间来完成，因为晚上比较安静，也有整块时间，从晚 8 点开始朗读，不断练习，最后要录音频，自己去听，整个时间大概是 40~50 分钟。

后来他上了 *RE* 的课程，课文长度和难度都加强了，虽然课后练习重点放在听记上，不再要求提交朗读练习的视频，但孩子还是在坚持朗读这件事。

同时我们加入英语阅读的泛读。泛读主要是利用零碎时间完成，比如在去打球的路上，去画画的路上，拿“倾听者”听音频或看书。当时，孩子每个月的朗读和泛读累计至少要保证一万词。我觉得，孩子不笨，但一定不是那个最聪明的，所以我用的方法相对来说都是“笨”方法。

Gavin 的书柜

刘莹老师：朗读这件事看起来很朴素，也不是什么高级的方法，但孩子执行得很好。孩子的英文阅读一直在跟进，您具体是怎么做的呢？

Gavin 妈妈：我买了三年的 AR 账号，用 Star Reading 来监测孩子的阅读。这个测试结束后会给一个相应难度区间的图书选择，我们就去挑适合孩子的书。AR 这个系统每本书后面都有阅读理解题目，能帮助判断孩子是否真的理解了阅读内容。我大概要求 Gavin 读完四本书之后，挑一本书来完成 AR 测试，只要正确率高于 80% 就可以了。

每隔半年用 Star Reading 来看一下他的进步。Gavin 在 GE 值 4 点多的时候，非常难突破到 5，我认为应该是孩子年龄过小，认知限制了进步。

那个时候，Gavin 在 *RE* 的学习上也出现了一点点问题。他上 RE2 级的时候，还没有分上下两个级别，他是一学期学完了整本书，做了 24 篇听记。那个时候真是太痛苦了，孩子就有一点疲倦，具体表现是他的课堂评价表居然出现了 B 或者 B+ 这样的打分，我也有一点慌了。

当时，我做的一个决定是，先停一学期，让孩子把泛读量拉上来，也为后面的厚中三级做准备。但其实，这后面证明是错误的，孩子的学习一旦停下来就会倒退，其实上课也是在接触英语，是不耽误泛读的，但是只泛读不上课的话，比上课的时候进步慢很多。以至于在厚海停课的那个学期，他的 GE 值也倒退回了 4 点几，我当时就非常担心。我和孩子说，这样不对，我们不能等了，你还是要继续上课。

真的体会到了，逆水行舟，不进则退。

因为 *RE*3 级是分上下级别，一次课 3 个小时学完一篇文章，刚刚好。我们又重新回到 *RE* 的课堂，还是用原来的方法，认真完成该做的练习，必须保证朗读和泛读。*RE*3 的课文也要认真进行朗读，自己要录音频回听。

上 *RE*3 级唯一的问题就是，孩子对配套要求读的那本《饥饿游戏》不是特别感兴趣，可以说我和孩子一直在斗争。后来我们全家人在一起商量，决定还是不要强迫他。孩子当时才 9 岁，可能是书里的内容不是他感兴趣的，但是泛读必须进行，所以他就读回了《老鼠日记》，我也读。当时爸爸出差比较忙，不过周末会在家，所以一周有两个晚上是爸爸和孩子的相处时间，这样大概一年，我们把 70 本都读完了，孩子也完成了厚中三级的学习。

现在回看整个孩子那两年学习的过程，放假期间我们真的是上了很多集训课。那段时间孩子待在家，没有任何干扰，非常快速地就把英语能力提上来了。

刘莹老师：是的，而且集训班很锻炼学习能力，也为后面的学习打下很好的基础。

Gavin 妈妈：没错，集训带给孩子的学习能力的提高是非常宝贵的。每天上课、背单词、背课文、做听记是不容易，但孩子也历练了很多。他见过难的东西，解决过难的问题，这些能力都会迁移到其他学习上。

我还有一个非常大的感受就是，少儿阶段，或者说英语的认读阶段，一定要越快学完越好。早一点学完，后面才有空间做别的，即便再犯错或有短板，也有时间去改，去提高。

当然不是说要跳级，踏实是前提，在很踏实的学习基础上，一年之内能上的课都要上，春秋季、集训班等，赶紧把能力给提上来。语言能力一旦冲上来，他只要保持阅读，哪怕有很多艰难的内容已经忘了，捡起来也很快。如果不能很快速地进入到大量泛读，不进入到初章书的阅读里的话，孩子后面的阅读就会特别难了，他会把英语当成学科去学习，而不是当成语言。

语言就是工具，不早一点进入自主阅读的阶段，语言永远都不会成为工具，孩子到后面也会越来越抵触。我经常和孩子爸爸讨论的一个问题是，我们一定要让孩子在某一个学科上非常自信才可以，这个自信会转嫁到对其他学科上的学习。

02
如何实现英文自主阅读

刘莹老师：这个观点太值得分享给所有家长了。您刚才提到了很多关于孩子的英文阅读细节，孩子的自主阅读路径如何？以及是如何把阅读和听英语配合的？

Gavin 妈妈：我们最开始的阅读就是读分级，或者叫刷分级。早期是用 App 读 *RAZ*，跟读、朗读和回答问题。App 最方便的一点是阅读书目、音频、跟读的步骤都弄好了，不用家长费劲找了。孩子读完了里面的每一篇文章，做了每一道练习题。但是到 *RAZ* M 级别的时候，它引进得不全，我们就转回到了纸质书的阅读中。

那时候孩子学到 *WW*4 级，读完了桥梁书，继续读 *RAZ* 时，他也开始读初章书了。

刘莹老师：在泛读方面，您是怎么判断孩子适合什么书的呢？

Gavin 妈妈：我的方法就是多买书，我记得我看过一个咱们的访谈，有位妈妈和我的做法是一样的。你准备一万本，孩子读其中一千本就是好的，所以我先买足够的书让孩子去选择。我还会去查询书的 AR 值，做好标记，让孩子从 AR 值低的开始读起。

当时他连续读了 10 本，会做两三次测试，如果每次正确率在 90% 以上，这套书就可以过了。Gavin 还喜欢听音频，比如《猫头鹰日记》的音频像动画片一样，抑扬顿挫的，非常有趣，像有声节目一样，孩子很喜欢。有时候他还会嫌音频太慢了，调成 1.5 倍速或 2 倍速。

刘莹老师：您觉得孩子在阅读上面，阅读的能力是如何来的，是课程赋予的吗？比如课程会要求背单词啊，学语法啊，这些会帮助孩子的阅读？还是平时的大量泛读帮孩子的更多？

Gavin 妈妈：我一直认为上课是主要的，阅读是补充。如果不成体系地上课的话，即使进行了大量的泛读，孩子在输出上也会有问题，所有的阅读一定都是为了课堂服务的，我们上课一定希望孩子把知识学扎实，阅读是为了复习学过的知识，这样上课之后才能再输出。而且孩子可能输入 100，输出 10 个就不错了，所以我认为在孩子进入高章书阅读之前，上课一定是主要的。不成体系的上课还会出现作文写不出来的问题，即便写出来了，也会很口语化。而且上课之前的预习很重要，尤其咱们 *RE* 的课程对认知也有要求，如果不预习的话，孩子在课堂上很难有共鸣，会觉得没有意思。

所以对于 Gavin 来讲，他在咱们体系课程的学习里面，收获的技能，覆盖了他平时阅读的 70%~80%。

厚海的难度一直是走在最前面，比如他学厚中，那个文章的难度已经很高了，可能蓝思值都超过 1000 了，但是孩子平时的阅读没有那么难。上课引领着阅读，我觉得这才是正常的，如果平时读的比学的难，孩子一定觉得这个课程很简单，没多少收获。

而且孩子会反复看每一本书，在一直不停地吸收中。比如他一开始看《神奇树屋》没那么容易，很多东西理解不了，但是等他上到高级别课程，再回头重新去读的时候是一件特别愉快的事，发现书的情节很连贯，还有一些之前没有体会到的细节。

对于他这个年龄来说，阅读应该是一件很享受的事。

在我们家有一个细节，就是当这本书读完了，我就要处理掉它。在处理之前，我会问他，妈妈要把它处理掉了，你还需要再读一遍吗？如果他想再读一遍，我们就会再泛读一遍，读完以后我们可能会稍微讨论一下，他从中遇到的一个非常有趣的事之类的。可能一套书也就用一个小时左右，不会花太多时间。

我觉得孩子在上课的同时，只要阅读跟得紧，自主阅读一定不是问题。比如作文写不出来，即便写出来了也很口语化等问题。而且上课之前的预习很重要，尤其是厚海的课，看着一个课程很简单，但是 100 个知识点孩子很可能只掌握了 15 个。如果不预习的话，孩子在课堂上很难有共鸣，会觉得没有意思。

03
英语学习上不能打折扣

刘莹老师：我明白了，其实您做对了很多事情。第一提前预习，重视朗读，保质保量完成课程的学习；第二在孩子可以有能力进行阅读的时候，紧跟孩子的步伐，给孩子提供尽量多的阅读书目；第三，家庭的阅读氛围也很好。

Gavin 妈妈：大概是这样的，坚持最重要！其实现在孩子们都不缺这些资源。

刘莹老师：我还看过 Gavin 的作文，写得特别好，这个年龄段能写出来那样的议论文很厉害。孩子在英文写作上，您是怎么帮助的？

Gavin 妈妈：孩子在 *WW* 教材的学习阶段基本上不会写什么长句子，最多写一个有“that”的句子，这已经很难了。从 *RE*2 级开始，我就布置给他一个任务，画出每篇文章里的长难句。一开始我只要求他画出一个定语从句，比如有“what”的，有“where”的，有“that”的。到了 *RE*3 级，我就要求他画出五个句子，可以有两个相对短的，但是一定要有出一两个有嵌套的长句子，比如里面既有“what”，又有“that”，还有被动形式等。

我并不要求他写这五个句子，只需要仿写一个就可以了，但是不能随便写。我的要求是尽量不写短的，并且要写符合英美人语言习惯的那种句子。有时候我们会把两个句子合成一个，比如“这有一个人，这个人穿了一个白 T 恤”，写出来就是“这是一个穿着白 T 恤的人”。

我自己上学的时候不会写长难句，这个问题特别影响我以后的学习、工作和生活，所以我不希望孩子有这个问题，所以在长难句上花了挺多时间。我们是从《哈利 · 波特》开始仿写了很多句子。

上了 *RE*3 级之后，Gavin 的写作受益于咱们课程配套的那个写作讲解视频，是一位男外教讲的。他讲得特别好，先确定主题，然后解释一下自己的观点，相当于抛出论点，之后写论据，论据都解释完了，再总结。虽然每次只有不到 10 分钟，但是老师把议论文的写作结构讲得特别棒，方法和例子都特别符合孩子的认知。Gavin 的写作完全就是按照老师讲的方法来进行，有点托福、雅思写作的感觉。

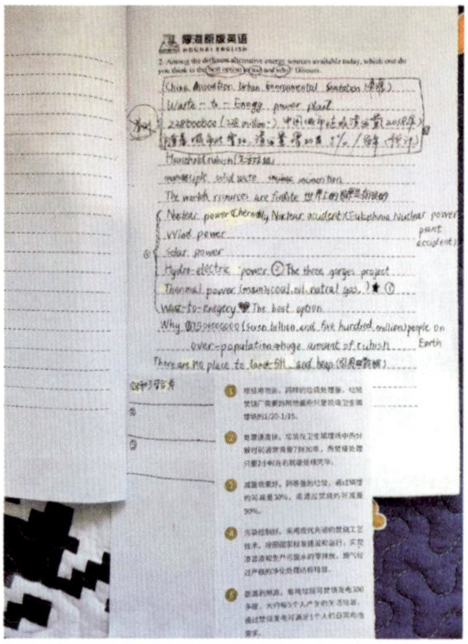

Gavin 的写作提纲

我记得，在 *RE*3 下时，他写了一篇作文，题目就叫做作 *I Don't Like Writing*，写得特别真情实感："我感觉写作特别难，虽然不喜欢，但是我也挺过来了……我写作之前，会先看视频，确定自己的观点，再去找资料，画思维导图，最后去写。"

上课的时候，授课老师也会帮孩子们梳理写作结构，加上批改，孩子的写作就越来越有进步。而且必须要说，我们的课程，就是厚海的课程真的蛮扎实。这个对孩子的帮助是最大的。

刘莹老师：孩子有过特别不配合的情况吗？

Gavin 妈妈：从来没有，因为我们所有的事都是提前做好计划，即便没有提前说清楚，原则上大家也是默认的。

我是那种在学习上比较严格的家长，不能打折扣。在吃穿上，在阅读的选择范围，在玩耍上，可以商量，没有什么要求，比如今天想吃一个零食或想喝一个饮料，这都可以，但是今天做了计划没有完成，是不可以的。

有次 Gavin 因为一个词读不对，好像是 alternative 的重音总是读不对，我们就坚持读了 4 个小时才去睡觉。我一直认为在学习上、做计划上乃至在做人做事上，这些都是不能打折扣的。这样的好处是孩子的抗压能力比较强。

刘莹老师：非常感谢您的分享。虽然聊起来可能觉得孩子很顺利地完成了学习，但是具体到每一个动作，我都特别佩服您的坚持和陪伴。朗读、阅读、帮孩子做练习，听上去都很简单，但是简单的事情重复做、坚持做是最难的。我们也想分享给其他家长，给大家信心，选择适合孩子的课程和方法，然后坚持下去。

感谢 Gavin 妈妈的分享！

一直跟着教材体系学习，年阅读量200本，二年级家庭这样做，帮孩子实现自主阅读

牛娃介绍

★学生名字：Lydia

★年龄：8 岁，马上开启 *RE*2 学习

★ 3 岁半开始英文启蒙，6 岁半可以自主阅读初章书

★年阅读量 1000 万字以上，其中英文阅读量超过 500 万字，基本可以实现中英双语阅读的自由切换

访谈内容

2022 年 5 月和 6 月的北京，孩子们都在家学习。虽然见不到同学和老师，但也让孩子们有了更多独处的时间。很多孩子在居家学习的两个月里，看了不少书。

那两个月，我们经常能在朋友圈里看到妈妈们的阅读分享，孩子们和自己读的书一起拍照，书摞起来几乎和孩子一样高。这是我们最期待看到的样子，无论中文还是英文阅读，只要泡在书里，孩子就有了全世界。

在妈妈们分享的朋友圈中，我们看到了的明星学员 Lydia 的身影——她和英文书合影，书摞起来有一米多高。Lydia 从 *WW*2 级开始一路跟着厚海学习，上次妈妈来访谈的时候 Lydia 还在上厚少（厚海英语体系课的初级别）的班级，在英文学习上很有心得。没想到仅仅几个月，孩子已经完全可以英文自主阅读了。

我们很好奇，在体系课程里成长的孩子，家庭是如何配合帮孩子实现自主阅读的？因此我们再一次访谈了 Lydia 妈妈，这次的主题是英文阅读。

01 体系课的实践，让我看到了阅读的重要性

Lydia 和她读的英文书

Lydia 妈妈：刘莹老师好，Lydia 正好明天就要开始 *RE*2 级的课程。我还非常感慨，两年前还在学 *WW*2，一转眼就经历了 10 期课。我们上学期学的 *RE*1，给我的感觉是，体系化的课程和课后练习还不足以把孩子的英文水平推到很高的地

方。阅读，大量的泛读一定要加上来。

这可能就是我非常重视阅读的原因吧。我的计划是这一两年，在学习 *RE* 预备到二级的时候，把泛读量加上来。等 *RE*3 级开始，孩子也积累了一些阅读技巧之后，我们再开始大量做精读。

02
Lydia 的英文阅读路径

刘莹老师：您介绍一下孩子一路走来的阅读路径吧。

Lydia 妈妈：Lydia 刚进入咱们体系的时候，她的阅读是 AR2.2 的水平。在这之前，我们每天都会读分级读物，主要以大猫分级和红火箭为主。每天读 3~5 本。孩子特别喜欢大猫的画风，我们就没有选择非常流行的 *RAZ*。对 *RAZ* 的态度就是，什么时候大猫和红火箭读不动了再换。

对于分级读物，我觉得孩子都会有自己的偏好，别人家孩子喜欢的，咱家的不一定喜欢。找一套孩子喜欢的当作主路线开始爬，其他的作为补充。上不去了，就读横向同级的书。多加点时间，慢慢就过去了，没必要人家都读牛津树，咱也来，比如 Lydia 就是不喜欢牛津树。所以在分级读物选择的时候还是要尊重孩子的喜好，让她轻松开始，容易坚持。

有了之前的分级读物作基础，Lydia 刚开始体系化课程学习的时候，是阅读比较强势。

之后，我就是想通过 Star Reading 的测试来监测孩子的阅读情况。我就每个学期或者每隔一段时间给她测 AR。去年一年级升二年级的那个暑假，她的 AR 值就直接涨到 4 点多，那一个假期就很神奇，假期之后就开始能读章节书了。章节书的阅读一直持续了整个学习 *WW* 的阶段。那现在就是慢慢往初章书和高章书来过渡。前段时间居家学习，孩子确实也有更

Lydia英文阅读进阶

日期	学习级别	GE值	Star测试相隔天数
2020/8/11		2.2	131
2020/9/19	WW2A		
2020/12/19			
2020/12/20		2.7	117
2021/1/25	WW2B		
2021/2/28			
2021/4/16		2.8	77
2021/3/21	WW3A		
2021/7/11			
2021/7/2		3.2	56
2021/7/15	WW3B		
2021/8/4			
2021/8/9	WW4A		
2021/8/28			
2021/8/27		3.8	

多时间可以读书，整体进步了不少。

03 帮孩子把阅读变成习惯，是家长唯一的目标

刘莹老师：听您介绍，感觉孩子的阅读是非常水到渠成的。

Lydia 妈妈：阅读本身，就像胡老师说的一样，是一个“让英文成为自然”的过程。Lydia 基本上 *RAZ* 读到 M 的时候就开始章节书的阅读了。我并不认为 *RAZ* 读到 Z 级别能代表什么，我还是希望她回归到阅读的快乐里。阅读是个快乐的事，她的能力到了可以给自己更多的选择空间的时候，我就给她这个空间。我不能把她困在分级阅读的小世界里。

当孩子 AR 值到了 3 以上，我就让她完全自由选择自己想读的书。我完全不设限，就是根据孩子的喜好去找书，或者带她去书店，喜欢哪本就买哪本读。

走到哪里都读书的 Lydia

与此同时，中文的阅读也很重要，中英文阅读是互相促进的。孩子如果在中文阅读上有自信的话，英文阅读也会有自信。两者是相互依存的一个状态。很少见有孩子说中文阅读不行，英文阅读很行的。Lydia 最初开始读英文的章节书，我觉得那种自信和掌控感是从小一直以来把书当成玩具，包括中文阅读带来的。

说起来有点老生常谈，但真的答案特别简单。阅读是一种习惯，你们营造了一种阅读的氛围，实际上我需要做的就是把它变成一种习惯，或者说一种生活方式。

刘莹老师：有很多家长觉得需要做准备，比如要先背单词，学得够不够难，不难读不了书，等等。准备好了再读。您有这方面的担心吗？

Lydia 妈妈：其实不用担心，稍微了解下蓝思值和 AR 值就可以了，在兴趣的前提下，稍微拔高一点，不会很尴尬的，毕竟兴趣是本源，有了兴趣，很多事情孩子自己可以处理掉。

我特别喜欢你们的“推荐 100 本书”的书单。每上完一期课，我就很简单地告诉 Lydia，要把这些书读完。至于先读哪本后读哪本无所谓，我会讲清楚哪些是书单里的，哪些是我加的（有些推荐是一套书的其中一本，但我基本上是整套端回家）。区别是我会告诉她为什么我要加。至于其他的，她可以根据自己喜好往上加，我不干涉。

只要肯读，精神食粮和物质食粮都是可以供应的。

这半年总是居家，往往可以给孩子传递一种潜移默化的价值观。那时候家里就我俩，我除了工作，照顾她，就是自己在家锻炼。她问我为什么那么坚持，我说为了自己可以晚点儿变老，我希望她长大的时候我还能跟她玩到一起，有目标，坚守就好。她那时候就看书，“反正也没啥事儿，看看没坏处”，就开始了。她看你坚持，还给你的也许就是另外一种坚持。

刘莹老师：您有印象，孩子在阅读中遇到过一些坎儿吗？

Lydia 妈妈：有两种。第一种是分级阅读的时候，卡在一个级别不动了，应对方式就是换另外一种，慢慢来。第二种是超爱某一个品类，比如有时候就爱漫画，中文死磕《米小圈系列》和《如果历史是一群喵》，英文是 *Dog Man*（《神探狗狗》）和 *Captain Underpants*（《内裤超人》）。这时候我的态度就是可以看，没啥不可以的，但是会引导她看点别的。比如她发现了《苏东坡传》（中文版）、《疯狂学校》（英文版），转移了注意力。那时候她不是没有能力读其他的，而是被这些书中的某个点吸引住了，不撒手。

刘莹老师：您觉得，在英文体系化的学习中，孩子最大的收获是什么呢？

Lydia 妈妈：我觉得除了收获了英文能力这个不用多说，其他的更珍贵的是：第一，她明白学习要有效率地刻意练习。不是说靠着刻苦就能行，方法很重要，方法会推动效果成倍递增，她看了太多一个起跑线的孩子一个一个被甩在后面。第二，她知道今天的付出就是明天的收获，收获可能会迟到，但绝对不会缺席，该是她的就一定是她的。

7岁学完*RE*1，英文版《西游记》听了几十遍，孩子的每一个练习妈妈都亲自做过

牛娃介绍

★学生名字：Jessica
★年龄：7 岁
★ *RE*2 在读，热爱《哈利·波特》原版系列，曾是 *Journey to the West*（《西游记》）狂热爱好者

访谈内容

这次给大家介绍的牛娃叫 Jessica。她从开始学习体系课，就一直在上线上课，老师们都非常熟悉这个可爱的小姑娘。

学习这两年以来，她完成了从 *WW* 到 *RE* 课程的跨越，妈妈用心的陪伴细节也深深打动着访谈老师。Jessica 对自己要求很严格，为了背诵必须在 2 分钟之内，她可以做几十遍的练习。

厚海的课程压力不小，在“陪跑”方面，我们认为 Jessica 妈妈做得尤其用心。希望访谈内容能给大家一些启发。

01 第一次上课，孩子没坚持下去

刘莹老师：Jessica 妈妈您好，您先介绍一下孩子的基本情况吧。

Jessica 妈妈：刘老师好，孩子在咱们这学习已经两年了。最开始是 2020 年，我们曾去一个校区做过测试，但是孩子比较小，就没有报课。后来和朋友一起上了个有点应试的英语班，在剑桥少儿英语考试里拿了满盾的成绩，还得到了一笔奖学金，孩子特别兴奋，想着拿这笔钱干点啥？要不找个好点的英语课继续学习吧。我说这个主意好啊。

妈妈手机里记录着 Jessica 的每一次努力

那时正赶上暑假集训课，恰逢她们幼儿园毕业之际，老师想让她当毕业典

礼的英语主持人。因为她原本也没什么其他表演特长，所以特别受宠若惊。在准备的过程中，她发现需要有准确、清晰、专业的表达才能当好主持人。这个准备过程中，她觉得英语还挺有用的，不只是考试，还是一种交流的工具。经过充分的准备，她表现得挺好的，得到了老师们和家长们的夸奖，特别有成就感。也是这次经历增加了她学英语的动力和信心。

于是我们又去了解线上课程，感觉课程设计很好，上课也很方便，经过测试后，我们就从 *WW*3 下开始了学习。

最开始我还挺担心这个级别对孩子有些难，特别是每天两小时的集训课。果然，我们只上了一半，也就是 9 天的课，她就上不下去了，主要是因为上课时间太长，课后的背单词、背课文和听记也都有一些压力。

于是，我们就和教务老师商量了一下，先暂停集训课。我们就带孩子出去旅行了，让她放松一下。但是这一路我特别焦虑，第一次担心孩子英文的学习，又不能对孩子表现出我的焦虑。于是，我就把咱们的方法论杂志认真读了一遍，也把所有的线上讲座和分享都认真听了好多遍，想吸取一下其他家庭的经验。其间我还不停地求助老师们，表达了我的担心和顾虑。热心的老师们给了我很大的帮助和安慰，让我先别急着否定孩子，可能是孩子需要适应体系。的确，对于一个全新的课程体系，不仅是孩子，我作为妈妈都还没有适应。

于是，我自己就把孩子上过的这 9 篇课文复盘了一遍，包括课后练习，终于搞清楚了咱们的课程体系和学习要求。

等我们旅游回来，教务老师建议或许可以让 Jessica 参加一期素养课衔接一下，也适应一下两小时的线上课程，于是我们就选择了听说演讲营。因为课程难度和练习量有所降低，课程设计也很有趣，她上得很开心，也符合了我们最初的期待。

尽管最开始上课并不是特别顺利，但我特别认可咱们的英语学习方法论，毕竟是那么多优秀的老师和家庭总结出来的好方法。所以我就想着怎么移植到自家孩子身上，可以尽快帮她适应。

过完暑假之后，我们在秋季就继续 *WW*3 没上完的 9 次课，和 *WW*4 同步上的，这样一周上两次课，这个节奏比集训课好很多，她上着也觉得轻松了很多。因为学习放在了平时，有更多时间去消化和吸收，所以那个秋季我们上得还是挺顺利。

每次上课我都陪着 Jessica 旁听。她是班上最小的同学，很多优秀的大哥哥、大姐姐们也给她起了非常好的榜样作用。我也很关注咱们公众号的访谈文章，学习其他优秀学员的学习方法，根据 Jessica 的性格特点进行各种改良。就这样上了一年后，她完全适应了课程的节奏，甚至在第二年暑假，她还连着上了两期集训课。我一边看着为她加油，也一边给她减轻压力。我时常跟她说，如果觉得上课压力太大，跟不上的话，我们随时都可以停课。不过，Jessica 还是坚持下来了，练习也都按时保质地提交了，这说明她真的是适应了。

刘莹老师：第一次上课就是集训班确实压力非常大，虽然有点小波折，但后面课程孩子上得还是特别好。

Jessica 妈妈：是的，对于低龄小朋友，刚开始是需要一个过程的。不过适应一段时间就好了。特别是春、秋季课程，把每周上课的练习分摊到每一天就轻松很多。

刘莹老师：而且孩子也是一直在上线上课。

Jessica 妈妈：嗯嗯，其实我们也一直很想去线下课，参观过附近的几个校区，环境都非常好，可惜上课时间都不合适。不过，线上班也有很多好处，除了节约交通时间，最大的好处是家长可以旁听。Jessica 是比较内向的孩子，年龄也比较小，她会有些依赖心理，如果我能陪着，时不时地给些鼓励，孩子的畏难情绪也会有所缓解。再加上咱们的课后练习也有抓手，所以 Jessica 现在上在线课程也非常适应。

刘莹老师：孩子在厚海上课还是年龄比较小的，我们很重视刻意练习，这方面孩子是怎么适应的呢？您都做了哪些帮助？

Jessica 妈妈：这点其实也想和您探讨，我一直觉得刻意练习不是给孩子的，是给家长的。刻意练习是很苦的，Jessica 在开始上课时还不到 7 岁，我其实特别担心这种枯燥的练习会消磨掉孩子学习的勇气和兴趣。

所以，我一直都是在理解咱们偏刻意练习的学习方法基础上，用适合她的方式去帮助 Jessica 做练习。因为我特别想保护她的学习热情，所以我就刻意练习我自己，让她觉得学英语这件事是自然发生、水到渠成的，不是“刻意”的，也就是说不是为了背单词而背单词，为了考试而学习，也就没有急迫的功利心。

比如，我曾经也焦虑过，像很多孩子读过的 *RAZ*、大猫、海尼曼等分级阅读，Jessica 都没有刷过，会不会有所缺失？但是我说服自己，每个孩子都是不一样的，她喜欢牛津树和 *Journey to the West*（《西游记》），就尊重她的喜好，即使反复听好几十遍不换其他的，我也不干涉。

我不断告诉自己不能着急，否则就会投射到孩子身上。我也没有定期给她测 AR 值，让她带着某种目标去学英语。

厚海的教材兼顾了知识与趣味，老师足够专业，助教又很细心，我能做的就是做好陪跑。然后把她学的每一篇课文、做的每个练习亲自体验一遍，这样我就能很好地理解她的每一个痛点，并一起解决问题，这样就能很好地保护她的学习兴趣。

02

与其喊加油，不如和孩子一起奔跑

刘莹老师：您能简单介绍一下，是如何保持她的兴趣的呢？

Jessic 妈妈：首先，我是真的走过她走过的每一步路。第一次背课文时，孩子觉得不可思议，问我："这个课文怎么可能在 2 分钟之内背完啊？"

我开始也很怀疑，请教过教务老师，教务老师给我推荐了很多很好的方法。但是我发现，Jessic 领会不了那些方法论。另外，Jessica 很追求完美，她背课文时拒绝任何辅助，无论是把动画片静音、画故事脉络，还是画思维导图，她都不要，她就坚持要盲背。于是，我就和她一起讨论课文的情节然后一起背课文。我自己背完几篇后发现，只要脑子里不停地去回忆那个动画片的情节，像过电影一样去过那个画面，可以很流利地背下来。

刚开始背诵课文时她要花很长时间，她很崩溃，我也很崩溃。但是，在陪她背过了四五篇后，我就知道为什么她总会在某个地方卡壳或者背错，我俩就会一起讨论原因，比如我们讨论过为什么有的地方说 Hi 而有的地方是 Hello。

另外，我还有个办法就是，让 Jessica 检查我的背诵。她检查我的时候就特别认真而且特别爱挑刺，我的一点儿小错误她都不会放过。待我发现这个现象后，我就会故意在她经常出错的地方故意背错，等她挑刺儿说"这里你又背错了"，然后她就不知不觉记住了。

到了 *WW5*，遇到很长的文章，我们也一起背过。我从来都不会对她说"必须"背下来，因为孩子对这样的字眼会有抵触。我会说这几个段落不错，要不我们背一遍？或我们一起来比赛干什么吧。我会故意表现差一点，让她有一种成就感，甚至让她教我怎么可以背得比我快，这时 Jessica 就会非常自豪地分享她的技巧和想法。我也趁机把咱们的方法论潜移默化转达给她，建议用老师讲的五步法学一遍。她完成后，会说妈妈的方法也挺好呀，觉得找到了小窍门，就越学越起劲。

刘莹老师：这真是个好办法，我真的很有感触。很多家长，包括我自己在内，都觉得好像孩子上小学了，他就应该自己学习，自己能做这些事情了，家长会在这个时候拒绝孩子。但是孩子在面对困难时，陪伴还是最重要的。

Jessica 妈妈：这个过程里我也一直很纠结，我也想让孩子独立学习。但是真的陪她走过这一路就会发现，最开始的陪伴是很重要的，亲身经历过才有深刻的体会，才知道如何帮孩子爬上第一个起步台阶，等她爬上去了就有信心接着往前进了。比如听记，我上学时也没有做过，所以刚开始时我也会和她一起听记。我发现这个听记练习是真的不容易，我自己也很难一次把整句都听下来，我也经常会犯错。我自己体验过，我就能理解她为什么会弄混 He's 和 His，They're 和 There。那我听记错的地方，我也会认真改正并抄写 5 遍，给她做一个示范。而且，我也会和 Jessica 一起分析，为什么会写错呢？原因是没有认真思考这句话要表达什么意思。慢慢地，孩子就在这个过程里学会了做听记。我这样做的目的，只是想向她表达，妈妈愿意和她一起学，和她一起克服困难。

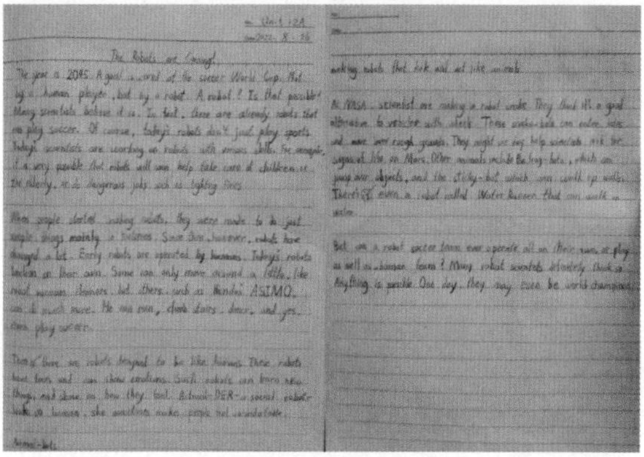

Jessica 的听记练习

所以有时候，我也会故意犯一些错误，让她知道这些错误是大家都会犯的，妈妈也不例外。最重要的是我们犯错后，要学会去改正，避免以后再犯同样的错误。我是想让她明白，这些练习不是我们被迫去完成的作业，而是帮助我们更好更快地学英语，因为我们学好英语是想去了解更多的世界。

刘莹老师：听完您说这些，我很感慨。现在很多父母真的很爱孩子，甚至全家齐上阵围着一个孩子。但依然会觉得孩子身上好像有一个开关，到了某个阶段一按，他就自动会某一个技能了。爱是真爱，但不敏感。

Jessica 妈妈：我是觉得，自己作为一个大人，第一次面对这些英语知识点时也都有卡壳，更何况她还是一个小孩子。比如刚开始接触定语从句时，确实也不容易理解。所以，我们要宽容孩子的错误，给予足够的时间慢慢吸收。我也一直在看咱们的牛娃访谈，每个孩子都不一样，不太可能把别人的方法直接拿过来复制，还得适合自家孩子的情况进行调整。

刘莹老师：确实，每个孩子和家庭都不一样，不过您对孩子的这种敏感，好珍贵，太值得学习了。

03 原版阅读路线，搞定自主阅读

刘莹老师：孩子来厚海上课之前英文的基础已经很好了，您的启蒙是怎么做的呢？

Jessica 妈妈：在上幼儿园之前，其实我们几乎没进行过英语启蒙。Jessica 上的是个双语幼儿园，但她很内向，第一年几乎没怎么和外教交流过，当时我也很困扰，老师建议多给她一些时间，静待花开。不过幼儿园的环境还是给了她一个不错的输入环境。另外，当时我们家附近有一个英文绘本馆，我就会经常带她去那儿玩，也慢慢开始了英语启蒙课，学会自然拼读对她帮助特别大。她很喜欢那个图书馆，经常会去那里挑选一些精美有趣的绘本，我们一起读。我自己也很喜欢看书，深知阅读的好处，所以也在潜移默化地培养她，让她慢慢地也爱上了阅读，并且能长期坚持下去。

刘莹老师：孩子现在学习 *RE* 教材应该能自主阅读了，您在阅读上有做过哪些帮助吗？

Jessica 妈妈：孩子的英文自主阅读其实是水到渠成的。我会经常把书当作礼物或奖励送给她。比如，Jessica 上完一期课，结课礼物就是一套书。暑假上完课，她迷上了 *My Weird School*（《疯狂学校》），原因是她喜欢的老师推荐了这套书。我就立刻把全套都买回来，包装好送给她。这套书讲的是校园生活，在每一本的故事里都可以找到生活的场景，她看得就特别起劲。

小说课也帮助了 Jessica 进行原版阅读，她第一次上小说课读完 *EI Deafo*（《超听侠》）后，就引发了她对漫画小说的阅读兴趣。

我也会经常和她比赛，她挑一本，我挑一本，看完后讲给大家听，看看谁讲得更好。这种复述也是一种输出，慢慢地她自己的阅读理解力就增加了好多。还有厚海的 100 本书单也非常好，但我没和她说 100 本，担心她觉得阅读量太大就畏难了。我跟她说，这是厚海推荐给小朋友的礼物，让她挑选后由妈妈买了送她，她就会很用心地去挑。后来，在正式上课之前，你们真的随教材寄了一本小说，她每次都很喜欢，看完后都要求买齐全套。

刘莹老师：我发现您为孩子做的每一件事情都会找一个意义点，真的如您所说，保护了孩子的兴趣，自己也特别开心幸福。

Jessica 妈妈：我特别期待孩子能把英语当成工具来学，而不是当成枯燥的学科。我们会经常讨论学英语的目的是什么，我也一直跟她说，我们学英语是为了去看世界，不是为了去比考试成绩。让她慢慢体会学习英语给她带来的好处，比如，她能慢慢看懂英文电影，她可以听懂外教老师用英语教数学、西班牙语，她可以去国外参加英文的数学比赛……这些都让她感到特别的开心和自豪。

她很喜欢厚海的外教课，上不同外教老师的课，她也能找到每个老师的特点，比如，Jessica 很喜欢 Nico 老师讲语法时用不同的颜色标注主谓宾，她开始听不太懂，但是跟着老师一起用彩笔去写彩虹一般的句子就觉得很有趣，慢慢也就明白了句子结构。她能从每个老师身上学到不同的东西，这些我还是挺欣慰的。

Jessica 在看书

对于小朋友，我觉得与其在旁边一直观望喊加油，不如和她一起跑，哪怕默默地不说话，在旁边陪着让她感受到力量就够了，其他更专业的事就交给老师们好了。

所以非要总结孩子的自主阅读路线的话是：上双语幼儿园，学习自然拼读，我陪读了一些牛津树，上了咱们的体系课程之后就开始源源不断地看英文原版书。Jessica 特别喜欢魔法题材，就成套看了很多初章书，比如 *A to Z mysteries*（《A~Z 神秘案件》）、《老鼠记者》、《哈利 · 波特》等等。

刘莹老师：您觉得孩子拥有自主阅读的能力，是像 *RE* 这样的英语体系化课程赋予的，还是因为前期的输入，比如双语幼儿园或自然拼读课程打下的基础？

Jessica 妈妈：这个问题我真的有思考过，甚至想过咱们课程要学到什么程度。我觉得这是一个水到渠成的过程，因为厚海的整个体系不是说只有外教和课后练习，它是一个特别有机的整体，每一环都不能缺，外教老师的授课方式、教材、指导老师的详细反馈、家长们的经验分享会、读书会，以及优秀的同学们共同营造的课堂氛围，甚至互相比拼，这些共同助推了孩子的成长。

所以当小说课给了她一个引领之后，她就顺理成章地开始了自主阅读。当然，家庭的阅读氛围也很重要，我平时休闲时也会拿起书来读一读，这些都会对孩子的阅读习惯和能力产生影响。当然，其中最重要的是，Jessica 能爱上阅读，享受阅读的乐趣，并愿意与我们分享她的读后感，我特别欣慰。

04

小年龄如何搞定书写和认知

刘莹老师：您是怎么在孩子小的时候搞定书写的？

Jessica 妈妈：关于书写，我们确实是刻意练习了一下。这个主要是因为我们发现她从小就喜欢拿笔写写画画。我就在她卧室墙上装了一块大白板，经常用英语给她写一些留言，也鼓励她用英语回复我们，不管对错都鼓励她多写。我还经常对她说，妈妈记忆力不好，你要写在白板上提醒妈妈。所以，她经常会在白板上写很多东西，或者贴一些便条，告诉爸爸要做什么，妈妈要做什么。

另外，她也有自己的微信用来和我们联系。我也会跟她说，妈妈在工作不方便听语音，你可以写给我，鼓励她用英语给我发信息。遇到重要节日，我也都会给她买卡片，让她写一些祝福语送给我们。

从她开始学习自然拼读的时候，我就鼓励她写，哪怕几个单词都行。现在家里随处可见她给我们留的小字条，越写越多。所以，对于厚海的写作练习，

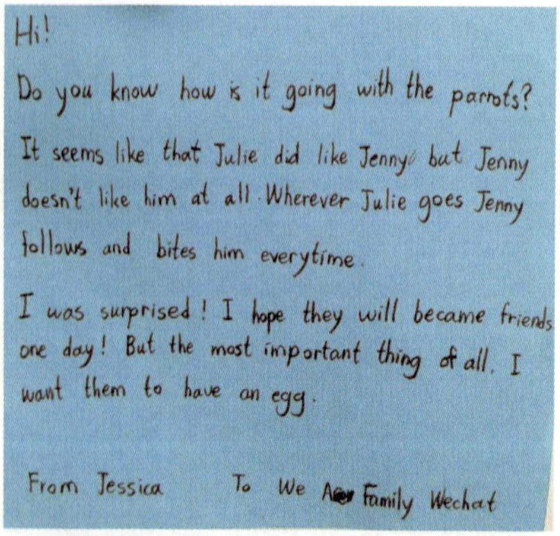

Jessica 的大白板

她一直都觉得很轻松。

上完 *WW* 系列课程，她裸考了 KET，取得了卓越的成绩，其中写作和口语都是单项满分。这也让她对写作充满了信心，所以后来我们在学习 *RE* 教材时又报了 Great Writing 课，遇到的几位老师也特别好，还鼓励她写小说。

她开始看《哈利 · 波特》时，就非常崇拜 J. K. 罗琳，很好奇她是怎么写出这么长这么多有意思的故事。于是我就给她讲解了一些小说的创作过程，她也很想尝试写写，甚至还产生了长大后想当作家的理想。

她还特别喜欢 *Journey to the West*，除了看动画片和看纸质书，她听整套故事的音频听了 10 多遍，最喜欢的几本她还抄过，她曾经幼稚地觉得她抄写一遍就变成她写的书了，哈哈。当她知道这是韩国人翻译的我们的中文名著时，觉得很神奇。我们还买了许渊冲老先生翻译的英文版古诗文，让她对照一起看，她觉得能用英语传播中国的文化是件很伟大的事情。

刘莹老师：孩子的整个路线，您踩准了非常多重要的节点。比如一开始，虽然孩子说得不多，不过还是有一个外语的环境，有了输入，接着学自然拼读，练习写，听《西游记》。然后是体系化课程，很自然地衔接在一起，进入到自主阅读。

Jessica 妈妈：对，这个过程还是挺顺畅的。一个很大的感受就是父母要有足够的定力，并且坚持长期主义。虽然我也动摇过很多次，纠结要不要买 *RAZ*，要不要复制别人家的书单，毕竟这些都是牛娃们的成功经验，而且一旦过了那个时期，就没有时间可以补。但我还是说服了我自己，一定要尊重孩子的意愿。她喜欢什么，就让她看什么。比如她喜欢魔法，我就把所有和魔法相关的英文书找回来，让她去看、去听。现在回头想，如果我真逼她去刷 *RAZ* 或者看她不感兴趣的书，也许未必能有现在的效果。所以，坚信每个孩子都是独一无二的，不能盲目复制别人的经验。

刘莹老师：虽然您之前提到尽量不让孩子感受到刻意练习，但其实孩子练习了不少。她反复听《西游记》、自己抄书、和您 PK 读书，这些都殊途同归，孩子已经完成了提高对英文熟练度的训练。我同意您说的，不是一定只有 *RAZ* 这一个标准，孩子做的这些事情，相当于做了同样的练习。

最珍贵的是，您陪伴她一起，让孩子觉得学习英语是一件非常有用的事情。在陪跑这件事上，您做得非常极致。能做到很理解孩子，真的要向您学习。非常感谢您的认可。

9岁每年阅读两百多本章节书，从听力积累到大量泛读，每一步都走得又准又稳

牛娃介绍

- ★学生名字：Leo
- ★年龄：9 岁，*RE*1 在读
- ★每年阅读量超过两百本，*RAZ* 分级绘本每年至少读两个级别
- ★最喜欢《内裤超人》《查理和巧克力工厂》《哈利 · 波特》

访谈内容

01
听力先行，可理解最重要

Sophia 老师：Leo 妈妈好，孩子每年阅读量超过 200 本，特别好奇孩子的英文学习过程，您先和我们分享下吧。

Leo 妈妈：孩子 5 岁时，我们才有意识地给他做英语启蒙，并想找个机构带他入门。当时周围没有学习英文的氛围，我就自己在家教他一些简单的英文单词，比如常见的小动物、锅碗瓢盆、食物等。

正在读 *Harry Potter* 的 Leo

上幼儿园中班时，他看了动画片《小鼠波波》，小老鼠非常可爱，旁白也很有意思，他看得津津有味。后来，他时不时和我说，剪刀这么说，盘子这么说，而且都是看到实物脱口而出。这有点出乎意料，毕竟相对于其他动画片，《小鼠波波》的旁白并不多，我没想到在很少的旁白中，他能够把接触到的一些日常词汇在生活中表达出来，说明他真学进去了，看动画片是实用的。之后，他还看了巴塔木儿歌，基本上就这两个材料，反反复复看了一年。

升大班那个暑假，孩子幼儿园旁边有一家小机构，外教老师带着一个班七八个孩子通过唱跳来学英语，我觉得还不错，就给他报了那个班。Leo 比较外向，胆子大，看到外教愿意去表现，那个机构算是带他入了门，但是整体效率不高。

当时我看到外研社出版的一本书《不能错过的英语启蒙——中国孩子的英语路线图》，读了之后很受启发。还有盖兆泉老师的书也很好，她推荐过一个动画片 *Big Muzzy*（《玛泽的故事》），孩子很喜欢里面的那个绿毛大怪物、歌谣和故事情节。可能沉浸的时间长，他竟然能够把动画片里的内容跟外教课联系起来，能够输出句子，比起原来只是蹦词，很有进步。

同时我也买了一些绘本，比如海尼曼、小饼干狗、培生分级、兰登分级等，它们的图画很多，词很少，句子也短，内容简单有趣。那个机构也会推荐一些小绘本，像企鹅 *All Aboard Reading* 系列，我就借回来，一句一句给他读，之后用倾听者反复放音频，再让孩子跟读，直到他会自己朗读。

因为我的发音没有人家好，不能总给他读，就改为给他放一句音频，让他跟读一句。到级别稍高一点，大概是海尼曼 G1，我让他听完一整页的音频，按下暂停键，再让他读一遍。

他还非常喜欢动画片 *Alphablocks*（《字母积木》）。每天从幼儿园回来，我做饭，让他自己坐那儿看，差不多每天半小时。我后来才知道，他在看动画片的过程中，学会了 26 个字母。

大班下学期，孩子转到一个通过动画片来教学的课程，借此看了很多动画片，比如 *Badanamu*（巴塔木）、*Peppa Pig*（《小猪佩奇》）、*Dora the Explorer*（《爱探险的朵拉》）、*The Magic Key*（《神奇之钥》）等，也读了一些小绘本，有牛津树 1~4 级，兰登 *Step into Reading* 系列。

因为在这个课程里养成看动画片的习惯，他继续看了很多，像 *Magic School Bus*（《神奇校车》）、*Ice Age*（《冰河世纪》）、*Madagascar*（《马达加斯加》）、*The Adventures of Tintin*（《丁丁历险记》）、*The Lion King*（《狮子王》）、*Kung Fu Panda*（《功夫熊猫》）等。

看完动画片，我会给他放对应的音频，相当于没了动画辅助，训练孩子通过声音去理解的能力。他听得非常沉静和投入，片长一个多小时，基本上都能一次完整地听下来。

Sophia 老师：前期的动画片输入，加上您不断提取动画片音频让孩子听。孩子听的材料都是他能够理解的，在听的输入上花了很多时间。

Leo 妈妈：是的，他一开始在听力上面花的时间确实很多，但是阅读能力跟不上。比如 6 岁半时上一年级，他可以裸听牛津树 6~7 级，但是根本不看文字，我就要求他伸出小指头来指读。从最低级别的阅读材料开始，像之前读过的海尼曼、兰登分级、牛津树、*RAZ*和培生系列等，给他音频，他指着读句子，听音去对应每个词是什么。低级别的绘本一页就一两句话，他指读特别容易。

大概用两个月时间（小一升小二暑假），他指读完了三四百本绘本，之后可以自己听音指读，甚至出声朗读，就不愿意我陪着了。但是在读和听的难度配比上，我给他的听力材料难度超过阅读材料。

Sophia 老师：听力先行是一种偏母语式的英文学习方式，听得多，孩子的输入就比较多，他从中获得地道的表达，会慢慢形成一个很好的语感。孩子在这个过程中，有学过自然拼读吗？

Leo 妈妈：他简单学过。当他听音指读到牛津树 6 级，能够看懂一些单词了，我买了《格瑞叔叔》教材，给他讲一讲拼读规则，遇到他读不了的词，告诉他这个是怎么发音的。因为他之前做了大量的指读，认识和记住了不少单词，我这么潜移默化地说一说，他很快就接受了那些拼读规则。

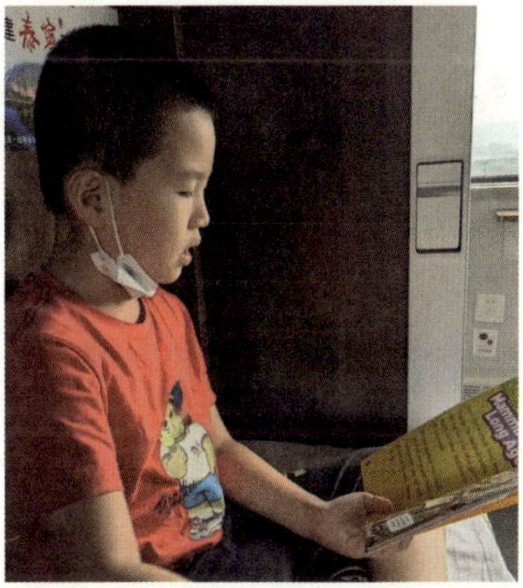
火车上也在读书的 Leo

为了强化自然拼读，我还买了《丽声拼读故事会》那本书，有 6 个级别，孩子也都读完了。这期间孩子利用已经学的拼读规则，重读了之前读过的牛津树、*RAZ*和《我的图书馆》系列等，在阅读中反复应用拼读规则，反复强化。

02
能读下去最重要

Sophia 老师：自然拼读的学习操练最重要，您让孩子重读原来的分级真的特别重要，大量的听力先行积累，加上自然拼读学习，孩子很顺利就过渡到了阅读。在阅读上，除了在家里泛读，您还为孩子设计过其他的学习吗？

Leo 妈妈：他 8 岁的时候，一个朋友建议孩子应该做精读，推荐了一个外教课。因为朋友的孩子英语特别好，所以我很相信她。当时一周两三次外教课，一节课 25 分钟，我们会花 30~40 分钟来预习，还会提一些问题，这样孩子在课堂上才能充分跟外教老师互动，最大程度上高效起来，课后有练习，一般他当堂就完成了。

孩子比较外向，敢于表达，外教老师一般不怎么强调他哪儿错了，会引导他说，所以他从那个线上课得到很多的口语训练，同时课堂上外教老师会教一些阅读方法，比如如何略读，如何找出文中的主旨、大意和细节，词汇的前后缀，同义词反义词之类的，还有说明文的图表怎么看等，一共学了 70 多节课。

我比较注意保护孩子的学习兴趣。比如背单词吧，孩子还小的时候，我认为背单词是消磨孩子学习兴趣的杀手，不能因为想让他背 10 个单词，导致他不想读书，或者少读几本书，我认为他在那个年龄段能读下去比什么都重要，至于他会不会背这个单词，是次要的，看懂就行了。

就像中文。对于一年级的孩子，会写的生字是很少的，但是他能读的书一定远远超过会写的生字。我从来不觉得会背 1000 个单词的孩子就非常了不起，反而觉得如果能认读 4000 个词，比会写 1000 个词更加重要，因为认读的单词越多，就越能在阅读中体会到读书的乐趣，增长知识，也比会写几个单词重要得多。

所以直到孩子开始看桥梁书，像 *Fly Guy*（《苍蝇小子》）、*Dog Man*（《神探狗狗》）、*My First Reading Library*（《我的第一个图书馆》）、当时还处于听音指读阶段，我也不要求他背单词。牛津树 8 级读完，*RAZ* 读到 I 级，孩子可以读初章书了，像 *Captain Underpants*（《内裤超人》）、*The Boxcar Children*（《棚车少年》）、*Fantastic Mr. Fox*（《了不起的狐狸爸爸》）、*The Magic Finger*（《魔法手指》）、*My Second Reading Library*（《我的第二个图书馆》）、国家地理分级 1~3 级、罗尔德·达尔的一些比较简单的书等，一开始他先裸听一遍音频或一边听音频一边指读，再自己从头默读一遍，等看完这些书，突然发现孩子不需要音频辅助也能自己读了。

Sophia 老师：从绘本过渡到初章书，是从图片到很多文字，孩子会觉得吃力吗？

Leo 妈妈：还好，因为他是循序渐进的。他不是只读一套书或一个系列，我在同期给他的资源比较多，比如 *RAZ*、国家地理少儿版 *kids*1~3 级、我的图书馆系列、牛津树、海尼曼等。毕竟很多同等难度的词看一遍是记不住的，只能通过同时期大量读难度差不多的书，那些词见到 20 遍、30 遍，下次见到就认识了。

所以只要是同水平的书，我都找来让他读，先在量上足够，可以支撑他往上晋级了，过渡就比较自然。

有时候一整套书 90 本，他可能读了 60 本就去读下个级别，我问为什么剩下的书不读，他说下一级别更好看更有意思。这说明他可以看懂下个级别的内容了，不读就不读吧，我是允许的。

Sophia 老师：这样可以让孩子同期接触不同的话题内容，每个阶段都学得很扎实，量变引起质变。孩子读书的过程中，遇到不太理解的单词或情节，您会给他做一些解释吗？

Leo 妈妈：他极少问我单词。因为我对他的要求是看懂大意就可以了，不用看懂每个单词。

他读到牛津树 8 级以后，很多书我也没有时间陪伴他读完。所以我就以他能否大致说出发生了什么故事为标准，来判断他是否读懂了。因为孩子年龄还小，我也不会要求他说得多深刻，只要看懂大意就可以，最重要的是一直读下去。

前前后后，他给我讲完了 *Fantastic Mr. Fox*、*Charlie and the Chocolate Factory*（《查理和巧克力工厂》）、*The Usborne Reading Collection*（《尤斯伯恩阅读合集》）、牛津树 8~10 级等。孩子超级喜欢罗尔德·达尔的书，像 *Charlie and the Chocolate Factory* 看了很多遍，听了很多遍音频，电影也看了。他对喜欢的内容会反复读，我鼓励他这样做，因为书反复读是很有价值的。

比如，第一遍的时候读个大概情节，第二遍去扫一下陌生单词，第三遍可能更理解意思，第四遍会去模仿里面的语音语调了。

Sophia 老师：您没有功利心地让孩子去阅读，特别珍贵。如果遇到孩子不想读的情况，您是如何推进的？

Leo 妈妈：我总是反省自己学英文的过程。真正需要用到英语时，我回答问题第一反应不是英语，而是先用中文组织，再把它用英文表达出来，这个过程好痛苦，我不愿意孩子再这么走。英语需要长期学习，最好让孩子能够一直愿意学下去。

比如，他 8 岁多读完牛津 10 级，*RAZ* 读到 K 还不会写，我就很着急。朋友建议抄书，我就买了 *1000 Basic English Words*（《英语基础 1000 词》），因为之前了解过厚海是英英释义背单词，所以当时原本想让他提前开始英英释义背单词，他不同意。最后我俩达成一致：抄里面的单词意思和例句。

不过在抄之前，我要确认他到底懂不懂，所以要他先读一遍给我听。他也不是很配合，没有每天做，今天没有课外班了就多抄一点，有课外班就不抄了，周末户外时间比较长，他也总带着“倾听者”听音频。最后没有把 4 本都抄下来，是挑着抄了一部分。后来他从 *RAZ* 和我的图书馆系列挑了一些书，有虚构和非虚构，会把喜欢的句子抄下来。

他一开始学英文确实没什么目的，愿意读下去，我就很高兴了。不过现在，我也会要求他，毕竟考试不是说给老师听，要写出来。

他今天不想读英语，可以读语文，不想读语文，那就做数学，他可以选择学什么，但不能不学。在学习的时间就是应该学习，比如晚上 7~9 点这么黄金的时间，怎么能无所事事？

我经常鼓励，读下去就很好，因为英语会给你展示另外一个世界，跟你在中文看到的世界不一样，读多了，你的眼界和思考的方式也都会不一样，读下去就会有收获。我要求孩子也同时要求自己，我们应该接受现在是这种开放的共享社会，要学会用别人的思维方式去思考问题，要有这样开放包容的态度。

有的时候我也会给他物质奖励，比如奖励零花钱，只要能推动孩子读起来就行。

所以我们是很乐意和孩子谈钱的，也谈怎么把得到的奖金用来投资、存定期或者买基金。包括他练书法，只要出作品，老师都会拍照发到群里，他把作品拿回家，我把它裱起来，还会请他去吃一次大餐。下个月再有作品，我再请吃饭。

我想的是，反正孩子也是需要学习一些餐桌礼仪，出去长一些见识，在经济允许的情况下，平时我们一家人也会出去吃个饭，还不如把它当作一种奖励，出去庆祝。我也不多说什么，主要说爸爸妈妈很谢谢你，因为你有了成绩，我们才有机会来这个餐厅吃饭，是沾了你的光。

他觉得很有成就感，会跟老师分享他的快乐，是自己挣的钱请爸爸妈妈吃饭，虽然说终究是大人的钱。

03
孩子读书，我也读书

Sophia 老师：这个奖励机制太有趣啦！无形中把您的期待变成了孩子乐意做的事。孩子进入体系课程的学习顺利吗？

Leo 妈妈：刚开始很不适应。我记得第一次上课在中关村校区，因为他爱说，胆子又大，文章可以读得很顺，理解也没有问题，老师对这一点的反馈还不错。但是课堂上老师让他做笔记，他就不会写，根本不知道怎么做，就只听课。

第二次上完课，我去接他。他说今天考词汇测试，只对了三个词汇。当时电梯里有一个孩子就哭了，跟他爸爸说自己只对了一个。我赶紧说没关系，让他拿出来给我看看。我发现，他那些单词错得很有意思，不是少了个字母，就是字母前后写颠倒了，说明他确实没有背下来，拼读规则用得不好，书写也有问题。

所以前几次课还是比较艰难的，我想让他继续，又怕单词测试总是只对那么三四个，太受挫了。而且他同班的孩子可能一年级就会写单词了，他接触得太晚了，我得想办法让他树立信心。

因为听记在家完成，我可以有自主权。我当时跟孩子说，先把课文读一遍，读的时候觉得一会儿听记肯定写不出来的词，就抄在白纸上，允许最多抄 30 个，如果一会儿听记的时候不会，就看自己抄下来的词。

我想这么个办法，哄着他能够学下去。至于学成啥样，我心里有数，我会慢慢减少允许他抄下来的单词数，也会鼓励他，比如上次抄了 30 个，下次允许最多抄 25 个。第二次听记之前，他写在白纸上的词有 15 个，后来 13 个，10 个，8 个，6 个。他没有提前写在白纸上的单词，也不是都会了，他自己用红笔纠正的以及老师反馈的听记练习还是有好多错的，只是慢慢地，错得比较少了。

第 11 次听记之前，我就不允许他再这样了，算是通过前面 10 次的练习顺利过渡了。整个第一学期，他单词测试对八九个就算多的了，很少全对，第二学期就好太多了。我们拼写的能力在厚海才真正落地。

Sophia 老师：在这之前，孩子就很能接受英英释义背单词，想必您做了很多的功课，特别好奇您如何看待这种背单词的方式？除了单词拼写，孩子还觉得哪部分比较难？

Leo 妈妈：我觉得英英释义可以看成是一道小阅读理解题，不需要从中文到英文的翻译过程。

*WW*5 级的语法对他也是一个极大的挑战，因为我们从来就没有学过。如果是从 *WW*1 跟上来的孩子，每个级别都会接触一些语法，但对 Leo 来说，*WW*5 级语法完全是新知识点。他做题的正确率挺高，但是往往讲不出道理，凭借的是读书的语感。后来转到线上课，只要我在家，他就希望能陪在他旁边，我问为什么？他说因为一会儿老师要讲语法了，希望我能够再给他讲一下，我就适当再讲一讲。

现在 *RE* 课程没有专门讲语法了，听记问题解决了，正是他喜欢的阅读。他说 *RE* 真好，比 *WW*5 级有意思多了，现在上英语课，不希望我进屋去陪他，他自己可以搞定，所以他不觉得英语是负担，很乐意去学。

Sophia 老师：孩子乐意去学习，说明在这件事上有一种成就感，而且难度适合孩子的水平。回顾孩子英文学习的几个阶段，您认为做得最好的事情是什么？

Leo 妈妈：我觉得一个是坚持。

不只是孩子需要坚持，父母也需要有一些激励措施，每个家庭的情况不一样，但是需要有一个总体目标。

家长多看书，多了解一些英文学习指导，不管是自己带着孩子学，还是借助机构，找出一条适合自己孩子的路线比较好，别人学的课程不一定就适合自己家孩子。比如寒暑假，我会严格要求 Leo 大量读书，不管是中文还是英文，所以寒暑假我们几乎没有报过什么集训班之类的，否则就挤占了他读书的时间。

大量阅读会支撑他下一级别的学习，他应该在阅读上有一个更大的提升，这比他上一期的课还要重要，所以每年的寒暑假都没有浪费。

我们会一起商量读什么书。上个寒假我带他参加了一个英文阅读营，要求每看完一本书或一篇文章，都要写读书笔记，这样有输入，也有输出，还可以加强笔头能力，会学得非常扎实，很符合我的期待。

他在写的过程中，可能有或多或少的错误，不过没关系，写下来就行。除了专有名词大小写问题、单复数问题，我会说一下，其他问题不会指出来，更不会批评。那个阅读营一共 35 天，有 200 本左右，30 多万字，他真的读了 35 天，写了 35 篇读书报告，过得特别充实。

我没有要求孩子一定要怎么样，也会跟孩子商量说，这样行不行，那样行不行，孩子从小就喜欢读书，性格开朗又愿意表达，我更多是鼓励。当然我严厉的时候也真的严厉，不过大部分时候我跟孩子是平等的，孩子也不会觉得妈妈总是让他读书，因为他读书时，我也在读书，并不是他一个人读了而我在玩。

大人适当示弱也很重要。有时候，他听的音频我听不懂了就去问他，他会跟我讲。之前为了鼓励他，我经常装不懂，现在我是真不会了。我也经常跟他说，小时候我没有机会读到这些好书，现在你有机会读到它们，真是太幸福了，我也很愿意跟你一起读这些书。所以我们是一起读书，一起进步。

Sophia 老师：您很有智慧，用一种很谦卑的姿态在孩子面前，让他有一种动力。谢谢您接受我们的访谈，分享的经历很珍贵。

3岁半开始英文启蒙，PET优秀，听力满分，妈妈把外教体系课利用到了极致

牛娃介绍

★学生名字：Alex

★年龄：8 岁半，二年级

★一年级通过 PET 优秀，听力满分，喜欢阅读

★2023 年暑假去美国参加国际拼词大赛，与多国选手一起竞技，最终获得“小中组别”的季军

访谈内容

01
启蒙阶段大量听，真正磨耳朵

刘莹老师：Alex 妈妈您好，我们又见面啦！上次在成都妈妈分享会上，听到您分享了孩子学英文的一些故事，今天终于有机会可以好好聊一聊，您先和我们说下孩子的英文学习经历吧。

Alex 在看自己写的关于太空的一本书

Alex 妈妈：刘莹老师好！很开心和您聊天。孩子两岁半之前，我们工作比较忙，对他比较疏忽。孩子两岁半的时候开始上幼儿园，在那期间生了一场大病，我和他爸爸很自责，觉得之前确实有点疏于对孩子的照顾，还是有一位家长亲自陪伴比较好。

所以在他 3 岁时，我开始全程陪伴。也是因为有了更多的时间，我开始研究孩子的英文启蒙，当时在一些学习群里，加上通过其他渠道，了解到英语启蒙要趁早。在孩子 3 岁半的时候，我们就开始对他进行一个全面的英文启蒙。

但是那个时候，我对英语如何启蒙、怎样去规划路线，基本上是一窍不通，比如什么是自然拼读啊、分级阅读啊都不太懂。我自己的英语水平也有限，不像其他家长可以和孩子英语对话啊什么的。所以我就从学习方法和规划这个层面开始，研究他的整个学习维度，包括数学、英语和法语的启蒙等等。

刘莹老师：我能预测到，您一定是位学习力非常强的妈妈。请您详细介绍一下启蒙阶段都做了哪些工作吧。

Alex 妈妈：好的，从 3 岁半，我们开始了英语启蒙。启蒙阶段重点就是听力的输入，大量地磨耳朵。包括孩子后来一年级过了 PET，其中听力是满分，我认为这都得益于他启蒙阶段大量的听力先行和磨耳朵。

那个时候我给他听了大量的 *Super Simple Songs* 的音频，这里面最重要的是亲子阅读，我找了一些他非常感兴趣的绘本，比如《小猪和小象》，带着他一起读，就用了一种方法——角色扮演的方式，本身那套书很生动有趣味，他特别喜欢，我俩一起读了不下 10 遍。孩子特别喜欢这种角色扮演的方式。

当时还不知道什么自然拼读，我们的亲子共读以绘本为主，很简单。他就在大量重复地读中，学会了整体认读一些简单的词语。我们还听了一套《蒙施爷爷讲故事》。我记得他是先看了那本书，感觉一般，谈不上多喜欢，后来听了那本书的音频，孩子就特别喜欢蒙施爷爷讲故事的那种情景和语调，书中的单词都是用很有趣味性的、夸张的方式读出来。再加上他又是男孩，里面有讲一些车的故事，他就非常喜欢。

在磨耳朵和亲子阅读的同时，我们也开始学习自然拼读，用的是牛津 *Oxford Phonics* 那套教材。我一共带他刷了 3 遍，第一遍是跟着书和音频学习，第二遍跟着牛津树 App，第三遍是跟着幼儿园。当时有半年时间没有外出，我们就是在那期间学完了自然拼读。

那时候我们还读分级，每天读 7~10 本，市面上几乎所有的分级阅读都带他过了一遍，比如牛津树、大猫、红火箭、海尼曼、培生分级阅读系列、*I can Read* 系列、兰登分级等。像故事情节很有意思的牛津树，他很感兴趣，连看带听了很多遍，但是遇到小公主的童话故事，他就不太喜欢。他还是喜欢科普类，可能因为是男孩子。

等到逐渐有一些自己的认知了，他就会挑题材，比如 *RAZ* 里面最喜欢故事类的，其次是科普类的。读到后面有一些认知上太有挑战的，他会选择自己喜欢的天文类内容去读。人物传记类的就不太喜欢，除非是他喜欢的那些科学家，比如爱因斯坦。

我后面了解到很多家庭都是因为居家有大把的时间，对英语进行了“大火猛攻”，我们也是在那个时期，英语的进步是特别飞速的。

刘莹老师：听您介绍，孩子的整个启蒙路线是按照“听力先行—亲子共读绘本—分级阅读逐级进阶”这个路线来进行的，而且都是在家里完成的。在最开始的磨耳朵阶段，您观察孩子是怎样一步步能听懂或者能读懂的？

Alex 妈妈：也不全是在家里完成的，孩子在幼儿园期间一直有外教课，外教老师给的输入还是非常有帮助的，而且自然拼读真的很重要。

我回忆起来，其实感觉挺神奇的。早期我们磨耳朵也是按照分级进行的，有简单的歌谣类、故事类，有的绘本同时也是一个朗朗上口、旋律优美的歌谣，配合着一些插图，孩子就会慢慢明白某个词。他听多了就记住了，后来所有要看的书籍都是先听。

孩子小时候我们先从英文儿歌系列 *Super Simple Songs* 开始听，之后刷了全套的牛津树，也是先听，然后看绘本。这些已经阅读过的绘本、分级书，只要我们开车出行的时候，就会反复循环播放之前刷过的材料。我的百度网盘上有特别多的材料，比如现在 Alex 迷上了 A to Z，基本上每一次摆乐高啊，自己玩的时候都会听。有时候觉得故事太短了，但换了长的之后，发现他还是会反复听原来的。

说实话，他还是有点排斥那么多文字的内容。平时自己玩的时候，我就想着把时间利用起来，所以他摆乐高的时候我就给他放音频。有一天，我把《鲁宾逊漂流记》的音频找出来，放给他听，开始怀疑他是否能听懂，结果放完之后，他主动让我买这本书。

我问他为啥，他说觉得这个故事挺有意思的。我又问他大概听懂了多少？他说 80%，所以想看看这本书到底怎么写的。

刘莹老师：我们也采访 50 多位牛娃家长了，我发现虽然您用的材料、孩子不同阶段的时间点与其他孩子都不太一样，不过路线还是非常一致的，都是从听力开始，坚持不懈，后面就非常顺。但是很多家长可能一开始也拿不准，孩子到底听没听懂，当孩子表现出没听懂或稍微有一点抗拒，反倒是家长容易放弃。

Alex 妈妈：我们一开始选的不会很难，是跟他那个阶段相匹配的音频。每次放音频之前，我先找一些孩子感兴趣的故事题材，放完之后问他能听懂多少。如果他听不太懂，就降一个难度。如果他能听懂，感兴趣的话，会跟我要书，看完了书可能再去听音频。所以，我觉得先选对难度，然后是坚持。从他开始启蒙到现在都没有停过，不管是外出活动还是长途旅行。

他喜欢的材料会一直听，比如《疯狂学校》，一边听一边乐，跟他说什么话也听不进去，完全沉浸在自己的世界中。即便是旅行，到了目的地，如果故事没听完，他也必须先听完，再做其他事。

英文输入太重要了，直到现在，我们也一直在坚持听，像英文小说、BBC新闻……我们都是利用所有的碎片时间，比如起床后和睡觉前、在路上、孩子玩的时候，这样每天能保证 1~1.5 小时的听力输入。

02 市面上的分级，孩子几乎都读过

刘莹老师：真好，我觉得这跟您对听力输入这件事的坚持是分不开的。在孩子读分级的时候，您观察孩子是如何完成英文认读这个过程的？

Alex 妈妈：我觉得好像是一个非常自然的过程，包括语文，也没有刻意做训练，那个时候市面上的学习打卡资料没有现在这么丰富。当时我们开着房车带着他在全国各地走了 2 年多，有时候他看到路牌，就问这个字念什么，我说了发音，他可能会记下来，记得很快。他学法语的发音也是这样，法语有小舌音，和英文不太一样，没有专门让他逐个字去认，他就会读了。我觉得他可能就是听多了，然后看图，看多了之后自己对应起来，就领悟到了。

对于认读，英语上我们好像没有刻意做那个认的动作，就是重复得多了。

比如每个级别的分级阅读，我都会先放一遍音频，让他听一遍，读三遍，然后找一些相应的拓展资料。比如他当时会读到一些科普类的，讲植物呀、天气呀等，我会配合铅笔刀系列（Evan-Moor 出版）阅读练习册做拓展和巩固。像 *RAZ* 中 *Which Tree*（《哪棵树》）一书讲的是不同树上各种不同的叶子，而 Even-Moor 中也有讲到植物的一些部分，其中就有叶子，两本书就可以配合起来读。

每一个分级阅读，我们都是先听再朗读，然后去做拓展。

在分级阅读进行得差不多了之后，我们也在不断地给他创造一些社会实践。他 5 岁时去学习一个英文戏剧课，很幸运地遇到了悉尼奥运会开幕式的编导 Peter 来沈阳，正在选一个音乐剧的男主角。Peter 编导提了一些开放式的问题，有关于家庭的，有关于环保主题的，其中一个提问是“你的家在哪儿？”

Alex 的回答是：“我的家有三个。首先我跟爸爸妈妈、爷爷奶奶在沈阳居

住，爸爸是在苏州工作，有时候他也去苏州，所以我还有个家在苏州。另外，我最大的家就是地球，因为我生活在地球上。”

Peter 编导继续问，“你最喜欢哪个星系？”

他很喜欢天文，喜欢天文系里的星星，不过他说：“最喜欢的是地球，因为地球是我的家乡。”

他全程都是用英文说的。Peter 编导没想到，有一个 5 岁的孩子居然可以全英文跟他沟通，而且回答有超越同龄人的认知维度，对他的印象很深刻。当时 Peter 就把他定为音乐剧的小男主角。

这也出乎我们的意料，因为我们也是第一次看到他跟外国人接触，全英文和外国人交流。后来想想，他之前确实扮演了一些英文戏剧里的角色，像《查理与巧克力工厂》里的查理，可能是那些场景让他有了和外教对话的感觉。

从亲子阅读、磨耳朵到自然拼读，再到分级阅读，这些都是我们私下找的一些学习攻略。之后他就过渡到一些桥梁书，以自己感兴趣的书为主，我会在网上看书单，买很多书，有些买来了，他可能也不会去动，但是有些买来了，正好符合他的心意，他就会看很多遍。尤其在分级完成后，他开始沉浸在自己喜欢的书里，也有主观的意识去挑书，我就不再干涉了。

所以，我宁可多买书，尽量让他去选，这样就不会因为看不到喜欢的书就不看了。

但是，我们在那个时候除了听读之外，写的方面没有系统地训练过，不过我对他的要求是去写，或者他自己看完一本书之后，感兴趣的都要写一写，哪怕写得很简单，图文并茂也要写。当时 5 岁的他很喜欢天文，看了一系列这方面的书之后，写了一个小册子，有封面和目录。他看完 *The Wizard of Oz*（《绿野仙踪》）之后，写下了自己喜欢这本书的一些感想。当时我很诧异，因为他看的不是图画版，是章节书，有很多文字的那种。

我问他这本书能看懂多少，他说 70% 左右。我很怀疑，就让他大概说一说里面都讲了什么，结果基本的角色故事内容他都会讲到。

他现在快看完了 *Harry Potter*（《哈利·波特》）。这套书到后面就很难，我就问他，书里肯

Alex 5 岁时，看英文书
The Wizard of Oz

定有一些单词是你不认识的，会不会影响对这本书的整体阅读？他说不会，对于不认识的单词，要么去猜，要么会跳过，但是不影响对情节的阅读。

刘莹老师：孩子已经能灵活处理了，孩子读分级的过程大概花了多久？比如您提到的 *RAZ* 是全部通关了，还是读到某个级别就转读章节书了？

Alex 妈妈：没通关，他读到 P 级别之后就过渡到章节书了。他很喜欢看那些成套的书，比如 *The Adventures of Tintin*（《丁丁历险记》）、*My Weird School*（《疯狂学校》），*Diary of a Wimpy Kid*（《小屁孩日记》）、*Who Was*（《是谁》）名人传记系列、罗尔德·达尔全系列之类的。我也不再强制他去读，毕竟当初刷分级的目的是引导他能够自己看书，已经达到了。

刘莹老师：他有了自主阅读能力，其实完全可以自己滚动起来了。

Alex 妈妈：是的，把他引导到基本上可以自主阅读之后，我就放手了，他开始自己挑书。虽然一开始也担心，比如《疯狂学校》，我有点排斥那套书，觉得可能学不到太多东西，但是他超喜欢，我也没太过多干涉。有次在写咱们老师布置的一个作文练习时，他就说："妈妈，你看我写作文的时候，最后一句用到了《疯狂学校》里面的一个句式，看这套书就有用。"

03 充分利用体系课程，刻意练习

刘莹老师：我听您回忆这一段，觉得您当时做的工作就是坚持，因为分级阅读体系本身，和包括最开始的那些启蒙听力的材料一起，一点点把孩子送到自主阅读的位置上来。

Alex 妈妈：他英文启蒙的那几年，我确实花了大量的精力。他能够独立阅读之后，我主要研究他上课的体系了。就像您说的，阅读这件事儿肯定要坚持下来才有成效。

第二个就是系统的课程学习，因为机构的课程体系代表着一种学习方法。包括来这里学习，我也是做了大量的研究，是如何让这么多学习任务形成一个闭环，能够帮助孩子更好地吸收每一节课。在陪伴孩子学习的过程里，我做了大量的工作。

刘莹老师：太期待您分享这部分了，借用之前一位妈妈的话——"选择厚海，更要善用厚海”。

Alex 妈妈：是的。你们强调刻意练习的理念，我也是很认同的。课上只有两小时，但课下如何完成高质量的练习，下课之后到下一次上课，中间的这一周如何复习和预习。我会把孩子的练习内容细分到每一个环节，拆分到每一天，单词、听记、作文、练习册，等等。我一共安排了 6 个步骤，这样一来每周的练习量就变得非常大，以至于他每次都是最后一天提交作业。

第一步，我会要求孩子听一遍课文音频和单词音频。

第二步，开始背单词。我跟一位牛娃访谈里的妈妈学做的单词卡，但我做的不一样，我做的是填空的形式，把英文释义写在上面，抠掉例句里面的这个新单词，分解到周一到周五早上晨读的时候来完成，算下来每天 5~6 个，分 5 天背完。

之后，我会要求孩子把单词本里的自测题完成。自测完成之后，我会把单词本里的单词盖住再打印一份，只保留英英释义。相当于 20 多个单词全部提前考他一遍。

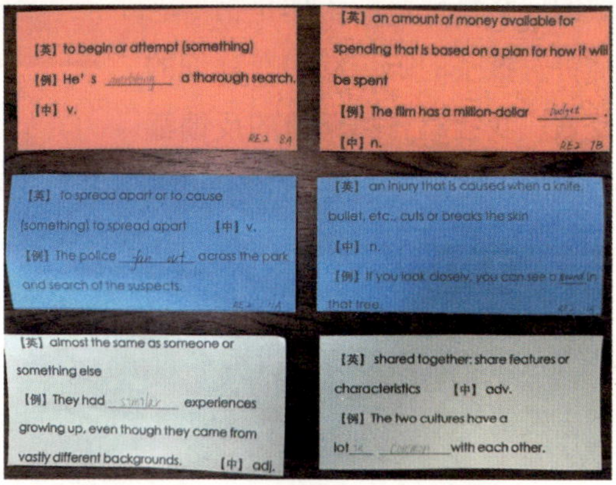

每天早上 Alex 都听写 8 张单词卡

第三步，搞定课文里的长难句。这也是在为听记做准备，我和他一起过一遍长难句在文章中的位置，读一遍。再看下这个句子里是否有不认识的单词，如果有，去查英英字典。查完之后，让他分析这个句子结构，之后我再辅导他，最后看他是否理解了这句话，所以长难句也会花 1~2 天时间完成。

第四步，看课后“Review”视频。视频里老师会讲解文章的结构，讲得非常透彻，太有用了。有时候视频里还会要求孩子根据讲解的文章结构去复述或默写一遍。我们会按照老师的要求去做。

第五步，朗读课文。在搞定了长难句和文章的结构之后，我会要求孩子认真听音频之后流利朗读，为最后一步的听记做准备。

最后一步，听记。在听记过程中，我会帮孩子操作放音频。他依然会遇到长难句和不太熟的单词，我会让他在听记的过程中再去复习一遍。最神奇的时候，因为他之前学了一遍长难句，在听记的时候，长难句基本上都可以背下来，遇到短句的时候不用停就可以写下来。

刘莹老师：实在佩服您，在孩子写之前的准备工作做得太充分啦！虽然 *RE* 课程没有语法，但是每个级别的长难句的类型还是很一致的，能帮助孩子集中搞定重点语法的使用。

Alex 妈妈：其实两个小时的课堂不可能讲得非常细，有些事情我们家长可以在家庭教育里去完成，这样也可以帮助孩子去理解这篇文章。

听记之前找出所有长难句

听记完成之后，我觉得你们做的一个特别好的工作是指导老师针对孩子的听记练习有详细的反馈。我会把老师所有的反馈都抄下来，比如这个班有 10 个孩子，我就把听记中 10 个孩子出现的问题集合在一个 Word 文档，给孩子看，即便不全是 Alex 的问题，他也可以知道其他同学的易错点。

再比如有一节课是讲香水的，有很多个表达香味的单词，孩子也不知道如何去使用。指导老师在给其他同学反馈的时候做了一些拓展。虽然这个拓展不是给我们总结的，我也摘抄下来，孩子看完之后就理解了，我会让他写到听记练习的修改里。

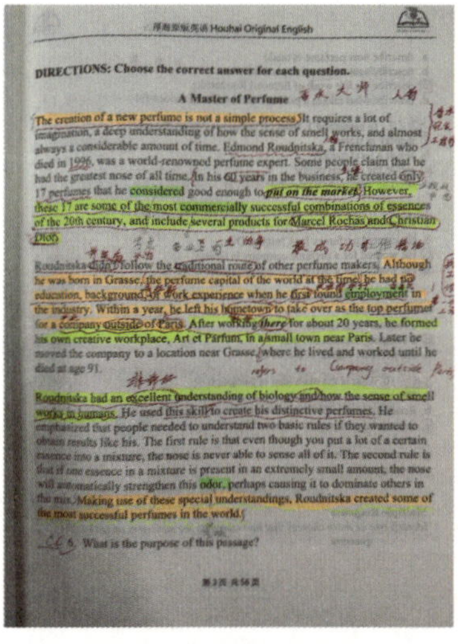

Houhai Original English

DIRECTIONS: Choose the correct answer for each question.

A Master of Perfume

The creation of a new perfume is not a simple process. It requires a lot of imagination, a deep understanding of how the sense of smell works, and almost always a considerable amount of time. Edmond Roudnitska, a Frenchman who died in 1996, was a world-renowned perfume expert. Some people claim that he had the greatest nose of all time. In his 60 years in the business, he created only 17 perfumes that he considered good enough to *put on the market*. However, these 17 are some of the most commercially successful combinations of essences of the 20th century, and include several products for Marcel Rochas and Christian Dior.

Roudnitska didn't follow the traditional route of other perfume makers. Although he was born in Grasse, the perfume capital of the world at the time, he had no education, background, or work experience when he first found employment in the industry. Within a year, he left his hometown to take over as the top perfumer for a company outside of Paris. After working *there* for about 20 years, he formed his own creative workplace, Art et Parfum, in a small town near Paris. Later he moved the company to a location near Grasse, where he lived and worked until he died at age 91.

Roudnitska had an excellent understanding of biology and how the sense of smell works in humans. He used this skill to create his distinctive perfumes. He emphasized that people needed to understand two basic rules if they wanted to obtain results like his. The first rule is that even though you put a lot of a certain essence into a mixture, the nose is never able to sense all of it. The second rule is that if one essence in a mixture is present in an extremely small amount, the nose will automatically strengthen this odor, perhaps causing it to dominate others in the mix. Making use of these special understandings, Roudnitska created some of the most successful perfumes in the world.

5. What is the purpose of this passage?

结合音频讲解重新学习一遍练习册

最后是练习册。他每次做完练习册都必须读一遍。我通过听你们的练习册讲解音频，也知道了一些做阅读理解题的方法，我能做的就是告诉他方法，然后督促他这样去做，再让他去坚持。

刘莹老师：您的这个学习能力太强了。您做的这些工作都是在给孩子打一个很好的如何学习的样本。

Alex 妈妈：因为我本身英文不太好，只能通过一些学习帮助孩子学下去。

比如之前有一篇文章讲里约热内卢，我会给他找一些相关书籍，中英文都有，让他去更多了解这个主题讲的内容，做个补充。再比如讲功夫的主题，里面有些单词对他的认知来讲还是有点难，比如师父、寺庙等，他就不太理解，我找到《功夫熊猫》电影版，给他看完之后知道了老僧就是师父，会去庙里练武什么的。

我也会结合实践来指导。比如之前有一个主题是讲金字塔和木乃伊，正好成都有木乃伊展，我就带他去看了，不过去看展之前，我把家里所有关于木乃伊和金字塔的英文书籍都找出来让他看，他看完之后就了解很多，再去看这个展会更直观生动。他还和我探究金字塔里面的木乃伊怎么做，最后自己还画了一些稀奇古怪的东西：符号、画还有文字。

这也是我为什么选择这套书，因为它里面有很多科普内容，帮孩子拓展了很多日常生活之外的知识，很多方面都是通过课程进行展开的。

学习的课文内容

参观博物馆

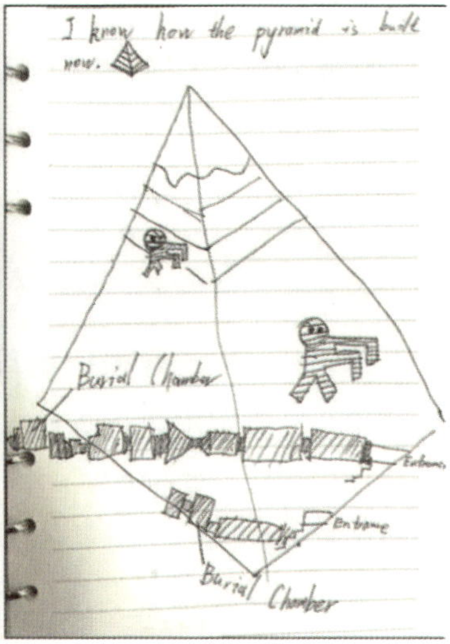

观后日记

刘莹老师：我觉得还是因为孩子之前的英文基础好，他在学这些 Non-Fiction（非虚构）教材内容时没有那么大压力或困难，已经是把语言当工具在使用了。包括您说的孩子一年级过 PET，他是真正能力提高之后去覆盖的考试，而不是为了考试而学习。

Alex 妈妈：我比较排斥为了考试而考试，我给他做的所有测试都是想知道他的英语达到一个什么程度了，所以他参加的所有比赛基本都是裸考。

今年我放弃了 FCE 和其他一些比赛，是因为考虑到他的心智发展，也觉得是浪费孩子时间。他平时跟着你们的节奏走已经够用了，而不应该花很多时间在那里一遍遍背单词本，背完了再去比赛。

我之所以很早就开始给他做英语启蒙，也是因为他后来学数学需要用到英语，还有他感兴趣的物理和化学。我们让他学英语的最大目的，不是让他考一个很高级别的证书，而是希望他在未来学习任何学科，都可以不受语言的限制，把英语当作一种工具，能够跟人去沟通，去表达想法，能够学到更先进的知识，仅此而已。

刘莹老师：真好，孩子开始系统的学习之后，您的学习能力也很强，给他补充了非常充足的练习和内容，去诊断问题，默默解决掉了很多卡点，像单词、听写、长难句等。所以相对来说，孩子的每个阶段还是很顺的，孩子的内心就有能量去解决一个个细碎的问题，整体就坚持了下来。

Alex 妈妈：还是得坚持，总不能今天换这个方法学，明天换那套。你们很多推文，我都在了解，再结合 Alex 的特点，去给他分解和辅助。他在这件事上能配合我，一直坚持下来。

刘莹老师：如果让您用一两个词总结孩子从英文启蒙到现在的关键点，会是什么？

Alex 妈妈：启蒙阶段磨耳朵和亲子互动非常重要。因为要让孩子喜欢上这个事儿，肯定需要一些方式，需要家长陪着他，先带着走起来，我自己基本上是全程陪同，给他做一些内容规划，他每天下午 3 点多放学回来，我基本上都是围着他转。

然后，选对体系，孩子进入厚海以来所有的练习本，我都保留着。有一天，我把所有的听记本子都摆出来，有好几本了，我说你看看自己的蜕变，他特别惊讶。这一路走来，我也不是刚开始就知道很多，也都是在不断摸索，不断完善和改进。

最后还得坚持，我们从来不会因为过年过节中断英文学习这个事儿，就基本上形成一种习惯了。特别是中间的认读阶段，学习自然拼读阶段，坚持下来，会拼了，会读了，进入到分级阅读，再加上一些感兴趣的拓展内容，他就一点点地螺旋式上升，主动去接触更高级别的书了。孩子可以自主阅读，家长反而轻松了。

刘莹老师：每次和牛娃父母聊完，一个个方法或技巧积累起来，真的是一点点在改变我们，是一个彼此影响和赋能的过程。感谢您接受我们的访谈。

4岁开始启蒙，8岁PET优秀，孩子阅读的身影遍布世界各地

牛娃介绍

★学生名字：Dora

★年龄：8 岁，*RE*2 在读

★二年级通过 PET，差 4 分到卓越

访谈内容

Dora 妈妈是我在“成都妈妈聚一聚”活动中遇到的，除了 Dora 二年级就过了 PET，取得了傲人的成绩之外，聚一聚活动当天 Dora 妈妈对英文阅读朴素的坚持也让人印象深刻。

离开成都后，我立刻约了访谈。

整整一个半小时，Dora 妈妈细数着多年来孩子的成长，她似乎没有提出多么新颖独特的方法。我记住的是她说，“当有其他家庭成员对孩子的阅读产生质疑时，我非常强大地挡在女儿面前告诉所有人，阅读什么时候都是正确的事”，“我给孩子买了 10 本书，只要里面有 1 本碰巧是孩子喜欢的，我就成功了”。

这些细小的动作会渗透在孩子日常生活的每一个缝隙，筑成坚固的城墙，呵护着孩子阅读的兴趣和动力。我们似乎总在寻找帮孩子实现自主阅读的方法，但其实只要把阅读坚持下去，就是最好的方法。

Dora 妈妈唯一的方法就是，把坚持做到了极致。

01
抓住语言敏感期，培养英文阅读习惯

刘莹老师：Dora 妈妈，您好。8 岁居然学到了 *RE*2，很厉害，您先介绍下孩子这一路以来英文学习的过程吧。

Dora 妈妈：刘莹老师好，您太客气了。其实我开始是完全不懂如何帮孩子进行英文学习的，孩子接触英文的契机是在一家来自北京的国际幼儿园。那个幼儿园特别注重外教老师的筛选和培养，教学氛围很轻松，比如老师会在地上铺一个地毯，没有小板凳，也没有小桌子，小朋友可以很自由地跟老师进行交流。我就觉得它不同于大多数幼儿园，它是很西式开放的氛围。我很认可这样的教学理念，就送孩子去了。

一个转折点是，中班上学期时，有天孩子带了一本 *My Friends*（《我的朋友》）英文绘本回来。我现在都还留着那个绘本，是他们学校的一个外教老师自己画的。他自己出钱印刷了很多本，班里小朋友人手一本，而且不是他班上的小朋友也都发了一本。当时幼儿园就是这样一个特别有爱的氛围，我很欣赏。

她带回来 *My Friends* 绘本，我惊讶地发现她居然会读里面的每一句话，还能自己指着读。我觉得不可思议，因为在那之前，家里的亲子阅读基本上是中文的，英文的内容很少，而且在那之前也没有进行过英文磨耳朵之类的。

我就去感谢她当时的班主任老师。我说你们教得真好，连这些单词都教孩子，孩子回来都会读了。可是班主任老师说他们没有教，更没有一字一句地教给孩子，只是在吃午饭的时候，外教老师拿着那个绘本读了几遍，可能孩子在听的过程中就默默吸收了。

我当时就想，可能 Dora 对语言尤其英语是很有兴趣的。

孩子 3 岁之前主要是我自己在带，所以我和孩子有很多相处的时间。在整个养育的过程，所有用电能驱动的玩具我们家都没有，全靠人力，全靠妈妈的声音。因为我当时信奉的是小朋友靠眼睛和手去探寻这个世界，所以给她的所有东西逻辑一定要很简单，比如我碰一下这个东西会发出声音，我扭一下那个东西会变形，这样她用肉眼可以判断出因果关系。

那个时候遇到孩子闹睡，我都是抱着她在家里走通宵，一直和她说话讲故事，就像一个“人肉复读机”一样，所以在 3 岁前，我们家的中文亲子共读坚持得比较好，陪伴很多。但英文几乎没有涉及。

外教老师的这个绘本给了我一个巨大的提醒，3 岁左右的孩子也许就是学习语言的窗口期，要把英文学习也加入进来，所以我就想在家里给她一些英文的帮助或辅导。

我开始到处搜资料，最开始接触的是廖彩杏的书，那时才算正式开始研究英文启蒙路线。不过我发现，廖彩杏书单里有很多内容太过地道，比如第一阶段的鹅妈妈童谣，里面都是国外的谚语、传统故事等，这对于当时中班的孩子来说整体太过晦涩。我又买了一套 *I Can Read* 系列，每一本都薄薄的，很好上手。

因为我们家一直有早读的习惯，我就开始带着她一起读。

那时候孩子还没有学过自然拼读，也没有磨耳朵，我带着她一本本指着读。我不要求孩子能脱稿复述或朗读，就是我读一句，她读一句。同时幼儿园也会教非常简单的字母发音，所以她有一点点拼读的意识，在遇到读不出来的单词或句子时，我让她尝试先自己拼。

她读错了或不理解什么意思，我不会责备她，这太正常了，孩子不可能读一遍或学一遍就会了。读错了，我们一起多读几遍就好了，而且她想怎么理解就怎么理解，我也不会强行翻译。

有些文章很短，她读对了，我就夸她好厉害，也从不要求孩子看完一篇文章后必须读给我听。今天孩子读了这本书，明天就换下一本继续，这样她每天得到的都是新鲜的快乐。

孩子在幼儿园中班的那年，我们都是这样读过来的，整个阶段很慢，也不知道她到底记住没有，不过她学得很开心。我认为只要孩子能保持持续地学习就是成功。

现在回想起来，借用已经知道的一些英文启蒙术语来总结，那段时间她一直在输入，我从不要求她输出，不让她感受到那种很机械地在学英语的感觉。我想让她觉得学英语就跟玩玩具一样，她今天玩了这个玩具，把它丢一边，明天就可以玩另外一个，这个底层逻辑带给她的刺激是一样的。

这之后我们又进行了很长一段时间的输入。当时我买的 100 多本薄薄的小册子，用完以后，我发现她在拼读方面的意识更强了，实操了一些简单的规则。

刘莹老师：到这里孩子的英文启蒙算是完成了大部分。她有幼儿园里外教给的听说环境，您在家里又开启了英文认读，孩子的启蒙过程是很符合母语学习路径的。而且很多在国际园的孩子，因为家里疏于对阅读的重视和跟进，英文一直处于低水平重复的状态。听您提到“人肉复读机”和“晨读”的时候，我特别感叹，其实家庭里的英语学习路线很简单，就是选好书，坚持读下去。

02
选定 *RAZ* 体系，不求回报地坚持输入

Dora 妈妈：当时我还买了很多体系的书，研究整个体系逻辑，非常认可 *RAZ* 这套书。因为它的体系很完整，螺旋式上升，在孩子那个年龄层能够接

受的知识里填充各种各样的主题，给孩子带来很完整的内容。最重要的是解放家长，毕竟我也不怎么懂英语，有了*RAZ*，我再也不用到处找每个阶段孩子需要看什么样的书了，跟着这个体系走就好。这是我当时觉得最开心的事。

Dora 刷 *RAZ* 级别是读完了做题，做完题就过，做错了，改正就过，从不纠结。当时为了磨耳朵，她开始用“倾听者”，我把 *RAZ* 的音频放在里面，她天天背在身上听，刷牙听，吃饭听，睡觉前也听，有时候玩玩具也听。

前期她就是这样大量地输入，不求回报地输入，我从来没想过什么时候要去考个试或者以后孩子的英语要上什么台阶，完全是觉得这个事情很有趣，好像把它当成中文的阅读在做。

不过她听的内容比读的内容超前 2~3 个级别。比如她正在读 C 级别，听的音频级别是 C、D、E，相当于她听的时候对后面的读也有一个预习，当去读后面的那些文章时，她会觉得熟悉。

现在回头看，我觉得可能是当时我和孩子沟通得比较多，刚好抓住了语言敏感期。包括她出生之后，我们就没有任何电子设备，所有发声的东西全是妈妈的声音。

刘莹老师：是的，妈妈的声音最好听，孩子最敏感。那么后来孩子一直在读 *RAZ*，像您说的不求回报、不求结果地进行。在读 *RAZ* 过程中，您是什么时候发现孩子好像把认读搞定了，能自己认字了？

Dora 妈妈：最开始，她是懵懵懂懂地学 abcd，应该在中班下学期时，放学后，幼儿园的外教给孩子们免费讲自然拼读课程，用的牛津版教材，分为上下两册。她学完上册，可能差不多有了拼读的能力，能简单拼读出认识的单词了。

之后，有三四个月时间，我就在家陪着她，每天看书、读 *RAZ*。这三四个月相当于孩子在读 *RAZ* 的过程里复习了拼读，也搞定了认读。有一天，幼儿园突然宣告要在成都撤园了，安排我们下半学期去一个类似公立幼儿园的地方，我们不愿意去。于是，我就开着房车带着孩子去全国晃荡了一圈，孩子看书的脚步遍布大江南北。

我的包里永远都有书。只要我在，孩子能在这个世界的任何一个角落拿出一本书来看。

她在泸沽湖边看过书，在草原上看过书，在故宫里看过书。在环球影城排队时，我给她带了一个折叠式小凳，她就看《哈利 · 波特》，整个环球里面排队的人都惊呆了，不相信孩子能在这个时候看书。上周我们去参加射击比赛，候场的时候，她也在看书。

刘莹老师：阅读的习惯培养得真好。有的时候很多家长可能也想要这样一个结果，但是在第一步就失败了，没能坚持下去。其实这个习惯一旦养成是可以滚动下去的，关键就在一开始，是推一下，还是觉得可能自己也做不到就此妥协了。

Dora 妈妈：对，我见过很多家长在做这件事的时候，会先在自己这一关上否定。比如他们会先对自己说“这个书太重了，我不想背”，“孩子肯定不会看”，“我拿出来孩子也不会看”，“我这个时候还让孩子看书，别人会不会觉得我是个‘怪物’”……他们会有很多这样的顾虑，我属于那种不是很在乎别人看法的人。

可是即便如此，我在做这些事情时也会遇到家庭的阻力。

比如孩子在考 KET 时，当时我们正好游玩到西安，就准备在那里考试。我就让孩子一直听“倾听者”，家人不能理解，觉得既然都出来玩了，干嘛还把孩子弄得这么紧张。包括去迪士尼，孩子也随身带着“倾听者”，家人觉得怎么随时都在听那个东西，这样会让孩子看起来像个异类。

那时候他们看不到坚持阅读的结果，所以不理解是正常的。我是那种自己认定的事情一定要去做，以至于在很长一段时间，Dora 一直都在专注输入，没有什么结果输出，甚至身边的人都会嘲笑，这是我遇到的最大阻力。

孩子读得很开心，没有任何人强行要求她读了之后一定要有一个结果，不要求她必须怎么样，她就是很沉浸在自己的阅读里。为了保证她这样持续下去，妈妈会承担所有的压力，所以当时我很强大地站在女儿面前，强调孩子主要是我在带，在英语学习上，所有人都不要管。

我英文不好，在专业性上没有什么可以教她的，也从来不会在家里到处贴英文或者和她用英文对话，全靠她自己。

刘莹老师：我觉得英文好不好已经无所谓了，毕竟现在有这么多资源能帮助孩子。您很坚定，这个非常重要。很多家长不会像您这样，一开始就想得明白，又能执行得坚决，包括您不求回报地让孩子去输入，很多家长在面对孩子读 *RAZ* 这件事上，天天想着“你读懂了吗？”“你给我讲讲”，“你给我再自主朗读一遍”，“这道题为啥做错了？”都是用类似这样的方式对待孩子的阅读，孩子的兴趣自然就不会这么好地保持下去。

Dora 妈妈：有时候大家太追求结果，但是人生哪有结果呢？其实我们从头活到尾，谁会给写个结果？你说这个人是好的还是坏的，我们的人生是 60 分还是 80 分？都没法给出结果的。

刘莹老师：我估计这篇访谈写出来，很多家长会充满疑问。因为他们可能没有经历过只带孩子读 *RAZ* 这一套分级就能实现自主阅读，孩子就可以一直读下去。在孩子读 *RAZ* 的过程中，您偶尔会有这种不确定、想问问她读懂了的冲动吗？还是只要孩子沉浸在阅读里，一直读下去就可以？

Dora 妈妈：我对孩子的期望里有一个是内核稳定，所以我也要求自己非常稳定地“不求回报”。

我从来没有要让她变成什么样子，从来没有我今天付出一分钟，希望她回报一分钟的想法。我最大的期望是，她能通过阅读本身去看到更广阔的世界，去开阔眼界，认识到原来这个世界上有很多是父母不懂的，但是书可以告诉她。这也是从她小时候开始，我坚持做英文原版阅读培养的原因，只有去接触到更多的文化，孩子的人生才会更立体和丰富。

我也从来没有预设孩子要变成一个牛娃，包括她现在学习滑雪，也在练习射击，我们都是不计成本地投入。她的射击比赛取得全市第一名，我觉得是练习足够，顺其自然发生的。

刘莹老师：您说得太好啦！孩子在读 *RAZ* 的过程中，您的主要方法是提前听 2~3 个级别的内容，然后再读，孩子自己读就可以了吗？

Dora 妈妈：她今天心情好，会想读给我听，如果心情不好，估计就不读了。如果我要求她必须读出来，亲子关系就不好了，而对于我来说，亲子关系永远在第一位。不过我会有一个界限，就是每天必须要读 5 篇 *RAZ*，这件事情必须做，至于她是早上读、下午读还是晚上读，是大声读、小声读，是蹲在那儿读、站在那儿读、还是想趴在那儿读，一切随意。

我跟她之间的界线是很明确的。

再比如我不高兴她的某个行为，我会很明确地告诉她，“我不喜欢你这样做”，“我生气了”，“你冒犯到我了，下次不要这样做”。我跟她既有亲密关系，是相容的，但是我们作为独立的个体，我也会告诉她，某个行为冒犯到我了。

刘莹老师：真的学习到了。孩子在读 *RAZ* 时，有没有向您求助过，比如某个单词或背景知识不太理解？毕竟到了后面高级别内容对认知有要求了。

Dora 妈妈：有一段时间句子变长了，她对从句的理解不是很好，就会来问我。我也不会，先是给一本词典，让她自己查。她能理解就理解了，不能理解的话，可以看后面的单词解释。那个单词解释很清楚，通常看完它再去摸索一句话是没问题的。如果她还是不懂，我也不会，只能让她记着，在下节课问外教老师。

家长需要适当示弱，或者在这方面本身不太懂，就不要硬去讲。毕竟英文的定语从句是一个很长的句子，我们家长用中文去讲，弄不好孩子只会越来越糊涂。

有时候孩子可以猜一下，一两个句子看不明白并不影响整体的意思，那就让它过去，不要去纠结那些细枝末节的东西。因为本身语言就是一个量很大的技能，我们家长再去纠结很多细碎的东西，非常占用孩子的时间，孩子会反感。

刘莹老师：孩子在读 *RAZ* 的过程中，您有加其他的书吗？比如她读到比较高的级别，可以看看那些故事性比较强的小说或初章书之类的。

Dora 妈妈：很少，我们主要就是以 *RAZ* 为主，大都是科普类的文章，也会看很多科普类的初章以及中章书，包括更复杂的 *How It Works*（《万物》）。

刘莹老师：了解了，您有观察到孩子从看很多图片突然过渡到看很多文字，有一点过不去的感觉吗？

Dora 妈妈：如果材料特别难的时候，她会读不下去，那就不读了，重新换一本。我买 10 本书，她有一本喜欢的，我就觉得自己赢了。

刘莹老师：您这个心态真是太珍贵，我也是第一次在访谈中听到这样的话，真的给足了孩子安全感和激励。孩子在考 KET 之前，*RAZ* 大概读到哪个级别？

Dora 妈妈：Q 级别。那个时候孩子已经把 *RAZ* 各个级别相同主题的书拿出来对比了，读到 Q 级别以后，*RAZ* 的主题就开始反复出现了，她会把曾经读过的书拿出来对比，发现不同体系的书有时候讲的事情是一样的。当时还有一套科普读物也很火，叫“科一科二”，100 多本，属于比较简单的科普性读物，字少图多，孩子很喜欢。她不知道的内容，我会去网上搜一下，能理解多少算多少。她就在这些不同体系的书之间相互

Dora 在读科二 +L 级别英文书

对照，穿插着看，也是一个知识上的补充。

刘莹老师：我觉得妈妈从孩子小时候投入的这些心力，对她的期待，对阅读的重视，孩子可以感受得到。有时候就是这样，家庭重视什么，孩子也就重视什么，包括您之前陪伴她时做的那些工作，不管是给她选幼儿园，还是做的很多研究，您自己学习能力也非常强，非常让人佩服。

Dora 妈妈：怎么说呢，我是那种特别坦诚的人，这么小能到这个级别，确实不容易。我也没有带过这么牛的孩子，如果让我再重新复刻一个出来，我复刻不出来。

03 好成绩，源于足够多的阅读积累

刘莹老师：孩子当时备考 KET 的时候，是从重视阅读转到应试上面，您觉得她最不适应的一点是什么？

Dora 妈妈：她的分都比较平均，阅读是 113，写作是 133，听力是 130，口语是 140，所以还是阅读弱一些，这有可能是因为我长期以来都不太约束她理解的正确答案是什么。反正当时她没有背单词，只背了几篇作文范文，刷了十几套真题就去了，成绩很一般，算是低空飞过。

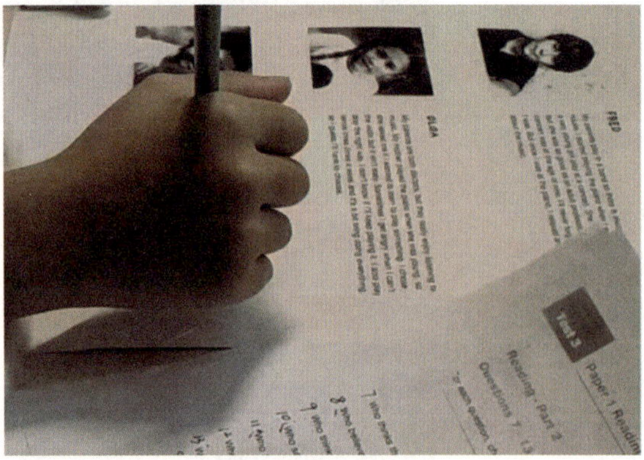

Dora 在备考 KET

刘莹老师：通常这个年龄段的孩子还没怎么开始写字，Dora 在 KET 考试中已经能比较工整地写出作文了，说明孩子之前写字的能力还是很厉害，她是怎么搞定书写的？比如握笔怎样练的？因为不少同龄的小朋友写汉字完全不行，字母 A 写得就像画三角。

Dora 妈妈：她是背了几篇范文。因为她平时在家从不写作文，也不写单

词，什么都不抄，那个时候跟着电子课，每天写几个中文字。我自己觉得不是孩子的写字功底多么厉害，是 KET 评审对写的工整度要求很低，即使单词写错了也没有大问题，所以不去纠结细节。

刘莹老师：孩子考了 KET 之后，您就给她规划考 PET 了吗？

Dora 妈妈：其实没有，我有点被裹挟着往前走。她当时考完 KET 以后，我是满意的，但是大家还需要去总结，去想之前在学习上有什么做得还不够好。我就发现她方方面面都比较平均，我也没啥其他办法，她之前从来没背过单词，就去背单词吧。

我就去找了一个 App 叫拓词，把 PET 词汇放进去，每天背 10~20 个，新旧单词交替出现。最后她的 PET 成绩是差 4 分到卓越。

刘莹老师：很厉害啊！孩子当时相当于裸考 KET，刚过线，但是 PET 考试快到卓越了，这相隔不到一年的时间，孩子的跨越很大，您觉得这得益于哪方面？在这一年过程中做得比较好的是什么？

Dora 妈妈：我觉得主要是背单词，她也在继续读 *RAZ*。我还买了一本 PET 的范文书，先让她背诵这些文章，之后让她临摹一遍，这样循环往复完成有 10 多篇。考 PET 之前，我们还报了一个课程，50 块钱一节，一共 5 节课，老师主要帮她梳理考试技巧之类的，可能和这个也有关系。包括她反复练习做错的真题，比如完形填空错了 5 个，迅速读一下，做下一个。一周以后，我会把之前错的 5 个拿出来再让她做一遍，这样反复做真题。

国标考试的考点只有那些，在反复做的过程中，甚至可以站在出题老师的上层结构去看到出题老师必须在这个范围里面出一道题，并且这道题应该填什么样的正确答案，我觉得这是考试最关键的点。

刘莹老师：我觉得还是孩子之前大量的阅读，综合能力达到了，这样的考试结果是一种水到渠成。孩子考完 PET 就开始英语体系化课程的学习了，从 *RE*2 开始，英文能力也是非常扎实，学习还顺利吗？

Dora 妈妈：其实这有一个小插曲。虽然当时她已经考完 PET，但是测试后，没有达到 *RE*2，是我强烈要求孩子学习这个级别。不是因为我执意要去爬更高的班型，是只有这个班型的时间最合适，所以我和老师说，放心，孩子跟得上。

因为我们不是什么题都能做得好，只是在备考前，刷真题可能比较有效，让孩子能够在很短时间内提升做题的技巧。迅速考完，她可能就迅速忘记各种题该怎么做了。

厚海算是孩子第一个标准的培训班，正儿八经跟老师学习。因为外教老师很优秀很有爱，孩子跟他更像是朋友，平时上课相当于是很轻松的一个交流环节，老师说应该怎么做，她按照方法去做就行。

目前她做听记练习比较慢，不过背单词很高效。她通常在星期日下午 1 点开始背单词，几乎每次测试都是 15 分。

不是因为她之前积累的量足够或那些单词都见过，是我们充分利用了单词本。我们是星期日下午 1:30 上课，我会在星期日上午把单词本扫描出来，留下英英释义，涂掉单词和例句，打印三份出来，让孩子复习。

首先她复习看一遍，拿一套出来自己做一遍，之后去对照哪些单词还不会写或写错了，把第一套放旁边，再看一遍你们的单词本。然后拿出第二份，她来写。如果写得全对就不用再看了，直接去考试就好。如果没有全对，她就把单词本拿来再看一遍，只看错的单词，再把第二套放旁边，再拿第三份来做，基本上就全对了。

上周孩子说："妈妈，因为单词测试是随机的，所以希望你下次把单词和示意图列到文档里的时候，全部剪下单词，随机摆放，让我随机写。"这让我觉得，当我对孩子放手的时候，孩子会帮我优化整个流程。

刘莹老师：真的，这孩子太争气了。孩子上课之前会预习还是直接上课？

Dora 妈妈：没有预习。如果能做好预习，她在课堂上的吸收会更好，但是真的没有时间，她要写作文，还要做其他事。

像作文，我从来不会帮她改，全部是她自己弄，学会了上网搜资料，写完交给老师，老师改完了，她自己理解。每次老师都会说要注意语法、句型，所以她的作文应该是班里写得比较差的。我觉得最大的一个进步是她现在的作文字数越写越多了，至于是不是有效字数只能靠老师，因为我看不懂。

也是这个原因，在英语教育里，我一直保持非常谦逊的状态在跟孩子去沟通和交流。我希望能够鼓励到更多像我这样的妈妈，不要觉得自己的英文能力很差，孩子就辅导不出来或帮不了他 / 她，陪伴和爱就是对孩子最大的帮助。

刘莹老师：我觉得孩子真的很牛，妈妈也是真的厉害。非常感谢您接受我们的访谈。

幼儿园大班PET取得151分，看妈妈如何带孩子闯关小童的书写认知难题

牛娃介绍

★学生名字：依依

★年龄：6 岁，*RE*3

★ 3 岁英语启蒙，4 岁剑一满盾，5 岁 KET 优秀，通关 *RAZ*，幼儿园大班时 PET151 分（差 2 分优秀）

★幼儿园中班时获得第 23 届“希望之星”英语演讲比赛国赛幼儿组特等奖，分数全国第一；中班时获得“常春藤”杯国际英文演讲比赛亚太组总决赛金奖（季军）

访谈内容

01 培养孩子的英文兴趣，大量听

依依读过的书

刘莹老师：依依妈妈好，看过往的成绩，孩子真的太优秀了，您先和我们分享下孩子的英文学习经历吧。

依依妈妈：刘莹老师好，依依 3 岁开始英语启蒙，那时候已经中文强势了，所以并不容易。

我不想强迫孩子，所以是绞尽脑汁去找孩子能接受的方式，主要用了三个办法。

第一是找能互动的儿歌，父母和孩子一起唱跳，像 *Make a Circle*，*Head Shoulder*，*Hocky Pockey* 等。

第二是看视频和绘本。突然给孩子看英文绘本，她不接受，我就上网找一些小朋友读简单英文绘本时很搞笑的视频，比如美国一个“戏精”小朋友夸张地读 *Brown Bear*，*Brown Bear*，*What Do You See*？(《棕熊，棕熊，你在看什么？》)，她很喜欢。她看了有上百遍，自己拿着绘本就能看图讲出来了。

第三是利用漫画台词书、动画片和音频。我先给她讲漫画台词绘本，弄懂以后看动画片，因为要控制看电视的时间，所以她看完动画片之后，会通过反复听音频、读绘本，建立大脑和画面的自动连接。她这样反复练习两三遍，都熟悉了，再继续看后面的内容。

经过以上阶段，依依对英文不抗拒了，开始大量读英文绘本和分级。

她在大半年的时间里读了 1000 多本英文书，不过都停留在听说阶段。其中有几套分级，我要求她看着图把内容讲出来，这本书才算过关。

4 岁多，她开始学自然拼读，听说词汇迅速转为读写词汇。

因为当时没有买到不带图片的单词卡片，我就全部用手写，以剑一单词表为框架，分类进行，每个类别设计一个游戏帮孩子愉快地记住单词。为了哄孩子练习写单词，我买了一个大白板贴在墙上，她写三个单词可以获得一支马克笔，后来她写一个单词可以获得五支彩色马克笔的奖励，再到后来她吃着零食看着我写。我写的时候会停下来问她下面是什么字母，一些按照自然拼读规则不太好记的单词，我写了数不清有多少遍。

接下来我们准备剑一考试，为了让她安静下来做题，我也是想各种办法，哄她、奖励她。

她 4 岁多的时候，懵懵懂懂去考了人生的第一次考试，剑一拿了满盾。

我是晚上 11 点多查的成绩，兴奋得半宿没睡着，不过那几天忍着没告诉她这个考试结果，而是悄悄策划了一个惊喜小 party（派对）来庆祝，做了一个有她一步步努力画面的视频播放给她。然后我问她，是努力学习拿到剑一满盾开心还是下楼在院子里玩一下午开心？她说拿到满盾开心。以后每次她不想学习的时候，我都这样问，或者把小 party 的视频放给她看。

刘莹老师：听您说这些，我都很激动。孩子 3 岁开始启蒙，通过儿歌对英语有点概念以后，您开始用视频加绘本的方式加大输入，当时是选择了哪些绘本啊？

依依妈妈：当时那些流行的启蒙绘本，大多我都买了。比如 *Brown Bear, Brown Bear, What Do You See？*、*Go Away Mr. Wolf*（《快走开，大灰狼》）、*The Goodnight Caterpillar*（《晚安，毛毛虫》）、*Where is Baby's Belly Button*（《宝宝的肚脐在哪里》）、《皮特猫》、《饼干狗》、《小猪小象》、*I Can Read* 系列、廖彩杏和吴敏兰老师的书，等等，我根据孩子的兴趣有选择地带着她读。

这些绘本很多都可以在小红书上搜到对应的配套视频，我就在小红书里建了一个专辑，里面都是一些英文小视频和绘本之类的。如果出去吃饭、排队或其他碎片时间，我就让她从这个专辑里面选着看，而不是随便玩手机游戏或刷视频。

刘莹老师：这个方法太好了，或许看到您访谈的其他家长会马上拿起手机这样做。当时孩子读了1000多本书，是您读给孩子听吗？孩子在这个过程中有认读吗？

依依妈妈：是我读给孩子听。因为当时她还不认识英文，也不肯用点读笔，觉得还是跟妈妈一起读有意思。

对于她特别喜欢的书，会翻来覆去地读，重复足够多了，最后读到她自己看图把这本书讲出来，也是背下来了。她最开始看分级也是这样，像*RAZ*，前面那些级别比较简单，句式也是重复的，只要知道那几个单词就可以了，到后面EFG会稍微难一点，每一个级别的分级里有一半左右，她自己翻着图就能讲出来的，这样一个级别才算过。这时候她还不认识单词，对于26个字母，她也只认识ABCD，连简单的am/is/are单词都不认识。她第一遍从AA到H就是看图讲出来，纯听说，不会读。

孩子两三岁时的记忆是最好的，爷爷奶奶讲水中捞月、精卫填海那种比较长的中文故事，她都可以一字不落地背出来，所以我就想这种方法也许可以运用在英文中，去增强她的语感。事实也确实如此，小孩子的读图理解能力非常强。

刘莹老师：您是个对孩子特别敏感的妈妈，很多家长其实抓不到孩子感兴趣的点，就找不到突破的地方。孩子启蒙阶段读绘本的过程，是和动画片同步进行的吗？

依依妈妈：其实孩子最开始接触一门新的语言，都有点抵触。我不想让孩子一想到学习，妈妈就会变得很凶，导致潜意识里觉得学习是一件特别不美好的事，我尽量让她觉得学习是一件挺好玩儿的事。虽然长大了学习难一些的专业内容注定是枯燥的，但是那时候她应该已经取得了小小的成绩，可能更有自驱力了。

孩子一开始看不懂英文动画片，所以她不怎么能接受。那时候她3岁多，觉得《蓝色小考拉》动画片剧情太简单无聊了，又看不懂《小猪佩奇》，所以我带着她先看《小猪佩奇》绘本，每句话都弄懂了再去看动画片，QQ音乐上还有对应的英文音频，我每天多给她放点音频。

刘莹老师：《小猪佩奇》在语言上也是不简单的。您在讲绘本的时候，会用中文翻译吗？

依依妈妈：我的原则是，如果孩子看图能够明白这句话的意思，我就不翻译。她不明白的词，我就把这个词翻译一下，整个句子还是让她去翻译和理解。我讲的时候尽量有趣一点儿，比如不同的人物用不同的声音，跟孩子玩角色扮演。我还买了小猪佩奇的那种玩偶，小猪佩奇的家，她拿着那个小玩偶，自己在那儿摆，结合绘本里面的台词，我们俩可以演四个角色。

她还特别喜欢动画片《冰雪奇缘》。因为难度比较大，我只带着她看了安娜叫艾莎起床一个小片段，小女孩比较喜欢公主，我们两个就反复地演，可能演了有 100 多遍，让她有这种代入感。

这个时候不要特别功利，让孩子有兴趣最重要。比如看《小猪佩奇》时有一本是关于“Dress Up”，她很感兴趣这个主题，那我们就弄“Dress Up”，反复地玩。对于“Windy Castle”主题，她不是很感兴趣，那就过了。每天能多输入一点是一点，她感兴趣什么东西，我就抓什么东西。

除了看书，还要尽量在生活中多融入一些，比如培生预备级有一本书，只有两个词“my cushion”，我只给她读过一遍。晚上吃饭的时候，她正好在旁边玩一个垫子，就开始跟她演起来了，我抢过来说“my cushion”，她一下就想起那个绘本，她也抢过来说“my cushion”，我们两个就假装抢垫子，其实就把 my cushion 记住了。接下来几天，当再看见垫子的时候，她就会主动跟我玩这个游戏，那这样的话，这本书的内容就解决掉了。

02
大火猛攻，给孩子创造英文环境

刘莹老师：感觉您在孩子一开始启蒙的时候就很重视她要表达出来。

依依妈妈：对，因为我觉得语言要去用它，才能够体会到它的乐趣所在。只是听，只是被动接受，这个趣味性就比较低。依依比较外向，也愿意表达出来。当她表达出来之后，大家都给她喝彩，她就觉得自己特别了不起，就有了成就感。

刘莹老师：您真的比很多英语老师都专业了，最珍贵的是很尊重孩子，从她的需求出发，而不是大人“自以为是”，看动画片的过程其实同时完成了听的输入、读，还有表达，是一个很综合的过程。您陪孩子表演，而且是那么多遍，真的太不容易了。

依依妈妈：这也是我尝试过后的一个经验。

我当时准备了9套分级：海尼曼、牛津树、*RAZ*、红火箭、培生、兰登、大猫、学乐和快乐瓢虫。

最开始，我给孩子看牛津树，但是她读了几本之后，没有新鲜感了，不喜欢看了，那就不看了。她又喜欢上大猫，因为大猫里有很多幽默的小故事，根据流程图，可以让孩子再复述一下，这个也挺好的。海尼曼号称“开口王”，句型重复率高，而且有好多幽默小故事，也挺不错的。培生可能每页用几个词就能阐释出一个完整的故事，孩子也挺喜欢的。兰登分级稍微有点儿难，我们当时读得比较少，每个级别读一些，剩下觉得比较难，或故事情节不太喜欢的，也就翻一翻过去了。

当时我还买了Highlight出版社的一些英语游戏书，依依特别喜欢在其中一幅画里找什么东西，这个过程非常训练词汇拓展，和*I Spy*（《视觉大发现》系列）差不多。有的游戏书很厚，每一页的游戏都不一样，能撕下来，每次我就撕两页带她一起玩，她很感兴趣。

现在市面上的英语启蒙资源这么多，不必要求孩子从头到尾读完一套书，或每一本书都读得滚瓜烂熟。一套书有20本，可能只有一半是孩子比较感兴趣的，那就认真完成这一半，剩下的稍微过一遍或直接放弃。对于孩子喜欢的主题，多给她准备一些阅读材料。

刘莹老师：是的，其实这样读下来，每个级别的数量也够了。当时孩子每天花在英语上的时间大概有多少？

依依妈妈：先读绘本，再读分级，同时开始动画片。我觉得可能每天有四五个小时，也正好当时幼儿园暂时没开学，我们大部分时间都在家，每天跟她在一起，多设计一些游戏，用英文去玩儿，尽量多地给她创造英文的环境。

如果她真的听烦了，我能够感觉到她不想再听英语故事了，就跟她玩英文游戏。游戏也玩烦了，可能到时间我该给弟弟喂奶了，然后换成爸爸给她讲各种数学或科学故事，等我给弟弟喂完奶，又继续陪她，玩一点跟英语有关的游戏。

总之，凡是我能把她的注意力拽到英语上的事，就是第一位的。因为我觉得她的英语启蒙有点儿晚了，所以要抓住最后的黄金期。

英语启蒙真的是一个大火猛攻的过程，那一段时间需要非常密集地给到她英文环境，让她不停地去接触英文的东西，孩子一定要大步地迈进，突破对英语很畏惧的那个瓶颈，只要她第一大步迈过去了，后面就会好一点。孩子英文启蒙的第一年，我确实花了特别多的时间。

刘莹老师：说得太好了，我感受到您在这件事情上的坚定。孩子读 1000 多本书的过程中，具体到什么程度开始学的自然拼读？

依依妈妈：*RAZ* 第一遍读到 H 时。

拍摄于依依 4 岁生日，这些全是她读过的书

当时她读 *RAZ* 是完全不认识字母和单词。我看一些博主说，孩子到五六岁再学自然拼读和读写，依依是 4 岁，我就想给她提高听说，但是到了 H 之后，明显觉得特别吃力，除非我给孩子翻译整个句子，否则她对于大部分内容是不理解的。我手足无措，就卡在那儿了。

这样耽搁很长一段时间，我觉得必须要去认识单词了，一定要学自然拼读，才开启下一段。

一个月时间学完了自然拼读，又用剑一词汇表的拼写单词去熟练和巩固，剑一考完之后，我又带着她从 E 重新开始读。因为之前已经看到了 H，那么从 E 到 H 这几个级别是非常熟悉的，她可以相对轻松地去拼每一个单词，练习指读。对于有规律的词，她看一两次能拼出来并记住，如果某个单词拼不出来我再告诉她。也是得益于第一遍过得比较细，到第二遍的时候，很多情况下她看图都能讲出来，也就知道这个单词应该是什么，帮助她迅速地把听说词汇转为读写词汇，比整体认读要容易得多。

刘莹老师：明白了，相当于用孩子熟悉的语料重新练习自然拼读，这真是一个好办法。H 级别确实是一个分水岭，孩子在 H 之前做了非常多的听力输入，也背诵了很多，虽然是无心之举，但在这个基础上开始的自然拼读学习。

依依妈妈：对，我当时没有一定让她输出，主要为了跟她玩游戏，算是无心插柳，反而推动了孩子的输出。其实四岁的孩子也是完全能够理解自然拼读的，不必等到五六岁，只是听说的量一定要积累够。

学完自然拼读，接下来我们准备剑一，用了两三个月。一开始是背单词，分类背，给每一个类别的单词想一个游戏，真正要写单词的时候，每次遇到某个字母组合我都要让孩子巩固一下。

我把自然拼读规则贴在墙上，每天问她上面的小字。我还把考试要求的单词都写在自然拼读规律的旁边，每次复习自然拼读时，也把相关的单词复习一下。比如 ai 字母组合，复习它的时候，也把 rain、train 复习了。

教小孩子确实挺难的，不像大人一说什么就懂。我在教她一个知识之前经常全网去搜，大家都有什么巧妙的方法，然后不停地去尝试，找到一个孩子真正能接受的方法。如果我尝试了所有方法，都做不到，可能就是孩子没有发展到这个程度，过两三个月再去教她。

刘莹老师：自然拼读偏规则类，孩子做了大量的练习，这个过程中孩子有过抗拒吗？

依依妈妈：也不能说没有，我尽量给她编故事，通过这个好玩的方式告诉她 CVC（Consonant—Vowel—Consonant，辅—元—辅结构的单词）不是很费劲。

我用的是牛津版自然拼读，因为小孩子手还没发育好，写字也挺不容易的，她不愿意写，都是靠说搞定了自然拼读。

她看了动画片《字母方块小精灵》，再抠下来字母故事书上的每一个字母，当作磁贴，像冰箱贴一样。搭配小写字母玩游戏，我说一个字母，她要马上说出读音，并且把这个字母的大小写都找出来，还跟她爸爸比赛，26 个字母的所有读音都是这么搞定的。

因为她之前就知道一些词的发音，比如 dog，这个发音她早就知道是狗的意思，按照字母发音拼出来以后，d-o-g，她说妈妈原来这个词就是 dog 呀。她一遍就记住了，这样就比直接整体认读要快。当时解决 CVCE（由辅音—元音—辅音—元音组成的单词拼写形式）是一天搞定的，她幼儿园放学后说，今天发现了一个特别神秘的事儿，原来 e 呀，它是一个特别了不起的字母，有魔法！

我在白板上写了很多单词，比如 mad，问她这个单词应该怎么念？她拼一下。我在后面加一个小 e，就把这个 a 的读音变了，mad 就变成 made。她觉得特别有意思，就这样一个个带她变，对 CVCE 有了大概了解。后面元音或辅音的组合，比如 ai/ay/sh，我也是帮她找规律，给她编故事。

自然拼读都是比较抽象的规律，如果真的按照牛津自然拼读那五本书去学的话，对孩子来说特别痛苦，也记不住。不如帮孩子找规律的相通点，把几个相通的规律放在一起教给孩子，反而更好记。把这些编到故事里，跟孩子一起去演，也会促进她的记忆。对于牛津自然拼读的资料，我们当时只玩了里面的那个小游戏，就是用一支铅笔和一个曲别针儿，或者我们俩剪刀石头布，谁往前走，谁就必须把沿途的所有单词拼读一遍。

03 选择一套权威体系，坚持下去

刘莹老师：像您说的，有那么多英文原版资料，为什么选择 *RAZ* 为主线?

依依妈妈：英文的阅读分两个部分，依依在启蒙期间读了好多套分级，还有很多课外读物，比如 *I Can Read* 系列，再往后就读得很少了，家里有很多绘本和章节书，她每次休息的时候，走过去翻看。可能每一套书都没有读完，能看多少算多少吧，也是因为我没有更多精力带着她系统读完这些书，中后期以 *RAZ* 为主了。

我选择它主要有三个原因：一是它的级别特别全，螺旋式上升非常好；二是它的词汇重复率非常高，有的单词重复了好多遍，孩子自然而然就记住了；三是它的虚构和非虚构搭配很好，帮孩子扩充词汇量的同时还能拉认知，所以我觉得跟着 *RAZ* 走下来也挺好的。后来，孩子开始做 KET、PET 试题，有很多题材其实在 *RAZ* 都已经学过了，比如一些人物传记之类的，孩子做起题来，因为知道背景知识，会更轻松。

RAZ 对我们最有帮助的是这三点：句型、单词、认知。

认识单词以后我就要求她自己读，包括到了 *RAZ* 中段开始做 quiz，如果第一遍读得太不好，就再读一遍。后面的文章逐渐有点长了，没必要让她整体重复读，我会把那些生词放在句子里，摘抄下来，第二天我带她读的时候，先复习前一天的生词。周末的时候，我会再考她一遍，后面也会不定期考她，碎片时间会让她反复读那些摘抄。

单词一定不能割裂句子而存在，即便这个单词会了，也一定要放在句子里，才能体会到它的准确词义，也更有利于孩子使用它。所以除了一些名词，其他单词都会被放在短语或句子里，我带着她复习。

我还会把一些特别好的句子结构、描写手法和值得注意的短语都标注出来，摘抄下来，让她反复读，我反复考她。在读这个摘抄本子的时候，孩子也能经常想起文章里与这个句子相关的情景，实现了单词放在情境里学习的作用。这样能减少无效的简单重复，提高复习的效率，但就是家长比较辛苦。

刘莹老师：我采访了那么多牛娃父母，第一次碰到您这么在 *RAZ* 上费心的，真的是太震撼了。而且做这些事情的时候孩子还没到 5 岁，通过反复朗读、做题、摘抄、复习这个方法通关了 *RAZ* 吗？

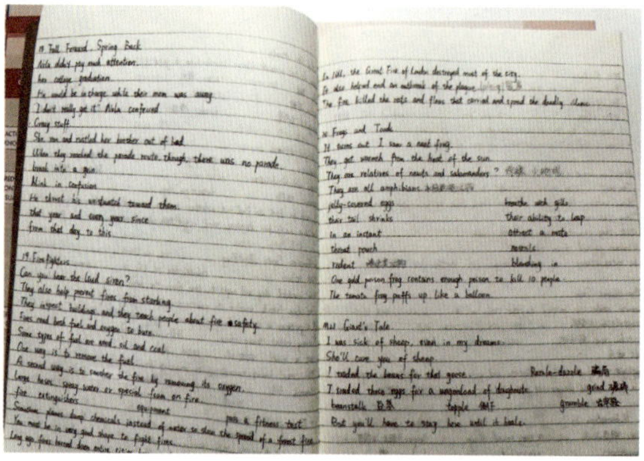

依依妈妈手抄的 *RAZ*

依依妈妈：对，认识单词以后她整体朗读其实就一遍，不过我的摘抄不知道她读了多少遍。

我们做的题目整体不算多，特别简单的文章可能就不做 quiz 了，后面几个级别因为文章太长，她觉得出声读太慢，不肯出声读了，那就必须做 quiz 才能检验是否读懂了。其实 quiz 没太多需要技巧的，准备 KET 的时候发现 quiz 的题目都比较直接。

那时候真的是天天在家学英语。进入 *RAZ* 中段，她一天读 10~20 本，最多的时候一天读 23 本，我每天摘抄到后半夜。那些日子真的挺苦，但是刷出速度来，孩子其实也很有成就感，几个级别以后停下来学教材的同时还可以复习巩固之前的摘抄。

刘莹老师：真是不容易啊，当时孩子读 *RAZ* 的时候也配合其他的章节书了吗？

依依妈妈：搭配一些。依依不看没有大图的书，所以我们选书比较困难，家里都是一些图多图大的书，但是我没有时间带着她看，都是她自己按兴趣随便看，像《青蛙和蟾蜍》，《女巫温妮》，《小猪梅西》，疯狂学校系列，我的第一、二、三、四个图书馆，牛津树，*I Wonder Why*（《我想知道为什么》），科一科二，*Learning Ladders* 系列，*Harry Potter*（《哈利 · 波特》），罗尔德 · 达尔的彩绘版，U 社和学乐的一些科普书等，还有一些我们是直接听音频，没看书，比如《神奇树屋》《A to Z 神秘事件》等。

她也听 *RAZ* 音频，但不是每本都听，只听很喜欢的、难度适中的那些主题，睡前反复听，听到都能背下来。有一次，幼儿园老师突然让她给大家用英语讲个故事，她就背了一段 O 级别的《伊索寓言》。

其实 *RAZ* 有些科学主题对小朋友来说很枯燥，也很难。我会提前给她看一些中文或者英文的视频，尤其是卡通的有趣的，尽量把认知铺垫到位，也引起好奇心。这样孩子再去读就没那么抗拒了，反而有的还很喜欢。

刘莹老师：真的是非常值得借鉴的经验，孩子都有系统地上过哪些英文课呀？

依依妈妈：依依上的第一个系统课是我们家门口的外教英语课，一个班 8 个小朋友。她当时的听说可以，但是读写几乎没有开始。最开始老师留的练习，她不会写，我都是给她在英文本的格子上点点，让她去描，这样去交的作业。几个月以后就好多了，也是在那个课程的推动下，她被迫开启了自然拼读的学习，开始写。

依依 2022 年的读书记录

因为她学了自然拼读，私下做了很多练习，所以跟起来不费劲。我觉得那个英语课最重要的意义，一是让依依被迫开始了读写，二是让依依突破了开口这一关，她敢跟外教去自信地对话，在那里一年零两个月，我们想往上学习更难一点的东西。

后来朋友介绍，我们开始体系化的课程学习，确定级别时从 *WW*4 测到 *RE*1，最后考了 85 分，开始上课了。最开始 *RE*1 的外教老师是伦敦口音，非常好听，讲得也不错，但是我想让孩子多学一些拓展的内容。

老师建议我们学习 *RE*2，发散和讨论的东西会多一些。我们听从建议，发现果真是这样，当时的那个老师对于每一道思考题都处理得非常精心，不是快速地让孩子们做完、得到一个“Good Job”评语就结束了，而是先引导孩子们往哪个方向去想，非常认真地带孩子们去讨论，包括教孩子们怎么做笔记，怎么在这个纸上去画，而且每一个孩子回答完之后，老师会沿着这个孩子所说的内容去展开，拓展很多相关的知识。我能感觉到那个老师的知识面非常广，思想也很有深度。

这样每天两个小时高强度的英文环境下来，依依的听力和口语也进步了很多。

上完他的课以后，依依回答问题，经常说这个要分“advantage”和

"disadvantage"两个方向来回答，她就有这种辩证的思维方式了。我就觉得孩子不论是从认知上，还是思考上的提升都特别大。这个才是最核心的部分，家长是做不了的。

那些幼儿唱跳英语课也就是启蒙时候用一下，最后都要进阶到体系课。我当时就感慨，要是早点开始体系课，一直学，孩子学得肯定更加系统。

刘莹老师：感谢认可，非常开心和您聊了那么多，也再次感谢您接受我们的访谈。

7岁开始启蒙，一年阅读上千本英文书，见证重复的力量

牛娃介绍

★学生名字：大喵

★年龄：10 岁

★通过音乐和英语的结合完成“无痛”启蒙，从而爱上阅读

★阅读速度极快，每天的碎片时间就能读完一本 300~400 页的小说，曾获得 2022 年世界青少年模拟联合国大会“特别理解力奖”

访谈内容

01
从有声绘本开始，进行大量听力输入

在外等待期间阅读英文书的大喵

刘莹老师：大喵妈妈，您好！今天终于有机会和您细聊了，您先介绍一下孩子的英语学习吧。

大喵妈妈：刘老师好，大喵的英语启蒙挺晚了，7 岁才开始，在那之前她的英文水平很一般。

虽然她两岁半时，跟着我们去国外访学一年多，不过当时那个环境是意大利语，她受到一些启蒙，可以用意大利语进行简单的交流，英语水平反而一般，和当时老师教的内容水平是平行难度的，课堂上的内容也没有学多好，整体比较普通。她在意大利语的环境中一年多，后来没有那个语言环境了，她的意大利语也基本忘光了，不过还可以唱出意大利语的歌曲。

刘莹老师：1 岁之前的小朋友是“世界公民”，越早接触哪种语言环境，对哪种语言的辨音能力越有帮助。我估计孩子未来想再重新学意大利语也会容易一些，因为会比别的小朋友对语言更敏感。

大喵妈妈：应该是这样。我们都觉得意大利语中的小舌音很难，但是她能发出来，应该和她小时候在意大利语的语言环境有关。

孩子上二年级时，我在家里开始带着她英文启蒙，无意中看到了廖彩杏的绘本系列，前两个阶段的绘本都配有儿歌，我每天让她听一些歌。她对音乐很感兴趣，特别爱唱歌。

一开始我觉得孩子可能也就看一遍，很多图画，字很少，觉得不值当，还不太舍得花钱买。我就复印了几页，把它拼在一起，当成一本书看。第一首歌是 *The Wheels on the Bus*（《巴士上的轮胎》），她和妹妹越唱越喜欢，在家每天都听几首，后来听得特别快，不久 3 岁的妹妹就直接会唱 *The Very Hungry Caterpillar*（《好饿的毛毛虫》）。那本书其实挺难的，因为里面有好多生词。

她就开始迷恋廖彩杏书单里那些儿歌和有声绘本，每一本都反复听反复唱。现在她和妹妹又特别迷恋《小公主苏菲亚》的歌曲，里面有很多俚语，难度也不小。她俩把《小马宝莉》和《小公主苏菲亚》的歌全部听了一遍，还都会唱。

我觉得她们对英语的喜欢跟音乐有很大关系。她俩对音乐的敏感度高，很喜欢唱歌，经常在网易云上点唱。妹妹才 6 岁时也经常唱《小马宝莉》的歌，沉迷其中，像卡拉 OK 那种形式，能把自己关屋子里半个钟头都不出来。

她们俩养成这个习惯之后，我给的资料全是有声的。比如我给她们买了卢卡绘本机器人，可以识别市面上大部分的绘本，不一定非得是某个出版社的。有英文版或中文版可选，选定后，它就开始读了。而且它是模拟孩子的声音，发音很好。她们还可以用那个点读笔，想看哪里点哪里，这样就不需要家长在旁边，听和看也能同时进行。

有一天，她跟妹妹玩积木游戏的时候开口说英语了。

我很惊讶，因为她们也没有听过很多，估计是她自己捋清楚了一些东西。后来我给她看牛津树，她用点读笔一点一点的，自己刷着看，就跟看电视连续剧一样。她看得特别快，比如第四阶，有时候一中午能从头到尾刷完，很快就把牛津树刷完了。

刚才说我一开始不太舍得买书，到后来大量地买正版书，停不下来了。因为我一买书回来，她就特别高兴，对那些书很感兴趣，一字不漏地看完，我就觉得付出心血给她挑书很值得，会促使我想买更多的书，像牛津树后面十几集、大猫分级全套、《神奇树屋》、《老鼠记者》、罗尔德 · 达尔的书等。

我觉得也不能总看 Fiction 类型的书，又给她看《神奇树屋》配套的 Non-Fiction，那些书挺难的，不过她也基本看完了。后来她看《哈利 · 波特》1~7、

《纳尼亚传奇》、《可怕的数学》、《可怕的地理》等系列，还有霍金写的关于宇宙的内容。

再后来她喜欢看宇宙相关的纪录片，有一个是《宇宙有道理》，她看了几遍之后，有一天要讲给我听。我就播放那个纪录片，关了声音，看字幕，她背对着屏幕，直接一字不漏地全部复述出来了。我觉得这个挺难的，因为里面有不少关于宇宙的词汇。

她经常会口若悬河地唱苏斯博士系列的有声绘本，我觉得她都口干舌燥，还在那儿唱，而且语速特别快，生拉硬扯地把一些词组合在一起，然后编一个故事。

刘莹老师：孩子还真的在音乐上有天赋，对一切韵律感的东西都很感兴趣，其实语言本身也是一种音乐。孩子一开始听廖彩杏系列的儿歌，您怎么保证她是理解的？是她之前有基础，还是因为有绘本的配合？

大喵妈妈：一开始我可能会给她说一点，后来我发现不需要这样，因为我不要求她搞懂每一段的意思，让她主动找出不懂的地方问我。如果她不问，我就默认她会了，不会去问她是否知道什么意思。

我觉得她看着图画能猜个大概意思，再加上声音的输入，有点把这个意思跟声音对应起来了。有时候翻译成中文不一定精准，只有她在语境里自己琢磨出来的才最精准。这是一个习得的过程。

她俩还特别喜欢读《鹅妈妈童谣》，把那本书翻来覆去读得滚瓜烂熟，里面有好多生字，特别拗口，还有一些典故，解释起来比较难，她俩完全把它当成一个童谣类的语言游戏，觉得很有意思。

刘莹老师：所以这个量也是很大的。当时在家时，孩子每天接触这些英文儿歌、童谣的时间大概有多少？

大喵妈妈：每次至少半个小时，一天放 3~4 次，总计 1.5~2 小时。

重复特别重要，可能她第一遍听很没有兴趣，不太感兴趣，再去听四五遍之后就发现有点意思了，可以听进去了。这个时候就不需要太管她了，她会自己找过来一遍又一遍听。

02
先坚持读下去，不必搞懂每个单词

刘莹老师：后来孩子读分级，像牛津树之类的，您观察孩子是如何会认读的？

大喵妈妈：因为牛津树还是属于初级，这一本增加的生词，到了下一本换了场景再次出现，她可能猜了五六遍都是某个意思，也就确定了。

我从来没刻意给她查过字典，包括读《哈利·波特》，她都是连猜带蒙。有时候，她正在玩着，会突然问某个单词什么意思，如果我知道，就和她直接说了。如果我不知道，就现场给她查。其实她那个时候也没有在看书，只是想起来某个场景里的单词，来求证一下。因为我曾经和她说，阅读过程中提问会打断阅读的流畅性，能猜出来就先猜一下。

现在她读的那些书有一些专业词汇，需要查一查了，因此我还专门给她买了一个电子词典。

刘莹老师：先让孩子流畅地读下去最重要。孩子在刷牛津树和大猫这样的分级过程中，您对她的支持主要是提供足够多的书吗？

大喵妈妈：我买了全套的牛津树和大猫，互相补充，还有外研社引进的牛津树里的其他分支故事，比如丽声百科、万花筒之类的。她到某个级别的时候，多个分级材料搭配着学，看的东西是比较多的，看完再进入下一个级别。

分级其实完全是她自己读上去的。不同场景下换不同的单词，说重复的句型，分级阅读给了她很大的积累上的支持。

我觉得在前期是廖彩杏的有声绘本帮助比较大。虽然那些儿歌不容易，但是它们的韵律很强，孩子一遍遍唱，和很多单词打了个“面熟”，大概知道什么意思，像是有了语感，分级阅读相当于帮她把这些东西系统化了。

她挺喜欢读。很多原版绘本确实很好，不论是从故事的有趣性还是音乐的配置，包括整个知识体系、螺旋上升式阶梯难度的设计等，她从这些 Non-Fiction 书籍里获得一部分知识，又因为读的是英文版，相当于用英语启蒙来获得这方面知识，不用一方面学英文，一方面要刻意补充这些文学类的知识。

刘莹老师：孩子在读这些分级，互相搭配着读的时候，有没有遇到过什么困难？比如她觉得某个级别或某本书，遇到瓶颈读不下去。

大喵妈妈：有过。她看不下去这本书，我就会问她读懂了多少，她说 50% 就看不下去了，我会让她换一本，直到能读下去。因为我买了很多书，其他系列的书她能看进去也行，有时候一口气就读完了某个系列。

比如《纳尼亚传奇》，她一开始根本读不下去。后来她读完了《哈利·波特》1~7，之后的阶段也有点难，读不进去，我说那就看别的。因为我还给她买了好多小说，有的还挺厚，获得过“纽伯瑞儿童文学奖”，她看了几页读下来了，那就往下看。

大喵家里的图书角

后来她自己又找到《纳尼亚传奇》，看了一遍觉得太好看了。包括《老鼠记者》，她一开始勉强看完，觉得不怎么样，后来又过了很长时间，她的词汇量到了可以hold住全系列的程度，又突然开始感兴趣了，我就买了全套。她读不下去某本书或遇到什么困难了，我也没有带着她一起读或教她，基本上全是她自己搞定的。

我们当时应该是定了一个好几年的计划，不过每次她都迫不及待地看完了，就没再定了，没有很教条地按照某些书上说的几岁几年级就应该读什么书。也是因为我之前太忙了，可能也就在公众号上看看，碎片化地读到一些关于英文启蒙的东西，东拼西凑，结合她的情况看着来。

刘莹老师：您没有很刻意地制订一个类似“我就要打算这么走”计划，只是正好赶上二年级，您跟孩子都有时间，然后开始实施了。孩子专注力也非常好啊，像很多二年级的孩子不见得能坐得住，有时候看中文书可能都看不下去。

大喵妈妈：对，她在那之前看了很多中文书，可能打了一个专注的底子。有时候我问她能读懂什么，她就觉得挺有意思的，但实际上那些话我都看不懂，也不懂她是怎么看出来有意思的，觉得挺神奇的。

后来我发现，她好像对文字挺敏感的，会想去读。比如看到一个瓶子，她就会看上面写了哪些字。前两天她去参加一个比赛，中间休息时间，一群孩子都在捧着手机看短视频之类的，只有她跟她闺蜜两个人在那儿看书。

我觉得现在声光电的刺激太多了，平时很注意这方面，不给她这些东西，所以她就觉得书里要靠想象出的那些文字其实最有趣，而不是那种特别直接视觉化的、带给大人的那些东西。她有段时间还写诗，冷不丁地会出来一些词，还挺押韵，挺有意思的。

有时候她还写小说，也挺有意思的，字都写得歪歪扭扭，恨不得 10 个单词都跟 1 个单词似的，就是连着的，不过我觉得写得特别有趣。一个事情让她用英文写，会用一些很不可思议的词，特别生动，但是她用中文就写不出那种感觉了。

而且我还喜欢带她玩“Chatbox”（聊天窗口）。我给她弄个缩写，开始口头作文。我带她去一个地方，让她给我讲个故事，或者描绘一下当时的场景。我想看她能发挥到多少，她一下子能讲好多。有的是她口头编的一些故事，很生动，比如看到池塘里的荷叶枯萎，她会想到海怪怎么着了，讲得特别有意思。

刘莹老师：确实像您说的，没有声光电的刺激，阅读反而给了她一个更大的想象空间，看那些视频就容易被视觉化的东西固化住了。

大喵妈妈：她跟她好朋友去环球影城都被吓得不行。因为她俩从书里看的哈利 · 波特是她们想象出来的，没什么恐怖，但是把大人想象拍出来的电影硬塞给她们都被吓哭了。再比如去沙滩演唱会，其他女生可能都高兴得跟着跳，她俩就全程捂着耳朵，觉得太刺激，受不了。

我觉得现在的小孩接触这些东西有点过早，会扼杀他们的想象力和思考力，只是得到了一些短暂的刺激。

刘莹老师：真的是这样。我估计您跟孩子爸爸在家应该也不怎么看手机，尽量营造阅读的环境。

大喵妈妈：那倒没有，她经常吐槽我一回家就抱着个手机。一问我什么事，妹妹就说：“你不许说‘嗯’，你得跟我说‘好的’，或者跟我说‘这件事是不是可以这样做’，你得多说几句话才行。”我们家几乎不开电视。

刘莹老师：孩子开始读分级之后，她是听力走得更前一点，还是读走在前？

大喵妈妈：肯定是听力超前一些。因为从蓝思值看，她听的内容通常比读的内容高 1~2 个等级。

之前她刷牛津树是渐进型的，一开始都是靠点读笔点出来的声音，再去读。后来高阶一点之后，她懒得拿点读笔或绘本机器人去读，我问为什么，她说太慢了，自己看比听快得多，是这样一个循序渐进的过程。可能一开始她听的那个词难一点，她需要靠听才能理解，但随着阅读量越来越大，她觉得听音频太慢了，和她的阅读速度没法比。

我有一次站在她背后，才读到左页 1/2 处，她就已经看到第三页了，等于她比我快了大概 3/4，还是通过大量的阅读才能达到这种阅读速度。

但是她在语法上比较弱，我一直没有跟她强调任何语法的学习，所以她有时候会问一些很幼稚的问题。我也不太担心，因为老师慢慢会教，先把大楼盖好了，往里塞东西会特别容易。

在等待的碎片时间里，
大喵在阅读英文书

刘莹老师：是，孩子到了能读牛津树这些很难的书时，主要以读为主？还是您会要求她再把之前读的拿出来听一听，或者去听别的故事？

大喵妈妈：我也会让她听，但是后来我工作变得特别忙，这一块没有抓得很紧，而且她高年级之后练习也特别多，所以不太有整块的时间。

她启蒙阶段听廖彩杏儿歌的时候，同时牛津树读到 6~7，特别喜欢《头脑特工队》那部电影，先看一遍电影，再听一遍，大概三个小时，很沉迷其中，觉得特别好。有时候她更愿意去听，不愿意去看，因为觉得看完有点累。像迪士尼这些电影，它设计的一帧一帧画面太快了，那些视觉色彩扑面而来，让她没有喘息的机会。变成一个有声的电影，她去听就觉得很开心。

03
做个配角，尊重孩子的阅读节

刘莹老师：在孩子英文学习过程中，您现在回过头看，觉得做得很对的事情有哪些？

大喵妈妈：第一个是书要管够。第二个是在早期的时候，家长不用担心孩子有没有懂，不要去打断阅读的过程，更多的时候做一个配角，给她提供助力。

不要非得按照自己的想法让孩子怎么样，有时候可以跟着孩子的节奏来，不要去拔苗助长，非得急功近利地考一些试，或者去找老师做超前的咨询。英语学习应该是细水长流，提升英语的综合能力，不是在某一方面。

现在可以学习的资料太多了，听的读的都有，开口说的机会可能少点，不过将来好像可以和 ChatGPT 练口语。

这就看家长是否有时间做这些事了，有时候工作忙起来，回家已经很累了，不是所有家长都能有一段那么空余的时间，陪孩子从头这么弄起来。我觉得不一定要复制其他家长的做法，要根据自己家小孩的情况来。比如孩子对音乐不是特感兴趣的，可能家长就得找其他的途径让孩子“入坑”，这一点很重要。

刘莹老师：在阅读这件事情上，我觉得虽然您“鸡娃”，但是也不焦虑，这个级别读不下去，换一本，没有把它当成是一个要跳级的事。关键是这一切，您也没有太刻意地去设计和执行，其实就很好地保护了孩子的兴趣。

大喵妈妈：我觉得是无痛式搞定了英语，挺开心的。她不想看，我一般就说行，那就看点别的，不是必须今天看完或看不完绝对不行之类的。

我记忆还挺深刻的是，有一年暑假她没干什么事，但是开学了之后，她突然想读了，一写完作业，她能一口气读完大概四五本在我看来还有点厚度的书，所以她有自己作为一个小孩的节奏，有快有慢，可能某个阶段，她学得特别快，某个阶段，她就是懈怠想玩，那就让她这么着。不能期待她像大人一样给自己制订一个计划，天天就按照执行。至今她也没考过什么试，因为我特别怕她一准备考试把英文学习变成一个应试化的教育，会去刷很多题，阅读的时间就变少了或者把她的兴趣扼杀掉了。

刘莹老师：我观察您在一开始不像一些妈妈对孩子有那种控制感，是一个非常放权的状态，我相信您全家对阅读一定是相当重视的，所以孩子才能坚持下来。

大喵妈妈：我觉得不完全是权力的问题，我们家孩子属于自己会驱动自己的类型，所以我不在这方面给她很多压力。有时候我和她角色互换，她觉得我不靠谱，我觉得她特别靠谱。比如学校里需要家长配合做一些事，我因为忙可能转头就忘了，她自己就会着急，说根本指望不上我。我就觉得何必呢，她自己都能对自己要求这么高，我就别再要求她了，给予足够的空间。

我对她的教育也是这样。她分数考得不太理想，我从来都是跟她说，没事儿，差不多得了，只要超过班里最低分就行。实际上她还是区三好学生。

我就生怕她某次考不好，钻牛角尖，想不开。将来她万一考不上大学，去当个快递员不也挺好吗？说不定她是里面说英语最好的，起码在英语上面赢了一部分人，所以我更不可能在某些方面非要跟她施展权力。我跟她在一块，她感觉自己特别靠谱。

如果孩子本就是一个没那么自觉的小孩，家长肯定需要多提一些要求，所以还是看情况。

刘莹老师：这孩子的性格就是这样的，还是说您在养育过程中做了些什么？

大喵妈妈：就是抓大放小。我不太关心小的事情，比如关不关灯啊，桌子上一定要收拾干净，或者必须得先做完作业才能玩等，我不会给她太多约定。有时候她说老师布置了太多作业，觉得压力好大，写不完。我说那就不写了，明天给你请假，"逃课"一天。干嘛把自己逼成这样，作业不写问题也不大。

目前大喵在看《混沌漫步》三部曲，已经刷完了前两部，开始读最后一本了

但往往这样跟她说过之后，她说不行，明天非要去上课。有时候她觉得学校管得太严，特别不喜欢学校什么，我说给她放音频 *My Weird School*（《疯狂学校》），每篇开头第一句话就是"I hate school"，她听完了之后，压力就释放了，她就说挺好玩的，明天还是要去上学。再比如雾霾天，我说要不别去学校了，在家待一天多爽。她居然不同意，会说那课程落下了怎么办？我追都追不上，最后还得补作业之类的。

我经常是把她往回拉的状态，她觉得不怎么样，那就不用什么去做，或者她说老师不好，我说确实挺不好。怎么能这样子说话？我永远跟她站在一条战线上。

刘莹老师：真的是个天使宝宝啊！这应该跟您的性格，跟您亲子之间的相处很有关系。您没有使用权力的动作，甚至每一步都是在退，是示弱的一个状态。

大喵妈妈：其实我是懒得管。她能把自己管好是最好的，不用我管，然后顺带也管好妹妹。

像她们学小提琴，课程挺难的，妹妹总是坚持不了，练半个小时都难。有一天妹妹突然练够了一个小时，当时我不在家，她就用爷爷的手机给妹妹设计奖状，上面有祝贺某某小朋友第一次练琴达到了一个小时，还有家长签字之类的。奖状特别温馨，特别可爱，她还把它打印出来了，妹妹拿着奖状照了张相，我觉得这方面的鼓励特别好，特别温暖。

可能也是因为孩子爸爸在国外工作，我们家基本上跟单亲家庭似的，家庭氛围方面因为多了妹妹，反而能陪伴她。反正苦中作乐呗，我觉得现在孩子也很不容易，每天在学校那么卷，下课了经常不让出去，很容易心理有问题，也容易近视，作为家长千万不要再扼杀他们的天性了。

我经常跟她说，你就算考不上大学也没什么，只要特别开心地生活就行了。可能真到那时候也不一定那么豁达，但是在小学阶段我总觉得还是多给她一些空间，不要搞得那么紧张。

刘莹老师：在访谈之前看了孩子的介绍，我还以为您是一个对英语学习路线非常熟悉且践行成功的妈妈，比如什么时候学自然拼读，怎么搞定认读等。可能会有很多规划，又执行力极强，结果都在意料之外。在您的保护下，孩子的阅读能力这么强，这一定会让其他家长朋友们有所思考。

非常感谢您接受我们的访谈！

2岁开始启蒙，8岁英语达到母语水平，妈妈费尽心思给孩子营造全英文的环境

牛娃介绍

- ★学生名字：Kevin
- ★年龄：8 岁
- ★英语已经相当于母语水平，参加过专业英语演讲和中文主持人培训

访谈内容

01
借助外力，保护孩子对英文的兴趣

Kevin 在英文演讲

刘莹老师：Kevin 妈妈，您好！孩子 8 岁，英语已经是母语水平了，真的太厉害。您先和我们说一下孩子的英文学习吧。

Kevin 妈妈：刘莹老师好！谢谢您的肯定。我老家是东北辽宁的，成长的那个年代说英语的环境是比较差的，包括发音也不怎么标准，所以我比较注重孩子的英文。我当时想的是，以最小的代价让他尽快完成这件事。

但是关于孩子的英文启蒙路线，我也不怎么懂。那个时候没有抖音、小红书这些，我主要看公众号上一些教育博主的文章。

孩子两岁时正式开始英语启蒙，那时候就是大量地听。家里每天播放的都是英文儿歌和故事等。孩子 3 岁能看图册了，我就快速地引进了点读笔。无论是单词、句子还是情景，都有这样的一个环节，这种小小画面感让他耳濡目染了英文。

大约到 3 岁，他去了国际幼儿园。我也给他报了一个班，是一个外教开的线下小机构，用专业一点的词就是“唱跳式”学英语。虽然课程相对来说比较简单，不过外教肢体语言到位，口音和对语言的认知都很地道，课程内容也比较宽泛，很自由，所以孩子特别沉浸其中，享受到了玩的乐趣，而不仅仅是学习。这个过程一周保持 6~7 次的频率，每次 1 小时，暑假期间基本是每天 3 个小时。

它有点像正常幼儿园的那种日课的感觉。孩子从小在这个语言环境里，他的认知和对这些事物的了解是一起成长起来的，不只是把英语作为第二语言。我尽量让他第一手接触的就是原版信息。

5 岁时，我们开启了线上课程。当时选了一家比较知名的机构，一对一，每节课 25 分钟，没有教材和练习册，需要孩子们针对一个小话题、一张小图片或一段小文章等开口表达。时间很灵活，只要孩子状态好可以随时随地约课，Kevin 有时候一天上 2~3 节课。之前孩子主要是听和说，那个课程让孩子把文字、图片和大脑结合起来，理解了单词和图片的意思。

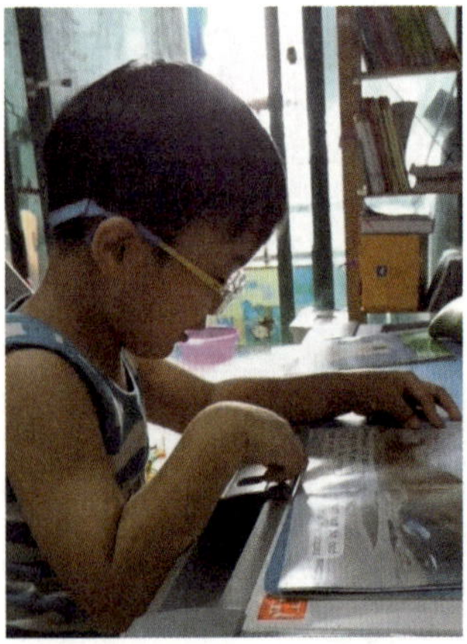
5 岁的 Kevin 在指读

紧接着，我们就开启了阅读牛津树、*RAZ*、红火箭等。我和孩子爸爸全职上班，所以请了有国外留学经验的大学生到家里带着孩子读，用英文，每天 2~3 小时。我之所以要求家教老师必须有留学经历，因为这样的人一是思想上比较开阔，二是可以和孩子进行辩证性的思维交流，可以交换意见，而不是我告你应该怎么做，某个单词怎么理解。这种原汁原味的英文讲解让孩子对单词的理解更到位，这件事一直从 5 岁多做到 8 岁。

牛津树读到十一级，他觉得太没乐趣了，没有探索的欲望，就没有继续了。红火箭涉及了科普的知识，我发现孩子对它非常感兴趣，远远超过对故事类情节内容的兴趣，所以读完了红火箭，我们又开启阅读大猫原版书，里面涉及很多科技类的知识，紧接着是剑桥百科。那时候，他的阅读能力可以去读章节书了，又开始了初章书、中章书的阅读，像《小屁孩日记》《神探狗狗》《内裤超人》这类比较搞笑的，他很喜欢。

刘莹老师：所以孩子在分级体系阅读上，一直是由老师带着他读下来的。

Kevin 妈妈：对，但是过了红火箭以后，这些章节书的阅读就没有老师带着他泛读了，因为他已经感受到阅读的乐趣，觉得看书是一种享受，会见缝插针地自己看。

刘莹老师：在整个读分级的过程中，这个老师还真的挺好，没有很功利，没有破坏掉孩子的阅读兴趣。有时候家长亲自带着阅读，即便知道很多不该问，还是会忍不住想知道孩子是否读懂了，或者遇到什么语法想给孩子讲一讲。有第三方的老师来代替您完成这个阅读目标，反倒跟孩子的关系更好。

Kevin 妈妈：是这样的。因为老师只需要完成 2 小时的教学任务，心态比较放松，家长会比较紧张，是功利性的，是希望投入有回报的。

孩子 8 岁之后，我请老师教 *RE* 教材。我们也学过其他教材，像 *Wonders*，上到 G3，当时在考剑桥等级，我们还学了 *Think*（英语青少年使用的学习教材，剑桥大学出版社出版），相当于 *Think* 是主教材，*RE* 是阅读教材，一周分别学 2 个小时。为了应对写作，我还买了一些比较功利性的原版看图写话、培生的语法书，小朋友看漫画学语法，还有演讲课，一周一次。这些是每周都要学的课程，那些看的书是他自己要完成的，没有定量，也没有要求。

刘莹老师：真是太丰富了。这些课是中教老师讲还是外教老师讲？

Kevin 妈妈：教 *RE* 的老师是外教。其他的课有两个中教老师：一个老师是正在加拿大读书的大学生，她是高中就出国了，之前一直在给孩子上线下课，后来她回学校读书了，就改成了线上；另外一个老师是在美国读的本科，在香港读的研究生，每周可以来家里上课。

02

不拘于一套体系课，大量练习要跟

刘莹老师：孩子学这些体系课的教材，您觉得和我们那个年代的教材体系有什么不一样？老师教 *RE* 和 *Think* 这些教材时，会留练习吗？练习量有多少？

Kevin 妈妈：我觉得跟着我们成长起来的教材大都是非黑即白的教学模式，是绝对认知真理。这些原版教材有很多辩证性思维，是可以探讨的，引入的知识点也很多，这些并不仅仅是知识，而是一种思维，这是最大的不同。

说实话，老师没有给孩子留什么练习。但是我们上的课程足够多，课堂上加起来的练习量很大。

刘莹老师：确实是这样。您给孩子在英语学习这个事情上投入的时间已经很大了，而大部分厚海家长只选这一个课。我们自己都认为孩子只上一个课，只依靠这一个输入量是不够的，所以我们有点通过练习在补孩子的这个量。您刚才介绍孩子学这么多课，他的量是足够的。

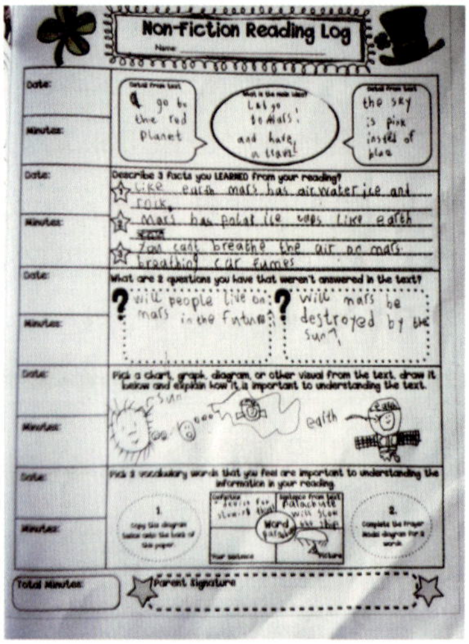

Kevin 完成的英文小练习

Kevin 妈妈：我当时跟这些老师商量，练习尽量都在课堂上完成，这样孩子对这个课就没有太大的抗拒。至于线下练习，我觉得有两部分可以做到：一是每天吃过早饭让他听中央电视台的国际新闻，在车上的时候我们开始听小说；二是自己阅读，周末还可以写个小作文。我觉得这个投入的时间精力比较大，中文都没有这么多的环境。

刘莹老师：估计孩子现在的思维方式以及他反应使用的第一语言都是以英文为主。孩子在这个过程中，有学过自然拼读吗？

Kevin 妈妈：孩子现在基本是英语用得比较多，在深圳这样的大环境下说英语的机会也多，看的教材也是以原版小说为主。

他在线下的时候学过自然拼读，很快就上手了。当时我买了 220 高频词的书，老师说他基本已经会了。我觉得是因为他在 5~8 岁那个阶段基础是相当扎实的，比如当时分级阅读没有拘于一套，是几套同时在走，也不一定要按照顺序，只要他喜欢的，哪怕这个单词理解起来有难度，老师就可以跟他一起来读。

刘莹老师：明白。在带读的过程中，当孩子觉得某一点不太理解了，老师会用孩子可理解的语言难度给他讲一讲，做的是这个工作吧？

Kevin 妈妈：是，包括老师带他读 *Think* 教材，有的是他来读，有的是老师来读。对于不认识的单词，他会问老师是什么意思，老师会跟他解释，然后让他用这个单词造个句子，让他写出来，下次上课的时候老师会对之前学过的单词做一次巩固，他可能会讲一下这个句子，然后说上一课我们通过这个句子学了一个单词，你知道是哪个单词吗？通过这种反问的形式去帮他回忆，所以他对背单词这件事不像我们有这么大的抗拒情绪。他想到一个单词，是想到一个情景，一个句子。

刘莹老师：这个量堆得很大。孩子在读红火箭、大猫的时候，这些单词会在一个级别里重复出现，当时老师会要求孩子朗读吗？

Kevin 妈妈：有朗读的要求，但是孩子性格比较急，读文章也特别快，吞音连音特别明显，不能逐字逐句把英文发清楚，所以读得不是特别好，也是他后续走演讲路线的一个短板。不过老师要求他读也是为了专注，因为只有张开嘴巴才能知道你在做这件事，否则老师在家里给孩子上课，可能不一会儿孩子就溜号了。在早期阶段，我也不要求老师一定要说明这句话是什么意思，涉及的语法内容也是比较少的。他对语法并不感兴趣，为了考级不得不学。

刘莹老师：孩子是什么时候开始准备剑桥考试的？

Kevin 妈妈：5 岁开始。先考的剑一，当时他是穿着尿不湿去的考场。去年 12 月，他是二年级下学期考了 KET。考之前，我给他报了一个冲刺班，一共 10 次课，我去听了两次，觉得那个机构老师教得特别水，整体比较混乱，孩子在那里只了解了一些题型，没学到什么考试技巧。接下来我们计划去考 PET。

刘莹老师：相当于孩子是裸考通过 KET，还是很厉害。目前在备考 PET 考试，孩子有觉得难的地方吗？

Kevin 妈妈：我们才开始，刷的题并不多。我觉得 PET 最难的是听力有口音，而且语速比较快，好像是有一个部分要通过人物的描写，选出谁和它的答案最贴切，这件事对他这个年纪的认知来说有难度。

不过读了这么多的一个好处是，考级的阅读对他来说非常简单。Kevin 看文章的速度很快，也不需要像其他孩子那样先看问题，再回去看课文，从课文里找问题，以技巧的形式来答题。他可以迅速看完文章，再去看问题。其实他学到的阅读技巧是比较少的，相当于是用日常阅读的时间来积累如何做 PET 的阅读题。

刘莹老师：这其实是一个正确的思路。先看问题再做答案是一种技巧，但是也需要孩子达到积累量，技巧才有一些用。我以前教托福阅读的时候对这一点深有体会，一开始觉得讲那些技巧对孩子是有用的，后来发现孩子还是做不对题，所以又开始踏踏实实让孩子做精翻，通过别的方法去推他的这个能力。而且现在越来越多的考试考的就是阅读能力，比如 KP（KET.PET 口头语统称），一些机构会通过讲语法来帮孩子通关，其实它重点考的是阅读，是综合能力。

Kevin 妈妈：他好像对语法不感兴趣，我也不太懂这一块，先抛弃了。我想的是只要把阅读的量保持住，搞定作文，其他事可以忽略。

03 不断进阶，英语演讲是另一种写作

刘莹老师：语法也不太适合过早接触，孩子这么大的阅读量已经有很强的语感了，真是需要学习语法的时候，他很容易学懂。您之前说孩子参加过很多专业的英语演讲，也有学习过很系统的演讲课程吗？

Kevin 妈妈：演讲是从今年 2 月才开始，因为之前我在深圳一直没有找到特别合适的机构。

刘莹老师：说起英文演讲，我们上一次遇到对演讲很在乎的家庭还是 2017 年之前，当时北京有很多机构是重点提高孩子的听说能力，会举办演讲营之类的活动，非常重视表达。“双减”后，这些机构消失了很多。最近一段时间，我们感受到家长对演讲又特别重视了，所以我也挺想问问您，为什么这么重视孩子的演讲能力？

Kevin 妈妈：我觉得演讲跟最开始的启蒙口语是有差异的。在已经搞定阅读的情况下，演讲是孩子的一种高级表达需求，它不仅仅是我表达一件事情，而是一种逻辑的思考，在 Kevin 这个年龄，他已经过了去说一些所谓的口水英语的阶段，需要实际的交流。演讲也是很多人的短板，我希望孩子能够从小积累，在这方面有一些拓展。

刘莹老师：孩子现在的口语相当于母语水平，您觉得是因为最早跟着外教老师每天练习一个小时，还是后来有做什么刻意练习？

Kevin 妈妈：我觉得是启蒙早，投入的时间多。

他 3 岁在线下那个外教机构从 ABCD 开始学起，学完 26 个字母，学自然拼读，那一段时间他听中文和听英文的量占比是差不多的 ，没有翻译的过程，是无痛成长起来的，后来就比较游刃有余。一年级时，他去了港校，二年级又转回公立学校。虽然考级是比较功利化的，但是对于升学来说没办法，不管是

未来在深圳走点招，还是考雅思出国，这里面一个是口语，一个是听力，在考试中基本不用花费太多精力的，只需要认真听问题是什么就可以了，不用专门去学习和铺垫，日常积累就足够。阅读也没落下，孩子的短板是写作。

刘莹老师：孩子现在学的演讲对写作很有帮助。因为演讲是表达一个观点，写成书面语就是写作，它们整个的逻辑是非常相似的。像比较高级别的演讲教材，在我看来几乎就是写作教材。

Kevin 妈妈：是的，这也是孩子比较喜欢上演讲课的原因，老师可以把一些零散的思维归纳、总结、分类，进而逻辑化地输出。我陪他听课，都觉得受益匪浅。

那个演讲课是广州的一个老师在深圳开的，他也是一个演讲比赛的评委老师，开班选学生的时候，如果学生的口语不能自如表达，他是不收的。课程没有固定教材，几个孩子一起上课针对某个话题讨论，比如前段时间日本把核废水排海这个事件，他会以这个为背景，探讨为什么？你怎么看？你有什么结论？虽然讲课会有一些技巧，但是主要思想还在，逻辑还可以。

刘莹老师：关键是孩子的积累量足够，不然光有这些技巧也没有用。这个课可能也推动孩子有意识地在日常生活中积累这些语料。如果没有这样一个课，可能孩子不会关注这个。

整体看下来，孩子现在公立学校又能获得很多自由，可以上线下课，阅读也靠分级一点点积累下来。我觉得您这样安排的性价比很高，孩子英文上的训练量真的不比国际学校少。如果总结一下孩子的自主阅读路线，您觉得有效的点是什么？

Kevin 妈妈：他小时候大量看这些书籍，从中找到了乐趣。我没有给他量化的指标必须要读完多少本，包括家教来了，我也没有说今天读完多少本，多长时间内读完。你今天读的这本书觉得特别有趣，明天再读一遍也完全可以。有乐趣，有人跟他探讨，给一些指引，又没有压力，他觉得这是一件好玩的事儿。

最大的好处就是通过英语引导他，让他喜欢上阅读这件事。包括后续一系列中文书、中文绘本、中文老师留的必看书目，对他来说都是当作奖励，他写完作业，我奖励这些书看。因为我英语水平很差，所以一直想把这个短板变成他的优势。

刘莹老师：这是一个非常好的运转过程。孩子的英文学习已经很稳健地在走了，以后会是一个很大的优势。我确实很佩服您，认知高、有方法、执行力强，还能坚持。我访谈过的牛娃妈妈们真的很类似，把孩子的英文学习当作一个项目去对待，解决问题的能力特别强，非常不一般的妈妈们。非常感谢您接受我们的访谈！

2岁英语启蒙，6岁能自主阅读，妈妈只认这一条路线

牛娃介绍

★学生名字：Anthony

★年龄：11 岁，*RE*3 在读

★ 2 岁开始英语启蒙，小学之前每年阅读量超 3000 本

★最喜欢《神奇树屋》《老鼠记者》，反复阅读达两年之久

访谈内容

01

2 岁开始给孩子英语启蒙，我找遍了启蒙规划类书籍

刘莹老师：Anthony 妈妈您好，孩子是老学员啦。孩子一路能顺利学到 *RE*3 级，平时的阅读量一定是足够的，因为 *RE* 高级别只靠上课效果一般都不好。您分享下孩子的学习过程吧。

Anthony 妈妈：刘莹老师您好！Anthony 很早就开始在家里英文启蒙了，我自己是学英语的，和您是同行，也是做英文教学的，所以孩子很小的时候就决定要好好去给他做启蒙。

但是 2 岁之前只是偶尔听个英文儿歌，一起读本书，他正式的启蒙是从 2 岁开始。

那个时候我也接触了一些英文路线规划类的书籍，比如廖彩杏、盖兆泉、曹文的书，等等。最早是看《卡尔威特的教育》，我看完后觉得小卡尔因为早期的启蒙，后期取得那样的成绩，咱们正常的孩子掌握自己的母语，再加上一门英语应该不是件难事。

所以我们就开始在家里做英文启蒙，主要从三个方面入手。

第一是坚持阅读。

每天上幼儿园之前、午睡之前和晚上睡觉之前，他都要读书，中英文比例基本是 1∶1。比如今天读 10 本书，其中中文 5 本，英文 5 本。一年 365 天几乎不间断的，包括我们带孩子出去玩或回老家，他收拾行李的时候先把自己要读的书装进去。

这是我觉得在启蒙阶段做得最好，最让我自己满意的一件事。

很多家庭都知道要阅读，但是遇到一点事就会觉得算了今天不读了，Anthony 从 2 岁开始那几年，几乎只有生病很严重的那几天没有阅读，一年 365 天里有 350 天都能做到阅读不间断。

所以，那三年左右的时间，中英文加起来每年都至少能读 3000 本小书，中英文各一半。我们几乎读遍了市面上大家耳熟能详的读物。牛津树啊、廖彩杏的书单啊、*I Can Read* 系列啊，等等。

一开始是我给他读，到五六岁，他可以自己翻书。比如牛津树，这套书伴随了他很长一段时间。

有时候我们都在家里，突然觉得好安静，我开门进去发现他把整箱的书都翻出来，一个人在那看，至少待上一两个小时。当然那个时候，我觉得他看的肯定不是字，应该是图，但他是能理解的。

看书的 Anthony

第二是看英文动画片。

我们每天给他看 10 分钟左右的英文原版动画片，特别是一些经典的，基本上 5 分钟一集，每天看 2~3 集。相对于翻译版，英文原版更好一些。

第三是听。

我会把他读完的绘本或看过的动画片，只要能提取出音频的，再让他听一遍加深理解。他毕竟看过了，读过了，再听一遍，在脑子里也会再一次浮现场景。

刘莹老师：刚才您说的读，是让孩子朗读出来，还是默读就可以？

Anthony 妈妈：我基本上是没有任何要求的，他喜欢怎样就怎样。

他刚开始读的时候肯定读不全，我没有太在意这些，书里的图片是能帮助他理解的，所以没有要求他必须认识每一个单词，也没有去考查他某句话是什么意思，就是让他读下去，偶尔读不懂也没关系，大量读就可以。

他读的时候遇到好玩的，就叫我读给他听，就像咱们看了哪儿有好玩的事，想讲给别人听的那种感觉。

刘莹老师：在孩子启蒙这个阶段，您给他看动画片、放音频等等，您觉得这个过程对孩子最有帮助的是听力输入比较大，还是完成了认读的能力？

Anthony 妈妈：我觉得首先是一个输入的过程，无论是看动画片、我给他读，还是他自己听。

没有输入不可能有后面的输出，就像海绵一样，它蘸满了水才能往外滴水，它是干的，你再怎么挤也不可能往外流水。

在输入的过程当中，虽然我没指着某个单词问是什么意思，但在阅读或看动画片的过程中，他已经不知不觉地认识了很多单词，这种高频重复，帮孩子同时完成了认读和听力。

刘莹老师：您还记得两岁的时候给孩子读的什么书吗？

Anthony 妈妈：最早读的就是牛津树。因为我觉得它兼具了绘本和分级读物的优点，既有故事性，又可以让他慢慢过渡到自主阅读，一共读了 16 个级别。

除了这套书，像廖彩杏的那些绘本，还有汪培珽书单上的书，兰登 *Step into Reading* 系列……基本上能买的我们都买了。

刘莹老师：听您说这些，我很感动。孩子现在 11 岁，3 岁的时候是 2014 年左右。当时能把这些书都买到，挺不容易的，您真的是花了很多心思。那个时候，英文启蒙、英文阅读还没有被很多家庭所认可和熟悉。

Anthony 妈妈：确实，我还淘了很多二手绘本。

那大概是在 Anthony 5 岁时，我们带他去美国待了一个月左右，相当于短期游学那种。

因为在美国买原版绘本也很贵，刚好一个幼儿园老师在处理一些绘本，我就从那里淘了一些。

我后来说，别的妈妈去了之后，大都是各种包包、衣服、化妆品往回买，我跟儿子两个人托运了好几个箱子，除了带过去的生活用品、衣服什么的，剩下的全是书。

刘莹老师：孩子 5 岁去美国游学，您觉得那个阶段给了他一个什么样的帮助？

Anthony 妈妈：我觉得主要是性格的改变。

Anthony 从小是慢热的性格。比如我们带他出去参加活动，经常活动都要结束了，他才能融入进去，找到一种熟悉的感觉，其他孩子可能一见面就能玩到一起。

回来后，有一次幼儿园的老师说，Anthony 以前是老师问他了，他还不见得多愿意回答，现在会主动去讲很多事。

也是在那期间，Anthony 第一次参加了“希望之星”的比赛，从海选、初赛、复赛、北京赛，到全国赛，最后进入全国 10 强。

经历了好多场比赛，他也从最开始的胆怯和扭捏、声音小得都听不到，变得自信勇敢了很多，对他也是一种锻炼。

02
每年阅读 1500 本英文书，帮孩子实现自主阅读

刘莹老师：所以孩子中班去参加“希望之星”，那时他是能够做一点点自主阅读的程度，而且他的口语输出也应该不太差。

我们做了近 40 期牛娃访谈，很多家长看完之所以会困惑，觉得突然间好像这孩子就能畅通无阻地表达了，会自主阅读了。然后您提到的这些书，大家也都知道，没什么稀罕的，所以他们觉得不可思议。

其实就像您讲的，每天的坚持，量都在那儿，自然而然孩子走的就像一个母语学习者那样的路径。

Anthony 妈妈：是的，没什么捷径，就是每年 1500 多本的阅读量堆起来的。

而且现在大家可能还是会有一个误解，就是把英文当成学科来学习。这是和家长从前的学习经历相关的，我们都是初中才学英语，那个时候觉得英语和数学、物理是同样的。

但是，英文不光是学科，更多是语言。

语言就必须要多听多读，要有大量的积累。就好像我们想要语文成绩好，作文写得好，中文阅读一定不能少，是一个道理。所以，英文学习第一是要启蒙早，像母语一样启蒙，第二是不能只依赖上课而不阅读。

而且推动孩子能够英文自主阅读，一定越早实现越好，越到后面孩子的认知发展超过了英文能力，就难办了。他会发现几乎找不到合适的读物，语言水

平匹配得太幼稚，好玩的故事又因为语言太难读不了。

所以在英文阅读上，语言水平要赶紧追着孩子的认知跑。

刘莹老师：很赞同您说的，而且现在很多孩子确实有出现语言追不上认知的情况。

所以，Anthony 妈妈，现在有两种情景：比如一个二年级的孩子正在读 *RAZ* 的低级别，第一种是要求孩子每一句都认读，不懂的地方妈妈给他解释意思，每天一两本陪着他这样子读下去；第二种是妈妈可以允许他做一些囫囵吞枣式的阅读，比如有时候单词不认识，但是配合图片大概能理解这个故事，大量地边听边读，先把量堆上去。您是建议哪种方式？

Anthony 妈妈：上面两种情景，我的建议是后者。

在家就要做在家的事情。

比如大量泛读，主要给孩子创造能不断见到英语，不断重复，能持续，孩子感兴趣的英语环境，让孩子积累词汇、语感等各方面。

如果在家做了很多让孩子压力太大的事情，也就失去了让孩子自己主动能重复读到英语的机会。语言都是要大量见，大量重复的，这个光靠课堂是不够的，因此在家也要坚持。

我是特别注重阅读，毕竟在国内不可能整天跟外教沟通，也不可能父母的英语都特别棒，我能创造的条件就是阅读，或者给他一些听的、看的资料，去创造这种环境，所以大量的阅读对于提升英语来讲是非常重要的。

Anthony 能够开始自主阅读，也是因为之前读书的量足够大，所以在家里我们做的事就是帮孩子进行大量的“无痛”输入。

最初的时候也有一些朋友问，读书的时候会给他翻译吗？

我说从来不翻译，不过孩子刚开始启蒙时，有些词通过图片没办法完全理解出来，我可能会做一个动作。比如是名词，家里有的对应物品就拿给孩子看看，没有的找个图片看看；涉及动词的，我就起来给孩子做个动作，他一下子就记住了。

还有一个特殊情况是，比如孩子自己读到某个地方，有不明白的，他主动问，这个可以给他解释。

孩子读书的时候，家长不要主动在旁边一直说这句话什么意思，这个语法点怎样怎样，没必要讲得那么细致，否则就失去了阅读的意义。

如果有可能的话，也可以给孩子做一点英文互动，这个可能很多家长做不到，包括我自己也是一样。有时候他们会说，你是学英语的，你有这个优势。

确实是有一点优势，不然我不可能那么看重英文启蒙。

但是，他们以为的优势是我可以整天给孩子说英文，事实上我们在家一句英文都不说。

很多时候下班回家，孩子都睡了，没有多少精力给到他，这跟家长是否为英语老师一点关系都没有，甚至很多英语培训机构老师的孩子，英语都不见得有多好，所以还是看有没有投入大量的时间和精力给英语阅读。

在家看书的 Anthony

刘莹老师：孩子在上小学之前是不是就可以阅读一些桥梁书和章节书了？后续的阅读您是怎么帮他坚持的？

Anthony 妈妈：在我给他读了两三年的书之后，他就可以自主阅读了，而且这个习惯养成后，对孩子来讲读书是一种放松，一种享受。到现在为止，有时候他学习累了，会说我看会儿书，休息一会儿。

上小学之前我们已经读到了牛津树比较高的级别，所以之后基本都是他自己看。他对《神奇树屋》《老鼠记者》两套书格外喜欢，每天早上起来打开“倾听者”，在路上也会听，就这样反反复复看了两三年。

刘莹老师：可能很多家长会困惑，你说的那些书自己也买了，可孩子不爱看啊。

Anthony 妈妈：我想说的是，每个孩子兴趣点不一样。

一本书不会是所有孩子都喜欢，只是概率上来说，大部分孩子喜欢。所以只给孩子准备两套书，就指望他都喜欢，他都看，那是不可能的。

我买书是这样的，只要我遇到了好书，不管是看手机发现的，还是哪里推荐的，我马上就买，就怕过后忘了，我就错过了这本好书。有时候我买回来孩子看了上百遍，都翻烂了，有的书买回来之后孩子不见得会看，可能会放两三年，他才会拿过来看。

这就是孩子的阅读，家长需要耐得住这种“寂寞”。

尤其在早期的时候，也没必要特别限定他去读什么，只能是尽可能准备得宽泛一些，把故事性的、科普性的、非虚构的等等，都准备一些，他总有喜欢的。

当他养成了阅读习惯之后，后面的事情就不用多费心管了，我只要准备更多的资源、更多的书就可以，甚至他会自己主动要一些书。比如他看了哪个电影，哪个故事里可能提到了什么之类的。家长不会读也没有关系，现在工具很发达，点读笔之类的都可以用上。

03
体系化学习，支撑孩子走得更远

刘莹老师：我听您说下来，在孩子上一年级之后，您已经把他的英文推到挺高的水平了，毕竟《老鼠记者》也挺难的，您觉得这跟孩子学习系统课有关系吗？

Anthony 妈妈：肯定是相关的。我们是一年级的时候开始上咱们 *WW*3 级的课程。

一个孩子想学好英语，完全靠家庭不太现实，完全靠课堂也不现实，一定是在家里做了大量的泛读、听力，然后在课堂上做一些精读，去帮他建立起基本技能，他才能去阅读更高级别的书，否则读不下去。

比如他在家看书，里面肯定有不理解的地方，有时候依靠上下文连猜带蒙地就过去了。他理解的是意思，看的是情节，但是不见得理解语法等知识点，这些需要老师在课堂上解决。

刘莹老师：特别理解您说的，外面的课程像是脚手架，可以帮孩子把往上攀爬的梯子弄得更坚固一些。Anthony 是从 *WW* 3 级开始学，他当时记背单词和书写有遇到什么难题吗？

Anthony 妈妈：是这样的，课程意义在于帮孩子把疑问解开，把零碎的知识点串起来。他学咱们的体系课不算难，之前就喜欢写一点小作文。

昨天晚上在做听记练习，本子不够了，去翻到之前的一个本，是他以前写的作文，自己在那儿欣赏，还给我看。

他说：“妈妈，你看看我简直是脑洞大开，我以前写的作文简直太棒了。”

刘莹老师：您是怎么看待现在的一些标准化考试的？

Anthony 妈妈：我觉得孩子的语言能力到那个水平之后，考试主要是一种检验，用现在的能力覆盖一下考试。

他一年级去考 KET 之前，没有专门上过这类的课程，只在考前做了几套真题。里面有语法题，他没有学过语法，我就问他怎么知道选这个呢？

他说他也不知道，就是读着顺口。我觉得这是大量阅读积累出来的语感或者效果。包括孩子上了 *RE* 体系课之后写作文，对他来说也不是特别难，这都得益于大量阅读。

刘莹老师：确实是，我们自己也有观察，凡是能上到 *RE* 三四级，学习又很顺利的孩子，一定是平时的阅读量特别大，而且坚持阅读。

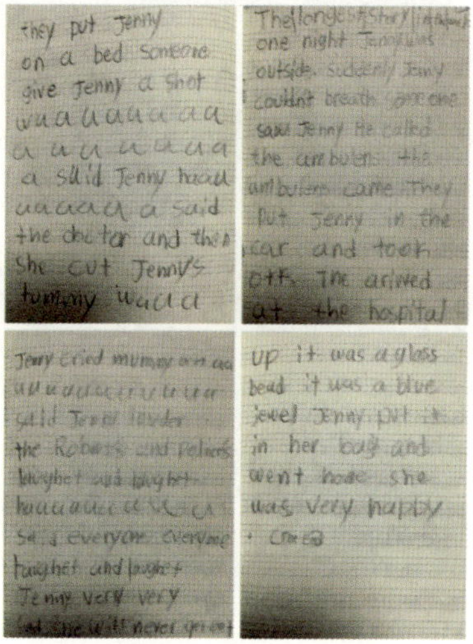

Anthony 写的小故事

Anthony 妈妈：是的，其实课程的难度和练习量对很多孩子来讲是有难度的，能完成已经很不错了。

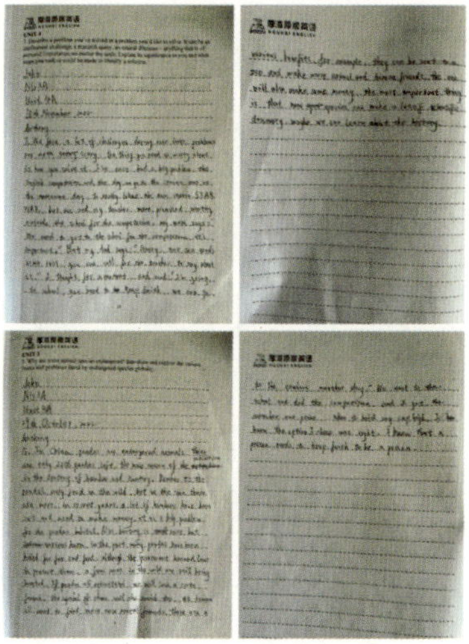

Anthony 写的作文

但是即便这么大的量，也不足以支撑他把英语能力整体提升到多高的程度，课后阅读必须得跟上。

其实我觉得无论孩子现在的能力有多强，没有机构的课是支撑不了的，或者孩子的基础是不太牢固的。尤其是家长的英文水平没有那么高的情况下，对孩子的一些英语问题的诊断没有那么准确，可能在家里做了好几年启蒙，到一个阶段就上不去了，所以是需要跟着这种体系化的课往前走。

我也经常买一些英语启蒙相关的课，也

听到很多声音说根本不需要学语法，不需要背单词，只要大量阅读就行了之类的。

我是感觉这个话说得没问题，但是在国内这种环境下，又有几个孩子能做到那么大的量，大到足以支撑他的语法点是自通的呢？

我觉得很难。这些必须靠机构老师来完成的，来帮孩子解决。

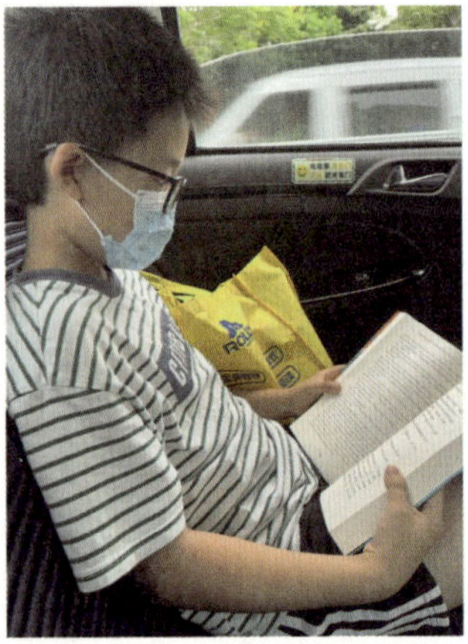

在车上看书的 Anthony

还有一点是坚持上课，它不仅仅是上课本身这件事，而是让孩子知道，不论做任何事情，都要克服困难去坚持，不是说遇到点困难就可以不做了。

而且，孩子越小越要推动他实现自主阅读，越大越难。逆袭的是有，但又有多少？

一定要在孩子还有心力有时间的时候，把英文自主阅读搞定。

刘莹老师：今天跟您聊天非常开心，谢谢您！

第3章

阅读推动全面发展
刻意练习助力高阶英文能力

用时三年，9岁自学完*RAZ*，爸妈经常说“我们也不懂，你自己去查”

牛娃介绍

★学生名字：Jason
★年龄：9 岁，*RE*4 在读
★ 3 岁开始英语启蒙，三年自学听读完全套 *RAZ* 分级读物
★拥有超强学习能力和内驱力

访谈内容

01
家长亲述，听力先行打牢基础

刘莹老师： Jason 爸爸妈妈你们好，我们做了 4 年牛娃访谈，你们是第二组爸爸妈妈一起接受采访的家庭。您二位一定特别重视孩子的教育，尤其是爸爸，我听说都是亲力亲为。而且孩子三年级能学到 *RE*3，之前的英文基础一定是非常好的，先请您介绍下孩子这几年学英语的经历吧。

Jason 爸爸： 刘老师好，其实我和孩子妈妈一直都自认为是比较“佛系”的家长，加上我俩工作比较忙，所以并没有事无巨细去陪伴孩子。

正因为我们没时间陪，Jason 两三岁时就只能自己看 iPad 玩儿。后来我们无意中发现，他跟着某个 App 在很短的时间内认识了很多汉字，而且在生活中对周围很多事情表现出比较热爱探索的样子。当时我们就想，是不是该给孩子学点什么？

他学英语的动力来自一次偶然的机会。

大概他 3 岁时，我们带他去泰国玩，接触到很多外国人，我们就鼓励他跟外国人沟通，教他说简单的英语口语。他因此得到一些外国人的表扬，显得很开心。后来我们尝试问他：“以后还想不想去国外玩？想不想跟爸爸妈妈一起出去旅游？”他说特别想。我们当时顺势引导他：“想到国外玩就需要学好英语，英语好才能更好地交流，方便去更多的地方玩。你学好英语带爸爸妈妈去世界各地旅游，好不好？”这应该是他学英语的初衷和原动力：能够讲一口流利的英语，带着爸爸妈妈去旅游。

回来后，我们就开始给他选英文培训机构。

跟大多数家长一样，我们确实也不懂幼儿的英语学习到底怎么起步，怎么做更好，就想着多了解，带着孩子到处试听，大都是孩子在前面听，我们在后面做笔记，两个人回家讨论分析总结。比如，这个机构重视听说，那个重视读写，另外一个用的是某一套教材，赞成怎样的路径，孩子会遇到什么难点，等等。我们带着孩子几乎试听过当时能试听的所有英语培训机构。

经过大量的试听、调查、对比和总结，我们当时比较认可的孩子英语学习规划是：3 岁左右启蒙，听说先行，培养英语思维。

我们的经验是让孩子多听、多看、多学、多思考，家长帮孩子做好规划，一步一步来。

Jason 刚 3 岁左右，还没有正式上幼儿园，就开始在一个机构学习。那个机构的课程是沉浸式的，一周只有一天，就像上学一样，从早到晚。

那一年几乎都是这样的节奏：在上课那天早上，我在 6 点钟喊醒他，把他抱到车后座躺着，拿个被子给他盖上，开一个多小时送过去。晚上 5 点多钟，我再去接他，我们经常晚上 9 点多才到家。现在回想，确实是累！

不但大人很累，孩子也很累。有一天，他跟学校老师说："我特别喜欢你们学校，就是离我们家太远了，你们学校能不能搬到我们家旁边去？"

有时候他也会在家哭闹着不想去了，哭得让人心疼。我想很多家庭都有这个过程，就是在教养孩子中那种很细碎的苦，讲都讲不出来。

还有一个难题是，因为一周只有一天的课，孩子刚开始学有新鲜感，还挺嗨，进步也很大。但是除了上课那一天能接触到英语，回来后学的都是汉语，他学着学着有点上不去了，就不想学了。

我们认真商量后，觉得还是要帮一下孩子。

孩子妈妈开始每天都用英语和他对话，不管孩子用英语回答还是汉语回答，甚至带他下楼遛弯时也用英语聊天。后来整个小区都知道了，有一个孩子总是和妈妈用英语聊天，那一段妈妈的精心陪护算是帮他顺利地把英文学习进行了下去。

就这样，他坚持上课一年多，养成了用英语表达的习惯。这个也许就是我们当初理解的英语思维，就是用英语去思考、去表达，不用经过中英的翻译环节。

接下来是发音问题，因为那个机构都是中教授课，发音还是典型的中式英语，我们想让孩子的发音更地道一点，就下载了一个练习自然拼读的 App，孩子很感兴趣，每天对着 App 学得还挺开心。

就在我们好像一切很顺利的时候，又有一件事对孩子比较有触动。

在他 4 岁多时，我们去美国待了两个月。因为他 3 岁有了第一次在泰国和外国人说英语的经历，孩子觉得自己又学了一年多，应该可以跟外国人交流了。

但是到了美国，他发现自己还是说不出来。比如我们让他去点餐、购物，他都表达不出来自己的想法，比较受挫。后来在回国的飞机上，我正在看电影，他突然拉着我说："爸爸，我在中国学了那么久的英语，到美国还是不够用，我回去还得好好学。"

从那之后，他每天从幼儿园回来就自己拿着 iPad 学，学自然拼读，一学一两个小时。可能当时他也没觉得是在学习，就是跟着 App 去看，去闯关，看了很多原版的英文动画片。

这样坚持了好长时间，他进步很大。在 4 岁多不到 5 岁时，他就能跟外教顺畅地对话沟通了，也就是我们理解的能用英文思维。这让我们觉得第一阶段的英语思维训练是成功的，当时我们还录了视频，很欣慰。

因为出国两个月，加上孩子刚上幼儿园身体时常会不舒服什么的，我们在那个机构的课程就停了大半年。后来打算继续学的时候，老师给做了测试，说 Jason 可以跟着高一个级别的课继续了，但我们觉得孩子中断了一段时间，不想着急，想把基础打得更扎实，又让他重复学了第一个阶段的课程。

那个决定后面被证实是非常正确的。因为他大部分都学过，在课堂上就更加自信，更愿意表达，表达也更流利顺畅。

等到孩子的听和说已经有了不错的基础，我们就开始重视读这个环节。

确定某个选择之前，我们也是去拜访了很多培训机构，去听各位专业老师的讲解，了解各种教材。根据孩子的特点，我们觉得孩子喜欢自己学，而且自学能力还挺强，喜欢自己折腾，最终我们选择了一个比较流行的 App——Raz-kids。我们花几十块买了一个年度账号，他每天花大概 2 个小时跟着 Raz-kids 去听，每天做 2 篇 quiz，他就这样自己读，自己做题，我们也没怎么太管他。

在练习听记的 Jason

有一天，我们突然发现他已经听读到了Z级别，非常惊讶。*RAZ*的学习资料全是语音，他听完之后直接做题。到S级别以后，特别是Z级别，难度还是比较大的，一篇就有二十几页，他听读一遍都得四五十分钟，听读完以后也是立马就做题。

但是，这要到什么时候才能停？有位老师告诉我们说，读完文章做quiz，假如10道题每次对7个以上就可以继续往下做，如果对5个或以下，说明内容对他来说有难度了，需要停下来，在同一个级别多积累再往下做。他就一直没停过，到二年级就全部做完了，到Z、Z1、Z2级别，他的quiz有10道题也是对9个，有时能对10个。

我们也觉得这个正确率有点高，想了好久，也没想明白。我跟他妈妈还讨论过，他是不是用了做选择题的某种技巧，比如排除法、盲猜之类的，或者那些答案太简单了。

我们也考虑是不是听读的原因，他依靠听力能做对这个题，如果没人给读，他还能否做对？尤其是*RAZ*越往后，级别越高，长难句越多，所以我们开始转向了剑桥等级考试，想用它去测试一下孩子的真实水平。

02 超强学习力如何培养

刘莹老师：我在这里必须要打断您一下了，孩子的这个学习经历非常少见且难得，越听越觉得很惊人。我先问关于*RAZ*阅读的问题吧，孩子听读*RAZ*的这几年相当于都是孩子自学，而且爸爸妈妈似乎也没太帮什么忙吧？

Jason妈妈：对，他大概用了三年时间完成了*RAZ*28个级别的分级阅读。

虽然这件事情看着不起眼，但是他每天阅读2~3篇文章，坚持了三年，就让人很惊讶。其实他做很多事都是可以复制的，其他学科也是一样，每天坚持，几年之后成果就非常显著。

Jason爸爸：我的感觉是，经历过一个阶段的积累，也养成了阅读的习惯，他从中找到了乐趣。每天做一做英语*RAZ*阅读，他觉得能学到不少知识。

刘莹老师：孩子当时在读*RAZ*时，里面的那些文章还是挺难的。比如它会涉及一些国家的总统、政治和其他各类知识等，孩子会因为这些方面求助，让爸爸妈妈帮忙讲一讲什么意思吗？

Jason 爸爸妈妈：从来没有。

第一是因为爸爸妈妈也给不出答案，第二是因为他基本已经掌握了自学的技巧，自己上网，还在 iPad 上问 Siri，这些百科全书也许不是 100% 客观，但是可以给他一些信息，让他做参考。有了参考，他就通过自己的推断找到了答案。

我们告诉他："大人的学习也不是每次都会有人来教，而是遇到问题自己去解决，你遇到问题也要自己去想办法解决，不用问爸爸妈妈，爸爸妈妈也是要现查，也许还没有你查得快。"他现在已经养成了这种自学习惯。

我们告诉他，我们不是特别厉害的爸爸妈妈，但肯定是会很上进努力的爸爸妈妈。我们不是无所不知的，遇到不懂的，也是到处去各种机构学习，去了解，去请教，或通过查询资料学习。

RAZ 的内容全是一些自然科学、科技类或人文地理的东西，他收获了很多知识，小小年纪懂得很多事儿，又感受到了乐趣，慢慢就变成"你不让他做，他自己还愿意去做"的情况，形成一种良性循环。

刘莹老师：孩子拥有如此强的自学能力真的是特别惊人，想必这一定也是多年来的家庭环境、教养和习惯的结果。根据您的叙述，我能感受到，您不仅不控制，在孩子面前还很示弱，包括像 *RAZ* 是非常流行的一套分级读物，估计每个家庭都有，但是遇到困难就容易放弃了。孩子能够坚持下来，我认为是整个家庭的影响。

孩子读 *RAZ* 这三年，根据您的描述，Jason 其实大多都靠听，是吗？

Jason 爸爸：是的，他的听力能力还是非常强的，这也得益于我们最开始选择的路线——"听力先行"，也印证了这个路线的正确。

所以很多时候我们也是走一步看一步，发现他这条路能走得通，那就使劲去强化。比如孩子小时候看 iPad，基本都是英文的东西，动画片啊，YouTube 的视频啊。

这样一直到了二年级，我们也有担心，他从来没有背过单词，自然拼读也是跟着 App 学，不知道学得怎么样，所以我们就想着通过考试去测试一下水平。

刘莹老师：孩子在准备 KET、PET 考试的时候，有没有遇到过什么难题？

Jason 爸爸：我觉得不仅仅是备考这两个考试，在孩子的整个培养过程中，最难的是家长要突破自我的认知，摆脱各种各样原因形成的不适宜的情绪，包括各种莫名的焦虑和对孩子过高的期待吧。

孩子打算要考试的时候，我们就去咨询了一些考前辅导班，当时做测试后，即便有人说孩子可以直接考 FCE，我们也觉得太难，就一直在降低自己的期望，还是考个 PET 踏实点吧，最后孩子以优秀通过。

报班学习，一般都是老师说可以往前走一个级别了，我说不急，再复习一年，在这里上课也是这样。我们是往后拉，不是往前赶的。

备考 PET 时，有写作模块，但是他之前没有练习过，对他是一个难点。我们就和孩子说，先把想说的话在脑子里想清楚，然后按照想说的写下来就行。因为他听说很好，写作文是用说去“代替”写。

刘莹老师：所以 Jason 最开始写 PET 作文时，是先想好口头表达，再把它落实在文字上。在这个过程中，有遇到过什么困难吗？比如拼写的问题。

Jason 爸爸妈妈：有的，比如说标点符号都不会用，整篇全是逗号加一个句号，还不会分段。他自己查 iPad，问 Siri “how to spell...”，Siri 就给他拼出来了。包括体系课的听记练习错了，他就一边拿着本子，一边喊 Siri，还能给他一个解释。他从来不查纸质的，觉得太慢。

我们也给他报名了一个机构的写作课，叫辩论课，一共 10 节，每天写作文，所以也练习了一下。后来老师给的意见是孩子写得比较地道，就是不太高级，太口语化了。这可能也是因为我们一直告诉他，想说什么就写什么，没有经过非常正规的科班训练，肯定不高级，这也是我们未来要协助他解决的一个问题。

刘莹老师：所以 Jason 是完全用自己读 *RAZ* 的功底搞定了考试，孩子的学习能力真的太强了。通过 PET 之后，Jason 就开始学习体系课了吗？

Jason 爸爸：又过了一年，那个时候孩子也上三年级了，我们已经了解过体系课，当时就想报线下，还去你们的校区咨询过好几次。测试后，孩子可以报 *RE*3 或 *RE*4，反正我们也不急，当时三年级下学期，他已经通过 B2（一种英语水平能力级别，属于中级水平）考试，觉得需要机构的力量来帮助他了。三年级暑假的时候，他开始了 *RE*3 的学习，这也是他第一次正式报课学习，用一个暑假把课程学完，开始学 *RE*4。

现在我们也碰到一个问题，学完 *RE*4 以后再继续往下走吗？我们是走一步看一步，从一开始就没有特别清晰的路径，每走一步我们都要找一些机构去了解，做规划，给孩子商量，然后再一起走。

比较欣慰的是，孩子对英语这一方面的兴趣很大，现在已经越学越自信了。我们觉得应该走对了。

孩子在学习方面还算比较自律，对自己有要求。因为看到了孩子这方面的潜力，以及他对未来的想法，我们觉得作为父母应该有责任和义务去帮他。核心是孩子先有需求，父母去帮，而不是赶着孩子往前。

Jason 妈妈：我跟爸爸永远是轮子，方向盘把握在孩子手里，这是我们家庭的底层逻辑。

孩子的语言表达能力很强，语音也不错，不太需要强化了。*RE* 课程比较重视读写，我们想让孩子更多地精读。他没有背过单词，也没学过语法，之前都是泛读，浅层记忆的东西很多，深层记忆的东西不多，希望通过听记作业，给他更多的知识储存。

刘莹老师：是的，我也看到爸爸妈妈一直都在诊断孩子现阶段的问题，在规划方向上做了很多功课。其实 Jason 是一个非常典型的母语式英文学习者，听说先行，有大量听力输入，包括您最开始提到了好几次英语思维，其实我们是不太赞成英语思维这种无法量化的学习方式的，所以您能谈谈这么多年下来，您对孩子所谓“英语思维”的观察和理解吗?

Jason 爸爸：其实一开始我们了解很多机构时，有老师说发音不标准是不可以容忍的，意思就是发音很重要。但我们想了想，发音不如英语思维重要，我们就做了一个取舍：优先培养英语思维。

在孩子小的时候，语言环境真的很重要。比如把他丢到老家去，你不教他，半年后他可能就说一口老家方言，因为到那个语境以后，他必须那么表达，否则人家听不懂。

再比如我们家，语言环境比较复杂。奶奶跟我们一块住，讲老家方言，姥姥也在家住过一段时间，讲普通话，姥姥跟奶奶讲话相互听不懂。他们三个人在家，姥姥说话，孩子就用老家话翻译给奶奶听；奶奶说话，孩子用普通话翻译给姥姥听。

所以我感觉，一定程度上语言是被环境逼出来的。

因为不会讲就没法沟通，Jason 小时候在的那个机构，全英文的环境，不管做什么，吃饭、上厕所、寻求帮助等都要讲英文，讲得不标准不重要，但必须得讲，这样才能形成一种“我用英文表达思考”的习惯。

不像我们之前学英语，讲英文老想着翻译成中文，再翻译成英文，在这个过程中已经丢失了大量的信息，而且我想不出来英文怎么讲的，没有直接转化。

我理解这样就是在培养英文思维，就是不用经过太多中英文的转化，孩子就能流畅地表达。所以我比较认同听说先行的理念，你不认字也可以听和说，开始学英语的着力点一定先是听说，而不是读写。

03 家长越示弱，孩子越自主

刘莹老师：孩子小的时候，有一个很好的听说环境。就像您说的，他一天不管做什么都得用英文表达，最开始可能不太会说或者只能说一两个词，慢慢地模仿，这其实就是一个母语学习的过程。

Jason 爸爸：当时了解到很多机构大都是一周两天，每天学 1~2 小时，学 5 个单词，我们选择去那个纯英文的环境学习，主要还是认同它的理念。孩子上了幼儿园后，英语很厉害，一下有了很多自信，整个人的精神状态全变了。

我们家长也是通过这件事意识到，培养孩子，让他慢慢在某一个领域或科目比同龄人稍有优势，他就开始自信。

刘莹老师：这个路线很正确，加上您对孩子细心的观察和诊断，才有了孩子今天的成绩。孩子就像一棵小树苗，扎得特别正，长得直，您和妈妈提供的阳光雨露也很充足。

Jason 爸爸：我今天还和 Jason 聊天，跟他讲：“你现在的英语比爸爸妈妈厉害，你在别的学科上一样能做得很好，你自己学习，自己规划你的人生。”

我们不是强势控制型的虎爸虎妈家长，可能属于参谋型或朋友型家长。

当然我们也会制订一些规则。比如做事情一旦开始了，就不要轻易放弃，如果要放弃，就要有充足的理由和逻辑说服我们和自己。无论是上课还是其他兴趣爱好，一旦选择了就必须坚持，每周六的体系课学习和作业也是必须要完成的，这都是不太能商量的事。

刘莹老师：这些熟悉的道理，能做到还能坚持做下去才是最厉害的。家庭环境一定是对孩子影响最大的，抛开英语学习的路线，二位对孩子的细心观察，诊断每一个阶段往后该做什么等都非常宝贵。

Jason 爸爸：我会教 Jason 如何去规划做事情的优先级。在他的学习黑板上，画一个象限，把事情分为重要和紧急。他做某些事之前，我就问这件事情是重要还是紧急？时间分配如何？不重要不紧急的事绝不做，不紧急但是重要的事要坚持做，学习就是很重要，但是看起来并不紧急，必须要坚持。

我们帮助他建立一个思维逻辑框架，选择一个路径先带着他，陪他去走，走着走着就让他自己走。

最难的是帮孩子养成习惯，常常会有冲突啊，比如孩子不愿意做或者畏难等，不过这个阶段度过了，孩子可以自己跑起来，一切就好了，所以千万别放弃。

刘莹老师：您和妈妈有没有想过，孩子拥有这么强的学习能力，这些特质的来源是什么？

Jason 爸爸妈妈：第一个是性格等内因，他从小干什么事情都很专注。

第二个可能也受环境影响。在他出生之前，我们就规划过，一定要影响孩子，让孩子在家里有一种学习的氛围。他成长的过程中，由于妈妈做研究工作，每天都学习，原来家里有个大书房，到处都是书，他看不到别的东西。每天就是和妈妈一起在书房里各自忙碌。

我们一直不认为他是个牛娃，可能在他学习的过程中找到了一条有效率的路径，加上他自己的一些内驱力和自觉，走到了现在。目前英语这一科目比较突出，其他的科目也还是任重道远。

我们不是那种特别勤奋的家长，就想让孩子尽早独立，自己可以省点心、省点事，这可能是所有的核心原动力。而在这之前，我们尽力用自己的经验帮他度过一些艰难的过程，最后让他自己的这辆车由自己开起来。

初中托福首考105分，几乎裸考，全靠多年英文阅读的积累

牛娃介绍

★学生名字：Lucy

★年龄：初三在读

★托福首考 105 分

★六年级开始在厚海学习，从 *RE*2 到 *RE*4，不折不扣的“小书虫”

★获得 2017 年“外研社杯”全国中小学生英语阅读大赛初中组总冠军

访谈内容

Lucy 特别爱英文原版阅读，几乎每个星期来上课都带着不同的英文书。等车时在读书、课间休息在读书，甚至上课开小差被抓到时，发现她还是在读书。她最享受的事情是用英文表达自己的观点和辩论，因此取得了多项国内英语演讲比赛的好名次。她像一匹千里马，满是闪光点但又桀骜不驯，英文已经深深扎根在她的思维方式和性格中。果然，经过了短短 11 次的托福课程学习后，还在初中的 Lucy 就在首次托福考试中取得 105 的高分（满分 120 分）。

正如 Lucy 妈妈所言，Lucy 不是一个常规学习者。在孩子多年的英文学习历程中，妈妈在尊重孩子的基础上勇敢地做了很多抉择。正因为妈妈的不焦虑、懂孩子，Lucy 的英文兴趣才被最大化地激发并转化成强大的行动力。通过和 Lucy 妈妈的访谈，我们似乎能找到孩子超强英文实力背后的原因。

刘莹老师：Lucy 妈妈您好，孩子第一次考托福就取得了 105 的高分，这是非常难得的。孩子在厚海的学习表现一直都很优秀，外教的反馈也特别好。特别期待您和我们分享孩子的学习经历。

Lucy 妈妈：刘莹老师好，孩子取得这个成绩我们确实挺惊喜的。她的听口特别好，在厚海英语的学习中，外教反馈最多的就是特别爱说，甚至被评价是厚海最爱说的，发音也不错，说起来天马行空。她特别喜欢厚海的氛围，特别积极和享受，但她不是爱下功夫的那种孩子，在厚海的练习和单词测试上也遇到过很多阻碍。

刘莹老师：能看出来孩子是完全被兴趣主导的，口语那么好。爱说爱讨论，体现的是孩子有充足的语料。孩子是为什么这么喜欢英语、把英文说得这么漂亮呢？

Lucy 妈妈：Lucy 说话特别早，我认为她是有语言天赋的。记得小时候第一次听蒙语版的《吉祥三宝》，她就能很快模仿出来并跟着唱。但 Lucy 确实是和我个性完全不一样的孩子，我经常提醒自己要从她的角度去考虑我对她的要求是否正确。很多时候我认为按照我的学习方法，她一定能拿高分，但她坚决不干，要用她的方式来。

所以我也在慢慢了解和接受她，就像纪伯伦的诗说的一样："孩子借助你来到这世界，却非因你而来。他们的灵魂属于明天，属于你做梦也无法到达的明天，你可以拼尽全力，变得像他们一样，却不要让他们变得和你一样。"我会经常想想这些话，去思考如何处理那些孩子成长过程中我不可控的地方。

说起 Lucy 的英语学习过程，其实完全是从培训班开始的。幼儿园大班的时候，老师就建议说孩子有语言天赋，得让她早一点学英语，我就开始为孩子选择机构。最初选择的是一个特别大牌的机构，但是效果不好，孩子的体验感也很差，不能融入。后来我们选择了一个比较小的机构，那个机构的授课内容主要以活动展开，孩子特别喜欢。

刘莹老师：听了您的叙述，发现您是一个特别爱思考而且敢于做抉择的妈妈，也没有随大流选择大牌机构，而是愿意去理解孩子，从很早就开始重视能力的培养。

Lucy 妈妈：是的，我关注孩子的学习感受，但我们也遇到了很多挑战。比如，在学习到第三年进入小学之后，机构也开始要求背单词，有单词测试，Lucy 几乎每次都是低分。这也让我开始思考，少儿阶段的英语到底该怎么学？

因为我本身英语不好，我体会过英语不好是有多吃亏，这个世界很多扇门就不会向你打开了。所以那段时间我看了很多书籍、博客等，了解孩子在启蒙阶段需要得到哪些支持。当我了解到启蒙阶段应该听说先行而不是太强调应试之后，我迅速做出判断，那个机构不再适合孩子了。

所以从二年级暑假开始到五年级，孩子主要的学习方式是进行了大量的听的输入。从绘本故事开始到桥梁书、章节书，再到她最爱的原版小说，在一周一次只有 3 个小时的课后，她会把她能支配的时间大量用来听配套的原版音频。她特别喜欢听书这样的学习方式，每天早上没睁眼就自己打开播放器开始听，洗脸刷牙听，坐车

旅行中也书不离手的 Lucy

听，入睡听……应该说对她来讲听书不是通常意义的学习，而是一种享受。所以她随时随地听，一遍一遍听，多年如此，乐此不疲。

Lucy 听书的速度相当快，我需要给她补充大量的课外音频资源。还记得有一个学期的学习任务是看 *Magic Tree House*（《神奇树屋》）这个系列的前 10 本，我看她有兴趣，就一口气给她把全套 40 本都备齐，没想到还没等老师讲完 10 本，她就把 40 本全听完了。学习 *Harry Potter*（《哈利 · 波特》）第一本时，她也是早于老师的讲授早早把书听完了。我纳闷，她怎么能听得懂，她告诉我“多听几遍就听懂了”。

但这时也遇到问题，比起阅读她更喜欢听书，我认为这样是有缺陷的。所以到她想听 *Harry Potter* 第二本时，我和她进行了“谈判”，必须读完整本书，我才给她音频资源。经过“博弈”之后，我和孩子建立起了双方都能接受的规则，在不断地坚持下终于帮助她过了阅读关，英语有了明显的进步。

从此 Lucy 就养成了很好的阅读习惯，也能从阅读中找到快乐。但是听书还是她的最爱。

刘莹老师：欣赏您在尊重孩子的前提下给孩子建立规则的做法。有的家长希望给孩子自由而不敢给孩子提要求。相反，有的家长按照自己的想法给孩子设置了过多的孩子不愿接受的规则，能在两者之间做到平衡很厉害。很多孩子到五年级时，面临小升初就会去考个证书，您有给她规划过考试吗？

Lucy 妈妈：有过，就是在这个期间，Lucy 和同学一起报了 PET 考前辅导班，通过了 PET 考试。当时一起学习的孩子们希望能继续这种应试辅导的学习，但 Lucy 就遇到了很多障碍，作业也完成得不好，她并不适应。我也不是特别赞同通过学习应试课程来提高英语能力。当然有的孩子可能会特别适应这样的学习方式，但这一定不是 Lucy 喜欢和擅长的。

后来经过朋友推荐，我们就在厚海开始了学习。从 *RE* 预备级一直学到 *RE*4。Lucy 特别喜欢这里的外教课堂，喜欢课堂的氛围。大家都比较害怕的极严格的 Jeff 老师的课是她的最爱。

她特别喜欢和外教交流，课堂上特别主动，有当“课霸”的嫌疑。但是这里的学习对 Lucy 也是有挑战的，比如学习内容体裁的转变。她之前接触了大量的英文小说，而厚海的教材多是科普文章。

刘莹老师：是的，这对孩子是个挑战。科普类文章没有小说那么有趣好玩，Lucy 在学习上遇到过什么困难吗？

Lucy 妈妈：孩子特别喜欢厚海的氛围，但挑战确实有。她最开始不爱背单词，准确说，她之前就没有背过单词。学到 *RE*1 之后才开始会背单词了。我认为一方面是咱们的单词测试和练习要求给了她一点压力，另一方面是英语本身就是表音的语言，她慢慢找到了拼写的规律。英英释义背单词也给她提供了一些语境，慢慢就适应了。如果给她一个中文释义，也许她很难过单词关。

Lucy 现在英文表达要明显强于中文表达，读过的那些英文小说对她写中文作文也有很大帮助。她现在酷爱写限时的想象作文，很多灵感来源于英文小说。

Lucy 还参加了很多英语比赛，都取得了不错的成绩。小学阶段获得过“希望中国”中英双语文化达人全国总决赛第四名，入围“希望之星”英语风采大赛全国赛。

上初中之后也参加了非常多比赛，经过小学参赛积累了经验，后来她都是自己准备稿子去参加，非常享受和放松。初一的时候获得了 2017 年“外研社杯”全国中小学生英语阅读大赛初中组全国总决赛的冠军。

Lucy 获得“外研社杯”全国冠军

但在比赛的过程中，她也暴露了一些短板，比如规定题目演讲和写作方面，Lucy 表现得就不太好。这个问题也反映在她的语文作文中，好在现在的语文作文题目都是开放式的，可以发挥很多想象，这才让 Lucy 可以有机会发挥自己的思维优势，作文成绩一下就上来了。

刘莹老师：孩子真是非常优秀，已经具备了英文思维。英文文章多是在大量事实的论证下得出观点。所以我想 Lucy 在写中文作文时，是不是也受到了英文阅读的启发？

Lucy 妈妈：是的，启发特别大。相比于读，Lucy 更喜欢听书，我就负责到处去搜集音频资源。我也看过咱们好几期牛娃访谈，有一些牛娃妈妈本身就特别优秀，给孩子做了很好的规划，而我们是完全摸索着前进的，做了很多调整，好在都赶上了。虽然我们看上去起步比较晚，但现在看来算是有个不错的结果。

刘莹老师：其实前期打了特别好的基础，包括听书、阅读，只不过前期没有去参加考试检验。家长在保护了孩子对英文的兴趣的同时，也在随时调整、给孩子提要求。

Lucy 妈妈：没错，对于考试我们真的是抱着检验英语水平的目的去的。考试有自己的套路，交给专业的机构专门研究考试的老师去突击一下就可以。但是阅读不能被替代，通过阅读打基础很重要。Lucy 的学习路线就是反复听书，反复阅读。有时我的音频或书供不上的时候，她就翻出之前的再次听。

刘莹老师：特别能理解孩子，我也有相同的学习经历。看似重复的过程，其实每听一遍都有新收获，所以孩子就会不厌其烦地听同一个材料。虽然孩子看上去是泛听泛学习，其实她在不断地重复中已经达到了很精深的程度。在听和读的过程中，她一定会遇到一些生单词或不理解的地方，这也锻炼了她在语境中去推测和学习，底子打得特别好。

Lucy 妈妈：是的，Lucy 的这个托福成绩出来之后，我也思考了很多，除了她之前的基础，老师对她的指导、要求和帮助都特别多。如果说以前的学习是完全靠兴趣去推动的，那么在机构的学习才让孩子感受到什么是真正的学习。

刘莹老师：纵观 Lucy 整个英文学习的过程，其实您前期打了特别好的基础，最重要的是您没有急功近利，一点都不焦虑。妈妈对孩子的观察和调整都特别及时，总在考虑什么样的学习方式更适合孩子，如何在保护兴趣的同时也能建立规则。很多妈妈对孩子的学习不敢放手，认为孩子必须得用自己认为对的方式学习英语才能学好，没有真正从孩子的角度出发找到一条适合孩子的路径。我赞赏您的勇气和抉择，给了孩子很多空间和选择。特别感谢您的分享！

海淀10岁孩子一年阅读2000本英文原版书，阅读能力之强超出你的想象

牛娃介绍

★学生名字：Eva

★年龄：开学五年级

★从二年级开始在厚海学习，从 *RE*1 到 *RE*3

★英语阅读牛娃，掌握高效阅读法。日阅读量可达 20 本，年阅读量达 2000 本

访谈内容

认识 Eva 爸爸是在厚海的阅读三讲家长群中，当时他在群里和大家交流的时候提到孩子的英文阅读一小时能达到 5 万字，这引起了群里家长极大的关注和讨论，甚至有的家长认为 Eva 爸爸是我们的“托儿”，不相信一个四年级的孩子年阅读量能达到 2000 本原版英文书。在这个普遍焦虑、重视成绩的大环境下，Eva 爸爸却把阅读这件事推到了极致。

上周，我们约到了 Eva 爸爸访谈，整整两个半小时，他分享了自己的教育理念，为什么要坚持让孩子阅读，以及推动孩子阅读的点滴。

Eva 爸爸的分享，让我看到了厚海深耕英文原版阅读的初心，希望这篇访谈能让更多孩子加入到英文阅读的行列中来，因此受益终身。

刘莹老师：Eva 爸爸您好，终于有机会约到您访谈。Eva 的英文阅读量非常惊人，我们都特别好奇您是如何帮孩子做到如此大量阅读的，特别期待您和我们分享孩子的学习经历。

Eva 爸爸：刘莹老师好，其实我们的阅读是这两年才有了天翻地覆的变化，两年前孩子刚上三年级不专心，比较幼稚，拼写时还分不清字母 D。当时孩子刚开始学习 *RE* 体系课，我根本没听说过英语原版阅读这件事，什么绘本啊分级读物啊都没有听过，很陌生。

但是厚海特别重视孩子们的阅读，我也看到了很多借助大量英语阅读学好英文的例子。

那个时候我才开始认真思考孩子的学习问题。我发现很多家长都非常焦虑，盯孩子作业、背单词，经常能看到家长训斥背不会单词的孩子。我开始思考，对于学英语乃至学习本身，到底左右孩子理解力的因素是什么？是单纯背诵吗？我觉得肯定不是，孩子不理解，背诵效果也不会好。

在多方面的影响下，我逐渐形成了这样的认知：孩子学英语的根本，或者说学习的根本，应该是提高认知水平，而不只是学习知识。

我曾经看过一个 TED 演讲，一个学会了十多种语言的年轻人分享，他是通过大量使用和阅读去学习这十几门语言的。大量阅读为他构建一个轮廓和认知体系，用这张网来推动各门语言的学习，语言完全是一种工具。

这个道理很简单，比如我们学习地理英语，词汇很难，单纯靠背诵特别痛苦。但如果认知里有大量的地理知识，那些词汇只是另一种符号，在脑子里去做对应就好了。这样的语言学习才更高效。但我们的孩子没有这个意识去构建知识网络，知识网络构建不好，每次都搜索不到有用的信息，就只能靠硬记。

那如何构建这个网络呢，只能靠阅读，大量阅读。

刘莹老师：您的这个观点特别新颖，我们身边的很多人都认为要先学好语言，才能用语言这个工具去学习知识。您提到的顺序是正好相反的。

Eva 爸爸：是这样的，很多人都本末倒置了。例如初中学习比较难的光的折射和加速度，对于大部分孩子来说，从没有听说过这些经典的物理公式和现象。老师上课讲一遍会个七七八八，做题时会"五五六六"，再过一段时间就只记得"一一二二"。但如果这个孩子在学习前观察过折射现象，读过关于加速度内容的图书，他在学习的时候会接受更快。也就是说，如果这个孩子在大量阅读中已经理解了这些现象，相关的知识学习就容易太多了。

现在的问题是，很多家长遇到孩子跟不上或学不会就求助于辅导班，但是辅导班不能提高孩子的认知水平和理解力，根本问题永远得不到解决。怎么解决？只有通过大量阅读来解决。

爸爸叫 Eva "小书虫"

阅读也带给孩子很多快乐。Eva 每次放学是下午三四点，之后就开始读书。孩子之前很喜欢 *Horrible Histories*（《糟糕历史》）系列，可以从三点孜孜不倦看到五点，两个小时可以看 14 本书。

刘莹老师：我理解您说的意思了，通过大量阅读来提高了认知水平和理解力，这应该也是您一直坚持让孩子大量阅读的原因吧。Eva 的阅读量特别惊人，您刚提到，两个小时能看 14 本书，一年 2000 多本，是如何做到的呢？读那么多书，能内化吸收吗？

Eva 爸爸：孩子的这个阅读速度，说起来是机缘巧合。我们投入大量阅读的实操阶段时，有个邻居家的孩子，经常来我家玩，孩子们在一起读书。我发现这个小孩拿一本书，翻一翻，立刻就换下一本。开始我还以为她不愿意读呢，就问她是不是不想看书。结果孩子说我喜欢看啊，我都看完了。经过提问她书内的内容，我才知道，不是孩子不爱看，是她真的看得特别快，而且都记得。

这让我想起了自己的一个同学。当年我们是前后桌，他是某一年河北省高考理科状元，后来去了麻省理工学院。这位同学，很小的时候就会拍照式记忆，阅读速度非常快。包括我后来看撒贝宁的访谈，他被保送到北大法律系，经常逃课但是成绩依然名列前茅，他也会这种阅读方法！我就开始研究，如果孩子能学会这种方法，那就能读得更多量也更大。

通过学习科学阅读，拍照式阅读方法，孩子所读到的东西会在脑中放入记忆宫殿（Memory Palace）里。每当想提取出来的时候就自己去脑海中的记忆库中取用。Eva 是从四年级的时候开始学习高效阅读方法的，之后她的阅读速度就是质的飞跃，越读越多，越多越爱读。

刘莹老师：我听说过这种阅读方法，听上去确实挺玄的，但我的理解是掌握这种方法孩子首先需要有大量阅读的积累。您觉得孩子为什么能学会这种速读方法呢？

Eva 爸爸：是的，95% 的孩子都没能掌握这个方法，我也做了很多调研。为什么有的孩子就可以学会？其实，阅读是一种人类对文字的解码能力。从历史上看，四百万年的时间人类都是依靠图像记忆，有文字的文明史是四千年。所以人类看图片的历史更长久，对图片的理解也更好。快读的方法是把文字在脑海中转化成图片和情景。

就算是没有经过这个训练，其实孩子们也可以达到快速阅读。每小时 5000~6000 字，很多有大量阅读习惯的孩子都能达到。但前提是大量阅读。为什么大部分孩子，包括我们都是到了高中甚至大学才开始具备真正的自学能力？自己看书学习就是自学。自学就是一种阅读啊！

小的时候不具备自学能力是因为阅读基础积累得不够，实际上应该在小学五六年级解决阅读的问题，但是小朋友每天阅读的时间太短。大量的时间都在做题，上辅导班。一个人大概需要积累 1500 个阅读小时，才能够达成一种初级的阅读解码能力，可是这 1500 小时被推迟到高中和大学了。

我们做的，只是把这个时间在小学阶段提前做了而已。但阅读量必须大，这是大前提。所以阅读需要从小规划，培养阅读习惯。尽快培养孩子的文字解码能力，看什么都能形成画面感，记忆更快。如果读得不够多，量不够大，是达不到的。

刘莹老师：特别赞同您说的一定要大量阅读这个观点。刚才您提到，孩子真正的大量英文阅读是从三年级才开始，那最初的阅读是您陪着亲子共读吗？刚开始孩子愿意读吗？

Eva 爸爸：不愿意！我之前说的，三年级有时候还分不清字母 D 呢，而且我的孩子吧，那时候学习不是很专注也很幼稚。最开始让孩子读英文书，我的做法比较武断，必须读！吃饭吗？只要吃饭就读！睡觉吗？只要睡觉就读！不愿意读，哭破天也要读书。每天必须完成这个任务。我就是要解决她的心理依赖，我管这叫“心理断奶”。

最开始也是从简单的分级阅读开始，我和她一起读，从三年级开始，从 A to Z 开始读起来，我陪着读，我读三本《神奇树屋》，她读四本《疯狂学校》。孩子说读不完，没事儿，认真读，能读几本算几本。但要是磨洋工，那爸爸说话可就难听了。我有点高压政策。有时候学校一些非常机械的作业我都可以给她做，但是必须读书。课外班停了都行，就是要读书。

刘莹老师：当时三年级，只做读书这一件事情，课外班都停了，您这个决心也是特别大。是什么让您这么坚定和坚持的呢？

Eva 爸爸：在这一年中，其实我心里是完全怀疑的，什么都不学了，就读书，包括家里人也反对我这么做。但是厚海最初的阅读理念，我对阅读的研究，身边人的例子都给了我很大的支持。两年前，我没听说过什么原版阅读，绘本、原版小说压根没听过。但厚海的阅读理念我是真着迷，我深信不疑。说白了，别人喊的口号：“阅读带动全能力！”他们没干，我真干了！

英文阅读可以带动所有学习。孩子之后又学习了高效阅读课程，一年之后我发现孩子开始有了极大的变化，阅读速度开始几百倍地提升。任何一件新鲜事，学校布置的任务要求家长配合的，我们家姑娘从来不让我帮忙，直接回来就电脑百度，自己做。

可反观很多家长，为什么他们不让孩子阅读呢？我举个例子，孩子学习一元二次方程组时，不明白第一题为什么 $x=5$，第二题 $x=9$。不是孩子不想学，不是孩子偷懒，是孩子认知水平不够。可是所有人都认为孩子上课没好好听讲，或者做练习题太少。通过多阅读提高认知来解决孩子的这个问题，其实是最省事儿的。

但是很多家长转向学习机构或假期报班。于是孩子刻苦刷题，妈妈负责在后面玩儿手机。孩子的认知水平提高了吗？没有！认知水平不提高，理解力不提高，明天变成 y 还是不明白。

刘莹老师：您把 Eva 的课外班都停了，孩子在学校成绩怎么样啊？

Eva 爸爸：我家俩姑娘一个四年级，一个一年级，这次期末考试都是年级第一。Eva 参加学校编程小组代表学校参赛获了奖，她在编程小组里是年龄最小的一个。但两年前完全不是这样的，做什么都依赖大人，我不陪着，她绝对不做。

刘莹老师：这两年的变化可是真大啊，不仅仅是阅读，是孩子整体的理解力、学习能力都有翻天覆地的变化。

Eva 爸爸：我总结就是认知能力水平发生了变化，这也是为什么我说，我的想法和别人特别不一样。即便是要选择培训机构，我也认为老师的认知水平是最重要的，而不是教学。报班最大的意义不是学到了什么，而是知道了课后回家要怎么学。我不把希望寄托在别人身上，我必须要说一句，培训机构应该是家长手中的螺丝刀和钳子，是工具。只不过这个“工具”是国产还是进口的区别，家长要知道如何利用。

刘莹老师：孩子这两年也获得了极大的成就感，行动力和学习力都大幅度提升，一年读 2000 本书啊，孩子完成了一项大工程。虽然速度上去了，我认为在整个过程里孩子一定也经历了很多困难。她是如何实现英文阅读等级逐渐递增的呢？很多家长都认为要先背好单词、学会语法，才能开始阅读，Eva 在背单词上遇到过困难吗？

Eva 爸爸：我观察孩子的阅读，单词和语法问题其实都是在阅读里解决的。有一次，我家二丫头问我“moving”是什么意思，我回答说，“正在移动”的意思。大丫头在旁边反对说，是“打动、感人”的意思。我被她惊到了，因为我们从来没有教过孩子这个单词有另外的意思，她完全是从阅读中学会的。她说：“我读的故事里常有这个词，就是感动的意思呀。”你看，所有的问题都能在阅读中解决。

她也遇到过阅读词汇量的瓶颈，例如词汇量到 5000 多卡住了怎么都上不去，读再难一点的书就不行了。但是卡住不要紧，就正常读书，积累到一定程度自然而然就好了。孩子常在 5000 词汇量卡住，因为看的都是小说，低频词见得少，小说专业词本身就少。所以发现瓶颈期好办，我就引导孩子逐渐加入科普读物，慢慢积累半年，词汇量自然就上去了。所有问题都在阅读中解决。

刘莹老师：您说的这个过程，我在“我的阅读”六场讲座中也反复讲过。英语问题都要在阅读中解决，孩子在阅读的语境中单词积累自然而然。这也是厚海倡导原版阅读的原因，长线规划应该是英语综合能力的提高，大量阅读。但很多家长做不到，比较重视考试成绩。

Eva 爸爸：是的。我特别不赞成以考试为目的学习语言。还记得您最开始约我做访谈，我就说过，我们没有 PET 成绩。我也不会耽误孩子的时间去学怎么通过考试。风刮得最大的那阵子，我在家让孩子自测过 PET 的卷子。听力部分都是满分，Match 部分错了两个，因为有些词汇在生活中孩子都没见过实物，所以这部分错也是认知水平的问题。填介词的那道是故事性读物，20 题全对。

有一个题，我还纠结是“in”还是“at”。孩子说不知道，反正小说里是这么写的，她读到这儿看到，就知道选“in”。她完全是语感支配，不需要通过语法去考虑下一句选什么介词。对于用大量时间刷题考试的情况，我特别想替孩子们说句话：每周只靠那两个小时刷题，回家之后不阅读不付出，这样学一年能有效果吗？

这时候有家长说了，我们都学了一年了怎么没提高呀？这就相当于不种地却说地不行，这地不长粮食。刷了一年题，孩子都是在浪费时间。不思考、不愿意在阅读上付出，却把报辅导班当成爱孩子。这是很多家长的普遍问题，根本问题没解决。

刘莹老师：在做英文阅读讲座的时候，我也遇到了很多声音，太多家长在阅读上放了功利心，希望阅读能帮助提高成绩，帮助学会单词，却又不能坚持。

Eva 爸爸：是有这种情况。听说阅读能提高写作能力啊，于是给孩子买了两本书读。孩子读完了写作还是没提高，然后说我们这读了没有用啊。读书破万卷，下笔如有神。重点是要“破万卷”，要大量读。功利心太强，就不容易坚持。

没有吃过阅读的红利，就不能体会阅读的好处。包括对于选书，很多家长也问我选什么书好？易中天有一个特别好的回答，他说：“读书一定要读没有用的书，学习一定不是学知识。”其实他要表达的观点就是：要大量读书，读书是为了提高认知水平。

刘莹老师：今天和您访谈，我很受鼓舞也很震撼，Eva是厚海最想找到的英语阅读典范。您的思考，对阅读的极致坚持，会给其他家长很好的参考。非常感谢您的分享。

一年美国幼儿园经历，最大的收获不是提高了听说能力，而是更坚定了英文阅读

牛娃介绍

★学生名字：Jessie

★年龄：8 岁，*RE*3 在读

★每年阅读 120 本英文书，最喜欢 *Harry Potter*（《哈利・波特》）系列

访谈内容

01 英文阅读环境对孩子非常重要

刘莹老师：Jessie 妈妈您好，孩子现在 8 岁上三年级，每年能读 120 多本书，能读《哈利 · 波特》，很多少儿英语启蒙研究者都把 8 岁读《哈利 · 波特》当成原版娃的标志，Jessie 真的非常厉害。很期待您今天来分享孩子英文阅读和学习的经验。

Jessie 妈妈：谢谢老师。我觉得我们家孩子不能称为“牛娃”，因为我不想给孩子贴这个标签，也不觉得她牛。

我们在英语上确实走了一个在其他家长看来的“捷径”，就是在孩子五岁的时候，我和她爸爸去美国做访问学者，大概在美国上了一年幼儿园。

当时我们住的地方离图书馆很近，那里资料很丰富，孩子每周都会去图书馆，换书借书。周围社区环境也很好，很多外国小朋友也在图书馆，他们彼此可以交流。而且 5 到 6 岁是孩子语言发展的黄金时期，她的理解力和对母语的把控都比较好。她回国之后就可以读《神奇树屋》，所以那一年对她英文学习的影响特别大，进步神速。

而在去美国之前，孩子主要的启蒙是听英语儿歌。

刘莹老师：原来孩子是有这样的经历。可能我们很多家长对在国外上一年学都有一些误解，认为学习英语有了环境就可以，其实美国幼儿园、小学校内是有很多阅读课程的，所以我也很想借此机会了解更多的细节，比如国外学校会不会让孩子背单词？

Jessie 妈妈：会背单词的。我们社区在硅谷，华人比较多。如果不是本土长大的学生，入学要先进行测试，看孩子是否适合“native”的课堂。测试结果如果跟不上课堂，还会有另外一个 ESL 的课堂，让孩子去补习，类似于语言的预科班。

学校里还会有一名助教，懂中文或者西班牙语。当老师发现孩子没有听懂课堂的指令时，助教会在不打扰课堂的前提下提供帮助，确保孩子能跟上课堂。

第二是美国的教育体系非常重视阅读。学校的布置上，四面八方都是专门的“阅读袋子”，每个孩子一个，里面有老师要求读的书，每天必须带回家让家长给孩子读，或者是孩子自己读，最后签上家长的名字。这样就相当于她每天有五六本书，这就保证了阅读量。

第二天上学后的第一件事情，就是把阅读袋子放到阅读篮里，相当于还书。放学后，又领书，老师会非常严格，不允许挑书，轮到你的时候就是这本书，除非这本书是看过的。这个原则就保证了孩子能读到不同题材的书。

除此之外，在课堂上老师会带读。每周规定去图书馆，图书馆会有工作人员给孩子们讲故事。加州还会推出不同的读书计划，比如每个月孩子读书超过 10 本，会奖励孩子一个 pizza 券，免费兑换一个 pizza。我们为了仪式感，每月都去，也会感谢孩子说，这个 pizza 是她这个月通过阅读得来的。

刘莹老师：非常鼓励阅读，创造了很多种活动，氛围也很好。

Jessie 妈妈：是的，图书馆很多。开车 3~5 分钟之内，甚至有一个专门的儿童图书馆。我们经常带孩子去这个图书馆，每周会有很多讲故事的课程，还会有很多互动。比如看一套书的时候，图书管理员会鼓励孩子给书中主人公写一封信，“主角可能会回复你哦，前提是你必须要把这本书读完。”孩子真的读完后，会获得一个地址，就特别兴高采烈地去写信了。

刘莹老师：从班级、学校、社区，再到整个社会都很强调阅读，鼓励阅读的方式也很多样。您刚才介绍到学校会要求父母为孩子读书，所以我猜想，孩子在去美国之前还没有认读能力？

Jessie 妈妈：对，认读是在美国幼儿园培养起来的。幼儿园会学习 sight words，也会背单词，还会教孩子自然拼读。

刘莹老师：了解了，其实国内的很多英文课程也是学习这些内容，sight words、自然拼读、大量英文阅读，等等。但是仿佛家长们也会有一个误区，就是把孩子送到一个机构进入英文课程之后，自己想要尽快放手。

但通过您的讲述，比如幼儿园会规定家长参与到孩子的阅读中来，变成家庭阅读，这样的效果才最好。

Jessie 妈妈：是的。孩子虽然年纪小，但是目前每次的测试都还不错，所以也会有家长问我。我都会讲，我们确实有一年美国学习的经历，但并不完全依靠机构，不同的家长观念和进入机构的目的也不一样，参与度也不一样。

刘莹老师：其实与其说孩子是因为有美国的学习经历，不如说孩子的学习路线是正确的。我觉得您带给我的思考是：怎么给孩子在国内创造这个环境，了解正确的学习路线？其实国内有很多家长都做得挺好。比如您刚才介绍的种种鼓励阅读的方式，有很多是可以在家庭中复制的。

Jessie 妈妈：对！而且根据孩子的喜好去选书很重要。我能理解，兼顾课内、练习和机构学习是有些挑战的，但话说回来，能够选择用英文阅读推动英文学习的父母，还是希望给孩子一些挑战吧。

02
英语学习要走长期主义

刘莹老师：孩子回国后，在英文阅读练习上有遇到过困难吗？毕竟英语作为一个技能去训练，有时候比较枯燥。

Jessie 妈妈：有的，孩子比较难的地方体现在拼写上。比如听记练习，之前没有练习过，她都可以听懂，但是拼写会有错误。另外就是书写会偏慢，跟不上音频播放的速度，我们鼓励她学会断句。Jessie 的听力还是不错的，所以在听力上问题不算大，但她比较抗拒背诵。

刘莹老师：说到英语听力的培养，在全英文的环境中孩子的听口能力确实是能达到自然习得的过程，这是国外学习经历给孩子带来的巨大优势。她需要在英文环境下生活，和小朋友沟通，就必须要弄明白别人说的是什么意思。

Jessie 妈妈：确实是，这点我们必须承认是环境造就的。

刘莹老师：但我们国内的家长在这点上却特别矛盾。大家很期待一个全英文的环境，比如有机会带孩子出国学习，又会担心全英文授课孩子能否听懂。您会担心孩子是否能读懂一本英文书或听懂英文，因此去测试她吗？

Jessie 妈妈：不会的，聊天的时候，我会和她交流，问一问最近读到或听到的有什么好玩儿的吗？有什么有意思的地方和我分享。她能回答出逻辑关系，我就知道她其实是懂了的。不用想办法佐证孩子是否懂了，也不用太过操心阅读的难度，如果是太难的，那孩子也不会再继续读下去。只要没有断，不排斥就可以。

有时候 Jessie 会重复听和读那些对她来说简单的材料，我也不会阻止，她每次听或读的收获一定是不一样的。我经常使用“五指法”来判断孩子阅读的难度，就是只要一篇不超过五个生单词，这个难度就是合适的。

刘莹老师：您这个阅读小 tips（小窍门）特别好。不过很多家长会期待英文阅读中，生词越多越好，然后把英文阅读中的生词摘抄下来要求孩子背诵。

Jessie 妈妈：我不是特别赞同这种方法。这样还是把英文当成学科来学习，所以就会追求孩子读的书越来越难，孩子反而越来越没自信，家长更担心，于是需要更多的佐证。

其实很简单，孩子如果沉浸在阅读里，那就一直给她读。她升不到下一个难度级别，就在现在这个难度级别中大量地读，自然而然地就可以升级了。

其实我们家孩子最近又在翻过去的旧书，怎么看都看不腻。所以我认为英文一定要当作扩展认知边界的工具，不要当成学科来学习。

刘莹老师：我听着特别燃，您是怎么有这种认知的呢？

Jessie 妈妈：我是被传统英文教育培养出来的。在国外的时候，从前的英文学习效果受到了很大冲击，让我清楚地看到自己不会使用英语这个问题，所以我和孩子爸爸希望不管孩子英文水平怎么样，要让她敢于去讲，把英语当成一个工具而不是学科。

刘莹老师：非常同意您的观点。您给孩子有标化考试方面的规划吗？比如 PET、FCE 之类的考试？

Jessie 妈妈：我去年有让她去考 PET，裸考通过的。但是我们没有让孩子为了考试去学英语，也没有定具体考试的目标。我很理解很多家长对标化考试成绩的需求，毕竟有一定的升学压力。

但是我更在意的是，孩子英语能力的不断提升。比如，FCE 的题我也看了一下，其实很多不再是语言的问题，是思维和认知。现在 Jessie 才 8 岁，如果我去强行提升孩子的成绩，她会很痛苦。我更希望她自然成长到在思维和认知可以完全匹配这个难度之后再去考试。

每个家庭可能规划不同。我考虑的是学习要走长期主义，考完 PET 考 FCE，那孩子过了之后呢？英语还继续跟进吗？如果我们设定一个终点，那

FCE 是终点吗？如果不是的话，那为什么要在孩子认知和思维达不到的情况下，把大量时间投入到这些考试上呢？为什么不等她能够更理解了，轻松地去做这件事情呢？

我也听过另外一种解读，希望孩子在小学阶段拿到一些考试成绩，这样上初中之后就能腾出时间学习其他科目。但是语言是“用进废退”的，如果某个考试过了就不再继续学习，不在英语上花费时间，这反倒对孩子的语言学习是巨大的伤害。

刘莹老师：您的解读太深刻了，学习要长期主义。孩子在学习上遇到过困难吗？比如一些技能练习太枯燥孩子无法坚持等，您怎么帮孩子解决类似难题的？

Jessie 妈妈：有遇到过，但我们一直告诉孩子，学习是她自己的事。

在美国做访问学者的时候，孩子去斯坦福大学玩儿，她就会觉得这个大学很好，很好奇怎么才能上这个大学。我会跟她讲，大学是怎样的选拔体系，一定会选拔敢于突破自己、努力的人。不需要多聪明，但要突破自己，克服自己的缺点，这样会打动老师们。

我们也会不断跟她讲，学习本身是一件很辛苦的事情。比如，她昨天改作文已经改到第三遍，就有点想放弃，觉得烦。我就会告诉孩子，我们写论文改十几遍二十几遍都是很正常的事情。

而且有时候可以允许孩子在错误里多待一会，甚至家长陪着孩子在错误里待一待。但是不要担心孩子犯错了之后就不会重新走到正确的路上，孩子们最终都会越来越好的，家长要有信心。

刘莹老师：您最后的观点我十分赞同！今天非常开心能和您进行这场访谈，您不仅解答了很多家长们的疑惑，让我也获益良多。每一个牛娃的背后，都吃过比我们想象的要多的苦。我们看到的成功，都来自家长的坚持付出。再次感谢您！

三年级能阅读52万字英文历史长篇，妈妈强大的资源搜集能力功不可没

牛娃介绍

★学生名字：Jason

★年龄：8 岁

★获得全国性演讲比赛一等奖，8 岁可以阅读蓝思值超过 1300 的英文原版

访谈内容

“现在的小升初，还是侧重看奥数。除非是外国语中学，否则对英文没有那么重视。”Jason 妈妈垂首浅啜一口咖啡，慢条斯理地说道。

“但是呢，我既不想让孩子上专门的外国语学校，又不想放松对他英文能力的要求。”

Jason 在读书

初见 Jason 妈妈，我打量着这位清瘦高挑的母亲，她说起孩子的英文学习两眼炯炯有神。谈到对 Jason 各类学习的规划和见解，言语中满是实操过后的经验总结，Jason 妈妈谦虚却又笃定。

Jason 如今三年级，对课文的理解非常到位，讨论时也是表达最积极的一个；课后练习多次拿到几乎满分的好成绩。无论是吸收知识所要求的阅读能力和认知水平，还是表达观点所要求的批判性思维和口语、写作能力，Jason 都表现出高于同龄人的水准。

“数理化代表他择业的方向，而在一个体系里升得多高，走得多远，最终看的是人的眼界、沟通、表达。有了英文这个媒介，孩子交流的方式更多一维，看到的世界也必定更宏大。”Jason 妈妈谈到为什么一定要让孩子学英语，我特别赞同。

如果用一个字形容 Jason 妈妈的培养方式，那就是“远”，长远的远。

Jason 在 4 岁半开始读 *RAZ*，5 岁上外教聊天课，二年级加大 Non-Fiction 阅读比例，如今的科普文涉及的认知对他来说并非不可逾越。他曾在演讲比赛的初筛失利，但妈妈看到了孩子的能力，于是陪伴孩子积极培训，补足技巧部分，“一定要帮他把自信拿回来。”所以她布置庞大计划，精挑细选每一环。

以下为 Jason 妈妈自述——

01 认准路线，不为应试，把语言当作桥梁

对于孩子的英文学习，我一开始的“纲领”就特别坚定：不为了应试而学英文。既然如此，就要避免知识点的生硬灌输，这也指引了我家的“行动计划”：按照英语母语者的习得路线走，尽可能地跟着外教学。

英语母语习得者的路线，相信大家已经听过很多次了，那就是听说先行。先用大量的听力材料建立语音和理解的对应，让孩子先听懂，能用口语表达。所以，在孩子 2~3 岁的时候，我开始为孩子的英文听力输入作准备。

首先是给孩子挑选初级动画片。我选择的是《小猪佩奇》1~3 部，因为有色彩丰富的动画，令人捧腹的情节，孩子很容易投入，一边看还一边手舞足蹈地模仿，自己嘿嘿嘿地笑得不亦乐乎。

我会跟他互动：你觉得这集最有意思的地方是什么呀？他会告诉我：小猪哼哼的声音最有意思；佩奇和弟弟刚清理干净身上的泥，就又到泥坑里跳来跳去，又弄了一身泥啦！Jason 很有冲动把他喜欢的情节分享给我，我便也知道他看懂了。

《小猪佩奇》的优点是时长合适，每集短短 5 分钟，不会特别费眼睛，而且句型重复，孩子就这样初步完成了基础词汇和句型的积累。

4 岁半，我们进入一家外教听说机构学习，每次课前都会有一个小对话，作为本课讨论的主题。第一次上课回来，我就问 Jason：“今天上课学了什么呀，你给妈妈讲讲好不好？”他竟然完完整整地把这个对话复述出来了，之前大量的听力输入功不可没。

在机构上课的同时，家里的听力也没断。后面的动画片升级到《汪汪队立大功》，这部动画每集时间超过 20 分钟，不能连续看，我就把全部音频拷下来，让孩子一边玩玩具一边听。突然有一天，我发现他竟然能自己吧啦吧啦说出一长串英文，那个时候我知道，这条英文学习的路是跑通了。

孩子 5 岁左右，开始上外教网课，说是网课，其实就是聊天，天南海北什

么都聊。像世界地图，他随手就能画出来，不是那么冷门的国家，他都能立马指出来在哪。其实没有刻意背过，但他就是见得多，不知什么时候就记住了。

学习英文，是让孩子打通认识世界的桥梁，而不是单纯为了应付考试。因为 Jason 有英文能力，我带着他一步步申请了国外一所大学面向青少年的公开网课，他看到了很多之前看不到的东西，也接触了国外的教学方式。

比如，这个项目为最小三年级的孩子提供人文科学、自然科学、地理科学的课程。目前，Jason 跟着这个课程学习世界历史，讨论明治维新等，孩子学得特别开心，真正有了兴趣。

有一次，我正好看到他在做历史作业，讲到洪秀全领导的太平天国运动和美国南北战争。我问他："老师怎么评价这两个事件呢？它们有什么区别？" Jason 答："老师没有评价呀，让我们自己想，为什么要把它俩放到一起讲。"然后就回过头继续写他的报告了。

这种把不同国家同一时期的两个历史事件拿出来给孩子对比，让他们自主思考两件事的异同，颇有跨文化比较研究的意味。孩子在三年级接触到这样的思维方式，非常有价值。

正是有了英文水平的基础，Jason 才得以申请到这样内容丰富的课程，让他跨越国界，拥抱更广阔的选择。

由此，他发现了自己对地理、历史的兴趣，还产出了个人观点，养成了批判性思考的习惯。用英文学习、讨论、思辨更广阔的议题，即便没有刻意学习单词、语法、长难句，英文水平也会水涨船高。

反过来，如果为了应试而学英文，不仅学习的知识面不够宽，还可能会导致选择的方法事倍功半。比如单词的使用，在他最初上外教课时，外教老师就常说：Jason，这个用词，意思能明白，但是不能这么搭配，或者感情色彩不正确，再不然就是语域（即语言的使用场合及领域）不对。

单纯地想要通过考试，堆砌更多所谓的"高级"词汇而拿着单词书背，就可能频繁出现这种应用不当的情况。但如果是通过和外教老师交流，以及原版阅读吸收来的单词，孩子用词时就会联想到第一次见到本词时所在的语境，类比使用，对词汇的理解就更正确更深刻。

02
重视阅读，营造环境，和孩子共同成长

阅读真的太重要了，哪怕不上课也一定要阅读。阅读的孩子和刷题的孩子，感觉完全不一样。

在课上能跟老师滔滔不绝的，一定是阅读的孩子。不阅读的孩子，沟通时能明显地感到，他的思想是匮乏的。有了吸收，才能有东西溢出来。

Jason 从 4 岁半开始阅读 *RAZ*，一天 10 本，雷打不动。从 AA 级只有一两个单词的绘本，到幼儿园中班时读到 L、M 级别。接着，我们在 *RAZ* 之余穿插了桥梁书，比如《神奇树屋》《小屁孩日记》等。我在家里打造了特别大的一面书墙，全是书，每天到那里去选书就好了。

阅读的过程并不是一帆风顺。一开始，拿着 *RAZ* AA 级的小薄绘本，图看得明白，但是字不认识，Jason 也非常沮丧。那就先听，由于听力基础比较牢固，他能听个七七八八，然后把听力词汇和书上的单词作匹配，边听边认，重复十遍、二十遍，最后到看着字能自己认读，读得不熟的就再过一遍、两遍、五遍、十遍。

就这样，Jason 慢慢培养起了认读能力，越读越顺。量上来了，质也跟着上来。他会的东西，小伙伴们都不会，这也给他建立了强烈的自信心。

Jason 书柜的一角

很多人觉得，每天 10 本太难了，但我就是一套一套地买书，买完一套读两个月，读完处理掉，再换新的。看着读过的书堆在一旁，崭新的书尚待拆封，我们俩都非常有成就感。虽然没有跟孩子讲过道理，但我相信他很早便懂得了：所有的优秀都是建立在勤奋之上，遇到困难一定不要放弃。

这方面首先需要家长承担起帮助孩子选书的责任，给孩子营造一个有书的环境。我们买来的书，孩子不一定都喜欢看，不过他会在其中挑选自己更喜欢的。如果家长不买，他连选择的余地

都没有，自然想不到要阅读。

所以，我觉得不要怕“破费”，也不要认为买来一套书孩子只挑了几本来读就“可惜”——哪怕一套书里只投入读了一本，那一本可能就无心插柳柳成荫。

二年级，Jason 去考 PET，我发现里面的阅读材料并不全是故事类了，而是有大量科普和人文的 Non-Fiction 内容。这时，我便意识到，一定要衔接到非虚构类的阅读。于是我开始批量购入这类书籍，比如《神奇的材料》；还给他买了一些通识学科类的教材，涉猎的领域有世界人口、环境等。孩子的知识面扩展了，对类似的题材慢慢熟悉不抗拒，这对他挑战厚中帮助很大。

Jason 的书柜一角

有些时候，Jason 对地理历史之外的主题不完全感兴趣，但是我有自己的“小妙招”：在 Bilibili 或 YouTube 上给他找背景视频，先吊起他的胃口。看着看着，视频一关——没有了哦！欲知后事如何，不如来看看书？

孩子读完之后，我会采取和之前“动画片阶段”一样的检验方式：跟他聊天，看看这些书的难度是否适合他。我会问：你觉得这本书里哪里最有意思？你最喜欢主人公做的哪件事？能讲得出来，就是读进去了，有时他还会分享自己对人物做法的点评，对历史事件的感悟等。千万不要问：这本书讲什么啦？读懂了没啊？这样孩子会失去兴趣的。

现在 Jason 看的书非常难，虽然我的英语是六级，但我那时候是标准的应试英语，已经看不懂他现在读的很多书了。他最近在读《丝绸之路》和《金雀花王朝》，那么厚的两本，有时候眼睛累，他就往下听音频。

为了能跟孩子有共同语言，相互促进，我买了一模一样的中文书和他一起读，这样就能跟他聊：这个王朝发生了什么样的事情，细节是什么，等等。如果家长只是一味地让孩子读，自己什么都不知道，孩子觉得家长不如自己，那家长就失去了威信。所以现在我买书都买双份：他读英文，我读中文，是对他的一个督促，也是对我自己的一点要求。

03

演讲比赛，树立自信，找寻更高成就感

在孩子的英文学习路上，有一件事情令我们记忆犹新。

那时 Jason 二年级，报名参加“21 世纪杯”全国英文演讲比赛，那时深圳赛区只收两个学生进复赛，他排在第三名，与全国比赛的舞台失之交臂。孩子极其沮丧，想不通为什么不选他。他觉得自己的内容深度比那两个小朋友都好，但老师还是没有看到他。

我分析了一下：由于有足量阅读铺垫，我相信如果 Jason 的内容认真打磨，会非常精彩；由于一直跟外教老师学习，他的发音也很地道，并不比别人差。如果真的要说有什么缺陷，那可能是由于没有经过专业训练，在语言的抑扬顿挫和手势动作的表现力上，比前两名入选的女生稍欠一点点。而且，男孩子嘛，年龄又小，没有经过老师指导，站在那里晃晃悠悠，确实不像上台应该有的风范。

不过，这些技巧性问题，相较于观点和内容，是更容易解决的。我打定主意，要跟孩子一起克服这次选拔的失利，让他在演讲这条路上走得更远。

我开始着手为 Jason 选择专门的演讲培训。我们面试了北京、上海的两家颇有声名的机构，老师都非常喜欢他，但由于是网课，对 Jason 的核心问题——体态和台风训练，意义不大，再加上我看过这两家的课程设置，觉得还是有不适合的地方，就放弃了。

正在我感到极度沮丧的时候，朋友给我推荐了一位老师。他的培训非常小众，一次只收 20 个学生，格调很高，但是只收三年级及以上的孩子。抱着希望再微弱也不能放弃的心态，我带着 Jason 去面试，当场给题目即兴演讲。Jason 在演讲的最后把话题引到了疫情上，整个立意就拔起来了，被老师破格录取。

Jason 特别珍惜这次培训的机会。每天回到家里，都会对着镜子练习如何控制自己的表情、动作和语气。有时候是一段课上写的演讲稿，有时就用阅读中的课文。再次比赛之前，稿子打磨好了，他整天几十遍几十遍地练，最后练到咳嗽，嗓子哑掉。上台前，老师就叮嘱他：“你一会儿上去鞠完躬，第一句

话就告诉评委，对不起，我嗓子哑了，但我会尽最大的努力。”

最终，他获得了那场全国性大赛的一等奖。

通过这件事我想表达的是，当孩子遇到困难的时候，做家长的首先要客观评估下孩子的差距。如果不是天生条件不行，比如唱歌跑调还硬要学声乐，很多差距其实可以通过努力来克服。任由失败停在那里，说“没选上没关系，我们不比赛了”，孩子就会认为自己不行，永远过不了那个坎儿。

家长要跟孩子一起计划如何从跌倒的地方爬起来。当他亲历了先受挫后成功，就会更加相信失败是一时的而不是一世的，也会更加自信，更加相信勤奋能引发巨大的改变。

后记：

做英文教育到了第十个年头，近几年，我们发现无论是英文博主爸妈，还是身边的很多家长，都信奉这样一种“规划”：小学阶段把英语搞定，能拉多高就拉多高，以便给初高中的其他学科，尤其是理科，“让”出更多的时间。这种观点背后的逻辑是：英语就用到高考结束，后面的路线是断掉还是如何继续，暂时没有答案。

但 Jason 妈妈是从发令枪未响时，就看到了终点。

目前她的孩子正在等待美国数学大联盟的复赛成绩，有机会参加斯坦福大学的夏校。

然而，就像她说的：理科决定大方向，理科好的孩子可能未来会成为某一科研领域出色的研究人才；而能够条理清晰地作汇报，自信流利地作介绍，学识渊博，眼界宽广，善于跟各色对象打交道的，才是内外兼修的管理人才。

阅读是吸纳消化，演讲是输出表达。我们祝福 Jason，他的未来，远在英文之外。

8岁累计500万英文阅读量，能流利使用英文的家庭对孩子的培养有何不同？

牛娃介绍

★学生名字：Gary
★年龄：8 岁，*RE*4 在读
★累计阅读 500 万字，最喜欢 *Harry Potter*（《哈利 · 波特》）系列

访谈内容

刘莹老师：Gary 爸爸您好，我们做牛娃访谈两年来，您是第二位单独接受采访的爸爸。很期待您的分享，可以先介绍下孩子的情况吗？

Gary 爸爸：老师好，我们家是一个哥哥一个妹妹。他们幼儿园阶段在国际学校学习，因为我们不想让孩子把中文丢掉，上小学后去了公立学校。

哥哥一开始学习中文有些吃力，我们的方法就是大量阅读中文。现在的情况是中文的阅读速度也提起来了，上语文课不吃力，在班里成绩还不错，很欣慰。

但是我们也不想让孩子丢掉英文，所以上小学后仍然花了大量的时间阅读英文。

我的心得是，不管中英文，学习是一回事儿，阅读都是最好的推进语言学习的方法。

刘莹老师：语言确实是相通的，Gary 的英文阅读也做得非常好。

Gary 爸爸：哥哥上公立学校之后，每天都定时来阅读，从绘本到章节书，累积到现在 400 万到 500 万字，并且他已经读完了 7 本《哈利 · 波特》。虽然第 1 本比较简单，蓝思指在 1000 上下，有 20 万到 60 万字字，也还是很大的量，后面是越来越难。

而当他读完《哈利 · 波特》后，我觉得比较踏实，不用太管了，将来英文阅读别断了就行。没事儿的时候，让他读一些自己喜欢的书也不吃力。

我曾经有一个比较担心的点，就是哥哥脱离了全英文学习的环境以后，词汇量的增加是一个非常大的挑战。因为听力词汇量很大，还没有全部转化成识读词汇，所以担心脱离英文环境后，听力词汇不增长，阅读增长也会变缓慢。

但是后来观察中，我发现自己的担心多余了。孩子的词汇学习过程已经不是我理解的听力词汇转化成识读词汇，而是靠在阅读中的积累和强大的理解力来积累词汇。

比如前段时间有则新闻中出现一个词组，pick up the rein。这个词我没听懂，就和孩子探讨是什么意思。Gary 说我知道，就是 take over（接管）的意思。因为 rein 就是马的缰绳，所以抓住（pick up）马的缰绳（the rein），就是 take over 的意思。我听了后觉得孩子理解能力已经很强了。

我问孩子怎么知道的，他说是在读的 101 个谚语里有这个。实际上，他的词汇量增长，是在用家长想不到的一个方式，是阅读量大了之后，强大的阅读能力推动了理解力的增长，让这些看似没关系的点连成了线，完成了词汇或者其他知识的积累。

刘莹老师：通过阅读提高理解力，可能很多家长意识不到，对英文阅读的坚持更多停留在学好英语这个层面上。Gary 和妹妹比较特别的一点，是他们在一个纯英文的环境下完成了英语启蒙。所以我想问，通过您的观察，您觉得除了全英文之外，还有哪些事是对英文有帮助的？因为很多的孩子不太能接触到全英文的环境。

Gary 爸爸：国际学校其实不重要。我这么说可能会不被接受。全英文是一个特别优化的条件，但其实这些没有也不是不行，主要的还是让孩子养成阅读的习惯。没上国际学校，但从小读牛津树，从最简单的开始，也是一样的效果，我的朋友中很多孩子都是这样的。加上有声书，比如小孩子特别容易上手的广播剧，很有意思，孩子容易懂。阅读加上有声书，可以帮孩子做到很好的启蒙。

刘莹老师：那您在指导孩子阅读时有量化的规定吗？比如每天读多少？

Gary 爸爸：有的，这个大人要有计划，必须坚持，每天必须要达到一个阅读量。但要求不要太高，最好是孩子力所能及的程度，太高了孩子就会排斥，当成作业。习惯要建立。比如孩子能读 100 个字，我们可以要求孩子读 80。阅读本身的趣味性会带动孩子坚持下去。

刘莹老师：读的方式有要求吗？比如必须读出声，或者很多家长担心孩子没读懂，想要用阅读理解题去测试孩子？

Gary 爸爸：第一个问题，我觉得没必要让孩子必须朗读出来。当然，处在学习认读阶段的孩子可以朗读。可以认读之后，孩子能把书看完而且心情很好，这就证明他吸收到了，就行了。孩子看不懂一定会表现出来，“太难啦，这个我看不懂啊”。这时家长就需要干预一下，讲解一下意思。

家长给孩子选对了书的话，这种情况应该不会存在。

如果程度比较低，可以从绘本读起，有图片的辅助。选书很重要，不可能说孩子拼读还不怎么会，就给孩子选《神奇树屋》。

第二个问题，我觉得等孩子到了一定程度，测试是很有必要的。印象中您写过一篇 *Star Reading* 的文章，是关于 AR 体系测试，每本书后面是有 quiz 的。我认为那个很好，孩子的阅读成长从一开始就用的这套东西。达不到给孩子做能力测试的家长，很推荐这个测试，一本书出 10 道题，孩子做完也特别有成就感。

刘莹老师：Gary 是从什么时候开始做 AR 测试的？

Gary 爸爸：从读章节书开始。他读绘本时，我们还不知道有这个测试，而且绘本阶段也没有做这个测试的意义。先积累到章节书的能力，再开始用 AR 测试。

刘莹老师：特别同意您说的，很多家长陷入到特别大的误区里，当他知道有 quiz 的时候，什么难度都让孩子做，或者在原版阅读上很焦虑，追求特别难的级别，在孩子还不能读的时候，专挑生单词特别多的书，而不是在这个级别铺更多的量。我猜您一定是讲究同一难度的大量阅读，而不是生单词？

Gary 爸爸：是的，家长要控制和观察。阅读这件事是最焦虑不得的，要坚持，不要焦虑。

刘莹老师：您刚才提到了自然拼读和读绘本，孩子在学习这两者之间是什么样的关系？

Gary 爸爸：我觉得自然拼读是孩子在听有声书，积累了一定听力词汇之后，再去读的，自然拼读是把听力词汇和识读词汇建立起联系，这是最重要的。

刘莹老师：很多家长把自然拼读当作拼音来学习，却忽略了积累足够量的听力词汇。

Gary 爸爸：这个需要多听有声书，多增加一些和外教接触的机会，这也是我选择体系化课程的原因之一。其次，在家里陪孩子读书，我也会和孩子一起复习自然拼读。

刘莹老师：孩子之前的书写能力怎么样呢？这种体系化的阅读课程需要写的东西还挺多。

Gary 爸爸：哥哥的情况是我没做好，当时精力不够，学校作业多，没给书写或听写硬性要求。现在来看妹妹的听写，在这套刻意练习方法下训练得特别好，听记对于孩子将来写作文，写 essay，包括听力转换成书写都非常有作用。我认为听写是一个特别好的训练板块。

刘莹老师：因为听记练习，您观察孩子在哪块有特别大的改变呢？

Gary 爸爸：听记可以解决很多问题，比如写作文的时候更有内容的积累，毕竟光靠口语不能达到写作的措辞要求。而通过听记练习，科普文中的 linking words（过渡词），例如 furthermore，这些东西如果听写多了，将来写作更顺手。

现在很多孩子要考 PET、FCE 等。writing 部分要去填空，填空的很多东西都来自语感。有时候语感不一定够，就需要听记里习惯用法的积累，in addition to、furthermore 等等，这会让孩子很受益，很值得坚持。

哥哥裸考 PET 得了 148 分，大家可能会觉得从前有英文环境，口语一定是分最高的。但其实哥哥口语成绩一般，因为孩子年龄还小，有些问题他是认知不到位，这个我完全不担心。但其他科目的成绩，我认为主要是受益于类似听记这样的训练。

刘莹老师：所以妹妹在做听记的时候有畏难过吗？比如太难了不想做？

Gary 爸爸：这有一个过程，很多孩子一开始都会觉得难，但坚持下来会越来越简单，书写速度也会突飞猛进。在这一点上，我也想说大家对国际学校是有些误解的。

比如妹妹上的是偏英式的国际学校，更英式更严格一些。你可能想不到，他们要求还未读一年级的学生练习书写 cursive（手写体）字体，很严格的。我们国内有的幼儿园大班可能还没有开始练习书写，所以妹妹的 cursive 字体写得很好，很工整漂亮。再加上听记练习，字迹和

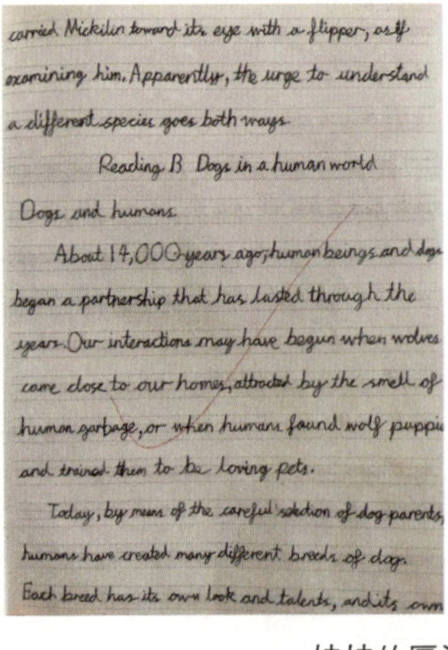

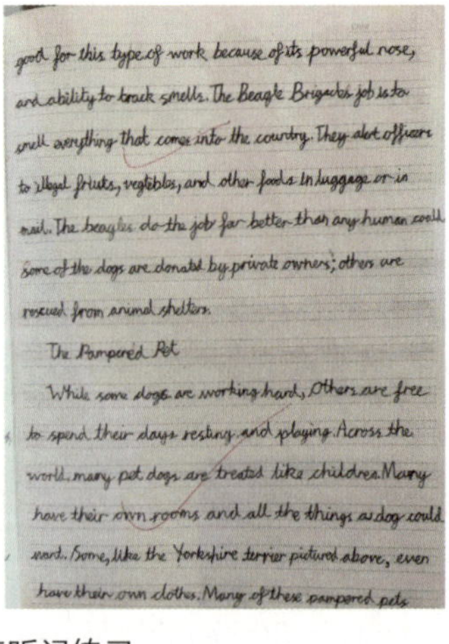

妹妹的厚海听记练习

听记的训练结合，写完后书面像打印一样漂亮。孩子将来写 essay，二十分钟要写完，那怎么做到呢？还是要靠现在开始训练。

刘莹老师：我发现，英语方面爸爸要参与得多一些，您和妈妈之间有分工吗？

Gary 爸爸：我希望有更多时间可以专注在孩子的教育上。另外就是因为我自己的成长经验包含对西方文化的了解，可能我来帮助孩子学英语会更好一些。

我 1999 年去法国，在埃菲尔铁塔上吃麦当劳，别人问我需不需要 “ketchup”。那时候我英文很好的，每次考试得 100 分。但我不知道什么是 ketchup，那个法国人很吃惊，他说，你是从火星上来的吗？为什么不知道 ketchup？

这其实不是我英文差，是那时候中国没有那么多麦当劳。所以孩子们要掌握的不仅是语言能力，还有语言背后涉及的文化，语言的理解就是对文化的理解。

我曾经看过一个新闻，讲特朗普在疫情后从来没戴过口罩，所用表达为 “Donald Trump cross the Rubicon”，cross 不就是“穿过”的意思吗？Rubicon 是一条河的名字，句子直译是“特朗普穿过卢比肯河”。但这个句子背后是个故事，Rubicon 河是恺撒大帝征战回来要渡的河，当权者怕将军带兵过河意图谋反，规定将军过河都不许带兵，所以将军过了河就没有退路了。

这个短语因而也常用于暗喻“覆水难收”。其实我们要把这样的典故教给孩子，孩子们看了才会懂。光靠积累词汇量，孩子们远远达不到这个水平。我看着孩子读书时，会给他解释故事意思，甚至是再讲一个类似的故事，孩子最终会学得特别扎实，不会忘。

我的孩子经常和我分享，有次分享了一个句子“ It's like robbing Peter to pay Paul”（抢劫 Peter 把钱给 Paul），这个句子的意思其实就是“拆东墙补西墙”。但为什么不是“robbing Tom to pay John”呢？这里面就有典故，Peter 和 Paul 分别是 Jesus（耶稣）的十二门徒之一和《新约》的主要贡献者之一，著名的圣彼得大教堂和圣保罗大教堂都是由他们而命名的。所以我能帮孩子快速讲解这个，节省很多孩子理解的时间，这也是我多花精力辅导孩子的另外一个原因。

刘莹老师：在孩子阅读上的帮助，您重视坚持，保证数量，更重要的是一定让孩子理解，在理解上做了很多工作。我能想象两个孩子肯定觉得爸爸是个行走的百科全书，特别崇拜您。

Gary 爸爸：没有没有，我也是和孩子一起去学习才了解的。现实生活恰恰相反，我推动孩子英文学习是需要给他们施加压力的，孩子小还是很爱玩儿，有时候也会觉得和爸爸在一起是严肃的。

序号	英文书名	中文书名
1	Dogman	神探狗狗
2	Captain Underpants	内裤超人历险记
3	Nate the Great	大侦探内特
4	Tom Gates	了不起的小盖茨
5	Encyclopedia Brown	百科全书小布朗
6	Storey Treehouse（13-117）	小屁孩树屋历险记（13-117）
7	David Walliams 系列八本	大卫威廉姆斯幽默小说系列八本
8	Black Lagoon 系列	黑湖小学系列
9	Franny k. Stein 系列	科学小超人弗兰妮系列
10	Who Was 系列	Who was世界名人传记系列
11	What Is 系列	What is世界历史百科系列
12	Warriors系列六本	猫武士系列六本
13	The Kane Chronicals系列	埃及守护神系列
14	Percy Jackson系列五本	波西杰克逊系列五本
15	The Trials of Apollo系列	阿波罗系列
16	Magnus Chase系列	马格纳斯切斯系列
17	Harry Potter原版七本	哈利波特原版七本
18	Story of the World	世界的故事四大本原版

Gary 和妹妹的书单

刘莹老师：是的，太亲密了反而会遇到困难，有时候是需要一个“第三人”的身份来推动学习。我自己是英语老师，但是在推动孩子学习的时候也会遇到难题，因为孩子特别容易把妈妈对他提出的要求和对他的评价混为一谈，结果反而是不合作，所以您说的这种相处特别好。

Gary 爸爸：是，家长要学会平衡。比如该学知识了还是要学习，告诉孩子没有好玩儿的，学习是有压力的。孩子慢慢也会明白。

刘莹老师：非常感谢您接受我们的访谈，还帮我们总结了孩子由入门到较高级别的书单，特别感谢您！

4岁开始启蒙，10岁通过FCE，超强学习力来自于尽早让孩子承担自己的责任

牛娃介绍

★学生名字：Jay（小盒）
★年龄：10 岁
★ 10 岁通过 FCE 考试，坚持英语配音 1900 多天，配音作品 4000 多个

访谈内容

01
坚持两条腿走路，英语课外体系课学习是必需

刘莹老师：Jay 妈妈，您好！非常开心认识您，我听同事说孩子 10 岁就通过 FCE，真的非常厉害。您先和我们说一说孩子学英语的过程吧。

Jay 妈妈：刘莹老师好，您过奖了。很感谢您给了这个机会，也是我对孩子英文学习的一个复盘。我一直有在看其他牛娃妈妈的访谈，我们的路径跟其他孩子不太一样，并不是领先，而是相对落后一些，所以当时收到访谈邀请的时候我也在犹豫，因为怕我们的这个路径没法给大家一个启发。

但是仔细想想，和我们一样没有英语启蒙的孩子还是有很多的，或许对这些孩子有一点帮助。

Jay 很小的时候没有过英语启蒙，像什么磨耳朵、看英文动画、看视频都没有，这是我比较后悔的一个地方。他正式开始上英语课是 4 岁，就是俗称的“蹦跳英语”，一方面因为学的内容比较简单，能激发起孩子英语学习的兴趣，让孩子没有畏难情绪。另一方面它又是纯外教教学，在启蒙阶段的引领方向还是正确的，所以我觉得是有帮助的。

但是在那里学了一年后，我觉得孩子没有太多知识上的收获，作为家长，我会有一点焦虑孩子爬坡这么慢，会不会影响后面进度，所以孩子 5 岁的时候就转到另一家机构。

第二个机构比较偏应试，也有口语课。孩子在那里上了几个月之后，我们觉得内容比较简单，又想换了。但是机构的校长和老师说孩子在这里学得挺好，能不能试着给孩子跳一级？于是我们听从建议跳了一级学习，他和一年级

的孩子一起学习。

他进入那个新班级之后，用很短的时间补完了跳过的所有课程内容。当时那个机构每学期有万人大联考，他考了全班唯一一个满分。穿着小西装参加了机构举行的颁奖典礼，他挺开心的，也很有成就感。后来学了一段时间，他又觉得课程简单了，因为之前已经跳过一级，机构老师也建议可以再跳一级。当时我觉得虽然机构老师非常好，但由于机构没有太按照孩子的水平分班，课程整体来说难度不算太大。

那个时候，我一直在家里带他学习数学，正好第三个机构有创新班的选拔，我就让孩子报名了数学考试，主要想看看他的数学学到了一个什么水平，但是机构的选拔要求数学英语一起报名，这样的话英语也考一下好了。结果，他不但数学考上了高班型，英语也考上了“创新小组”。我不知道这个英语小组是什么概念，当时就没有让他去，后来我听说那个创新小组是全市英语最高水平的一个班级，比创新班还要高，很少有孩子能考上。那个机构的老师也联系我，问孩子考上怎么没去上呢？刚好我觉得第二个机构的英语课偏简单，又要面临跳级的问题，就让孩子去了这个英语创新小组。当时孩子是一年级寒假。

孩子在那里上了一个寒假，感觉内容确实比第二个机构的内容难一些。但到了一升二的暑假，孩子又感觉内容简单一些了。我就开始反思，我和他爸爸在英语方面都不太好，之前也没有在家里给孩子做过英语启蒙，他是被环境推着去成长的，学得还不错，我是不是要在英语方面给他系统规划一下？

学前启蒙时在写字母的 Jay

我开始上网搜索相关的资料，向很多老师、宝妈学习。我们之前没有走英语原版路线，走的是应试路线，目标的靶向是考试成绩的优异，他的英语综合运用能力其实有一些欠缺，所以在他升二年级的暑假，我打算兼顾原版路线。

首先，我增加了英语原版书籍的阅读，从初章、中章到高章书，读的量是比较大的。从二年级起步到现在，这两年孩子该读的书也都读了。因为我觉得孩子考试成绩再好，也不能学哑巴英语，目标还是要能综合运用语言这个媒介去学习更多的知识，所以我在他二年级时加了外教课，想借此提升孩子的口语和英语思维。

同时在应试方面我也没有放松，他既然有这个能力，我就让他继续上第三个机构的课程。那时候他同时学着二年级和三年级的课程，都在英语体系最高的班型。当学到二年级下学期时，他觉得内容太简单，我就放弃了二年级课程，让他上三年级和四年级的课程。就这样他一共在那里学了三年多时间，从二年级学到四年级，学完了那个机构六年的课程内容。

在二升三的时候，那个机构引进了一个未来体系，想进入那个体系班级的孩子需要经过笔试和口试。最后有不到10个孩子进入那个班级，Jay是其中一个，孩子们的整体水平都非常高，课程全部由那个机构最优秀的中教老师讲授。Jay在那个机构一边跳级上原有班课，一边上新体系的课程。

孩子这样上了一学期，因为“双减”那个机构就不存在了，不过课程可以转换成另一种方式继续学，最终孩子坚持学完了。因为孩子很长一段时间是同时学两个课程，跳着上完了体系课程，只剩一个班课在继续了，我又开始找机构。当时我看到家附近的南开大悦城有厚海的讲座活动预告，就按照活动时间去听了讲座。我记得很清楚，当时是您讲的，我坐在第一排，特别认同您讲的一系列理论。我们当时就报名了，孩子测试后是*RE*2。

孩子上了一学期，感觉特别好，遗憾的是到了暑假，*RE*2班级比较少，时间不合适，我们就转到线上课，学了一个暑假。刚好三升四的暑假另外一个机构组织了初中英语大赛，Jay参加了并取得第二名的好成绩，获得了一大笔奖学金，于是转去这个机构。那个机构学习的是*Global You*（新东方自主研发的课程），一共有7个级别，孩子是从级别6开始学的，很快跳级到pro级别的课程，一个学期基本就通关了。

那时候孩子日校也到四年级了，又只剩之前的一个课程在继续了。二三年级时，他想考剑桥等级，因为一些原因耽误了。恢复剑桥考级后，我就问他：“要不要考？”他想考FCE，尤其想在四年级努力考过，不要等到五年级了。我就给他报了一个短期FCE冲刺班，最后成绩是优秀。

可能很多所谓的“原版娃”主要是通过阅读过程中大量地复现来掌握单词，觉得没有必要背单词，我们家孩子是背了很多单词，包括KET单词、PET单词、高考单词和FCE单词，现在正在背雅思单词，每一套单词都是找了两本以上的单词书，背诵至少5遍，所以孩子的单词板块是很扎实的。他这些年也获了很多单词比赛的奖，比如当时所学课程的机构举行的Word King

（单词王大赛），他每一届都是全市第一名，并且曾代表本市参加全国比赛获得全国一等奖第一名。

刘莹老师：我听您说得很轻松的，感觉孩子都是跟着一个机构、一个体系往下走，但是我知道 10 岁的孩子能通过 FCE 优秀，这不是只上课或只做原版阅读就可以积累起来的。我觉得您把两条路线结合得特别好。

Jay 妈妈：我是这么想的，单纯的应试路线也许在中高考能拿到高分，再过几年就不能满足家长“既要又要”的期待了。而单纯的原版路线在小童阶段是无痛的，到了大童阶段还是要两条腿走路，不然很可能到后面孩子觉得自己的英语原版阅读挺好，AR 值也挺高，考试成绩会有瑕疵。

02
扎实做练习，提升是大火猛攻的过程

刘莹老师：确实是这样，毕竟孩子最终还得依靠一些结果才有更多选择。我也做了好多笔记，大概梳理了孩子英语学习的路线。我想问的是，虽然孩子在小时候没有过启蒙，但是我觉得孩子 4 岁那一年上的外教课还是积累了一些，比如听力方面。您还记得当时那个机构用的是什么教材吗？课后有什么练习吗？

Jay 妈妈：那个机构有自编的教材，不是原版引进的。他们每次课分两部分，前面是口语课，中教老师带着练习一个多小时，后面一个多小时是应试课。老师讲单词，涉及简单的语法，比如“三单形式”。

刘莹老师：所以孩子那一年的所谓外教启蒙是积累了一些能力的，再加上有中教老师授课，他接受起来容易一些。当时那个机构会留有课后练习吗？

Jay 妈妈：是的，孩子是有启蒙的，只不过启蒙比较晚，没有像现在很多孩子可能从一两岁就开始。那个机构会有写的练习，因为他是和一年级的孩子一起学习，已经有过写的练习，量也挺大的。他当时跳过的半年阶段，我就找老师要了所有的课件，让他补上了那半年的练习，所以当时他每周写三周的练习——一周当下的，再补两周之前的。

刘莹老师：听您刚才叙述的整个过程，我心里默默想，这个孩子的主动性肯定是非常强的，不然不会配合您做这么多事情。您还记得，孩子后来去的英语创新小组用的是什么教材？

Jay 妈妈：那个机构用的 HE 体系，教材是 *Hello English*，是根据剑桥体系自编的一套教材，是以 KET 和 PET 考试为目标的。那个机构整体是满足我应试需求的。我们刚去学的时候没有觉得，在孩子一升二时我就反思了，单纯走应试路线，担心后续孩子有短板，所以我就加上了原版阅读，又加上了外教课程。这也是为什么我当时听您的讲座，觉得和您的想法很吻合。

其实我觉得孩子的学习成绩是呈现一个结果，家长的路线规划固然非常重要，但是最重要的是孩子自身的学习能力和学习习惯，这是他自身的武器。如果他有好的学习能力、学习习惯，不管学习哪个学科，不管在哪里学习，都能取得一个好的效果。

刘莹老师：是的，是花总会开。我之前教孩子时，对于应试的感觉是别看孩子在课上表现还可以，练习完成也还行，其实他本身英文能力的综合发展可能得打一个问号，比如表达能力能否上一个台阶。您当时有这种感觉吗？

Jay 妈妈：我有这种感觉。孩子的成绩非常好，也进入到了那个机构最高水平的班级，应试能力很强，但是假如没有外教和原版阅读的加入，他和其他同学的差距会越来越大。当时我确实心里没底，我不想孩子只是应试成绩高，考上好大学，在工作中需要开口说的时候张不开嘴。

刘莹老师：确实，英语的实际运用在这一代孩子身上有更强的需求。孩子当时的应试成绩比较高，您觉得是他比较适应这一套考试还是其他原因？

Jay 妈妈：跟着同一个老师学习，有的孩子成绩特别好，有的孩子成绩很差。我觉得其实很多时候功夫在课外，特别是英语，不像理科，靠聪明上课听会了，回家练习量没有这么多也可以有个不错的成绩。英语真的不是这样，孩子学 *RE*2 级的那一学期，最后考了 98 分，比其他同学高很多，除了课堂上学习到的，更重要的是课后练习，回家要做听记。这个练习可以马马虎虎去做，也可以按照那几个步骤去认真做，对待练习的方式不同，起到的练习效果就不同。

我记得，孩子之前做听记的时候，每一篇课文都要花好几个小时，基本上做下来之后错误已经极少了。他做完听记之后，再做练习册，再做一些长难句的练习，那些书都用得物尽其用之后，吸收效果才可以是 100% 甚至 110%。Jay 在其他机构上课也是一样，在课前充分准备，课上认真听讲，课后所有都落实了，甚至反复落实。我会把他那些练习册，要背的单词集中起来再给他过第二轮、第三轮，所以他的成绩会有一些保证。

刘莹老师：我现在听下来已经觉得很震惊了，很厉害。孩子一升二那个暑假，您开始给他加入原版阅读了，一上来就是让他读初章书，有遇到什么困难吗？

Jay 妈妈：没有，我用了一点方法。因为我担心他是大童，开始阅读英语原版内容有畏难情绪，所以给他降维，也就是我让他读的是相对简单一些的书。比如他 AR 值为 3，我就让他读 AR 值为 1 的内容，当时他是二年级，测出来 AR 值是 3~4 的样子，我就让他读 AR 值是 2 且和他年龄吻合的内容。这样一方面他从知识上比较好接受，另一方面这些内容本来就匹配他的年龄，容易有兴趣。我没有急功近利地给他特别难的东西，还让他读了一些简单的内容做个过渡，像 *Monkey Me*（《猴子男孩》）、*Kung Pow Chicken*（《宫保鸡丁》）、朱妮 · 琼斯系列。

其实一开始我不太懂这些章节书，面临的情况是我想加原版阅读，又不知道从何抓起。正好有朋友的孩子在学习一个阅读营，那个阅读营一上来先测 AR 值，做一个定级测试，当时孩子测出来可以读初章书了。虽然他之前没有过英语原版的经历，但是也上了那么多应试课，多少有些能力了，我就让他跟着阅读营去读初章书了。

他跟着阅读营老师的讲解，同时也去听去读，帮助他走上阅读这条路。当他大概知道怎么读了，就跟着网上推荐的书单或老师分享的一些章节书，开始有体系地阅读，从虚构到非虚构一点点开始。

刘莹老师：感觉有点像从桥梁书慢慢开始读起来的。真正的原版娃没有上过什么体系课，可能就像您说的单词是重复的见到，但是咱们孩子因为之前认真背过那些单词，其实是给他的阅读打了一个很好的基础。您对孩子的诊断也特别精确。有一些妈妈可能觉得，孩子考上了机构最高英语水平的班级，已经超过很多同学了，跟着学下去就可以了。您对孩子也很敏感，二年级的男孩子可能在阅读上、在理解力上有欠缺，那些桥梁书正好抓住了他认知的那个点。孩子二年级大概读了多少原版书？

Jay 妈妈：我觉得是相辅相成的。他的单词量给阅读做了一个基础，而他的阅读又提升了之前背过的单词复现率。他背了单词，如果后面一直见不到，可能也会忘掉。

市面上常见的书基本上都读了，像《大侦探内特》《神奇校车》《老鼠记者》《神奇树屋》《梅林的任务》《驯龙高手》《神秘事件 A-Z》《小屁孩书屋历险记》《小屁孩日记》，以及罗尔德·达尔系列、纽伯瑞系列等等，当然还有 *RAZ*，不过他都是降维打击地阅读。比如他 AR 值 9，会去读 AR 值 7 的内容，包括他今年读《哈利·波特》也是降维打击，所以读的速度很快，一天能读一两本，这样读的量很多。

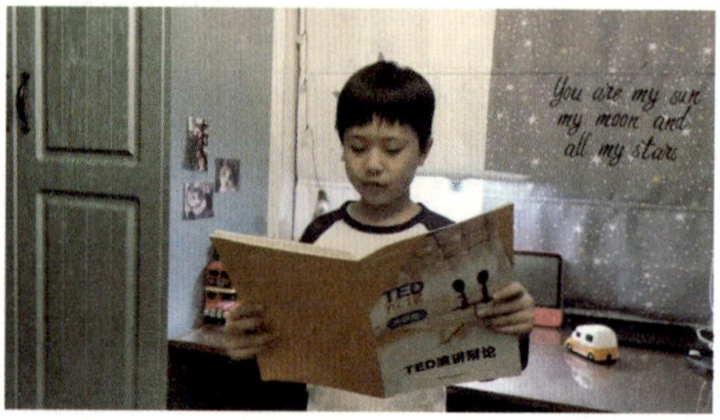

日常演讲练习

我不知道这种思路对不对。我想的是，他读 AR 值合适甚至更高一些的书，可能会突破他的上限，让英语能力往上涨。读 AR 值低一些的，读的量会大，通过量大来找语感，原版阅读进入到具体的环境可能更有意义。实际情况是他的时间比较少，我就想让他多读一些。他阅读的量谈不上海量，不过相对于他的时间来说效率已经很高了。

他是非常喜欢阅读的。就像一个运动员一直在长跑，现在让他散步，肯定觉得比较舒服。实际上应试对他来说是相对枯燥的，他在学完应试的前提下，去阅读是当作一个放松，看书让他觉得很幸福。

刘莹老师：孩子真是太好了，妈妈弄得也很好。孩子二年级时，您还记得上的外教课是什么样的吗？

Jay 妈妈：外教当时教的是 *RE* 教材，好像是从 1 级开始的，主要是一对一练口语，这也是孩子后来系统学习 *RE* 衔接比较舒服的原因之一。当时孩子跟着外教学了一两年，那个外教是欧美的，孩子跟着她口音也固定了，在朋友的介绍下，孩子开始跟着另一个机构的菲律宾外教学习，用的是 *Wonders* 教材，实际上孩子也不需要学什么，主要就是和老师聊天，假期基本上每天都有课，频率比较高。

刘莹老师：所以孩子这么些年在英语学习上一直是两个体系，一个偏应试，一个偏外教，平时补充的原版阅读时间也多，您对课后练习的要求也高，孩子要达到 100% 甚至 110% 的吸收程度，这么看孩子在课程上的投入时间也不少。孩子没考 KET、PET，直接上来就是 FCE 吗？

Jay 妈妈：不是的，他也考了 PET。我给他同时报名了 PET 和 FCE。虽然之前他三年级的时候就参加了很多机构的 PET 模考，成绩都是卓越，但还是有点不自信，担心 FCE 没考过，至少有个 PET。最后 PET 成绩是卓越，几乎满分。FCE 也达到了优秀等级，语用部分更是取得了满分。

我想了想，他小低年级大概 70% 时间都用在了英语上，确实是大火猛攻上来的。他学过很多课程，像 *Wonders*、*Great Writing*、*Hello English*、*Think* 改编版，包括现在正在学的是 *Unlock* 5，这些好一点的教材大都会涉猎，我都让他去感受一下。我对他的规划是希望他三年级之前把英语学到一定的水平，毕竟英语这个学科不需要太多的认知能力，可以尽快拉到高考甚至大学的水平；到了小学中段开始减少英语上面的精力，这时候孩子的认知能力、共情能力和理解能力也上来了，主要去学语文、历史；而数学是要贯穿始终，特别是到了小高阶段，更多的精力要给到数理。

刘莹老师：孩子有这样的好结果也真是值得了。孩子整个英语学习过程中，您有重点给他练习听力吗？孩子都是听什么啊？

Jay 老师：他就是靠平时大量地听。不论去哪，出去一会儿，去北大参观，去外地旅游，在路上的时间，在车上的时间……他的脖子上永远都挂着“倾听者”，听英文书的音频，有些音频是没有来得及看的英文书，这是他的标配。在这样大量输入的前提下，对于他的听力肯定是有好处的。

03
温和而坚定，
培养孩子自主性和专注度最重要

刘莹老师：我感觉到孩子的自主能力和学习能力都很强。孩子在整个过程中，有觉得太难或不想做这件事吗？

Jay 妈妈：没有。我给他设定目标有一个原则叫“跳一跳，够得着”，太高了会有畏难情绪，太低了发挥不了他的潜力，目前给他设定的阶段性目标还都能达成。

我对于孩子期待很多。您看在英语上，我既要应试也要原版，既要他英语学得好，还要数学学得好，既要他校内成绩一定优秀，还要课外做得好。他这几年在校内的成绩确实是比较有优势的，校外参加各类数学、科技竞赛也基本

上包揽了最高奖项。

包括他的性格也是，我希望他能自主学习，特别懂事、听话和稳重，同时他还要开朗外向，保留小孩子身上可可爱爱、古古怪怪的那一面。目前他的性格还挺好，阳光自信，同时谦虚谨慎；凡事积极争取，同时又乐观自洽。这种比较好的性格习惯助力于他的成绩达成，而不是反过来说学习习惯的最终目标是为他的成绩做铺垫。

孩子学到的这些知识真的能用于以后的人生吗？英语是一个交流的工具，用得上的概率大一些，像数学的函数、微积分等知识点，不见得能在日常生活中使用上，但是他学习知识可以提升他的认知能力，同时在学习的过程中，他养成了挑战自我的勇气，战胜困难的毅力，不断拓展学习边界，不断更新自己，这些东西才是他受益终身的。所以孩子的学习是为他的习惯和能力做积淀。

我关注成绩，但是又没有那么关注。我经常跟他说，考多少分都无所谓，成绩没有这么重要，只要你认真去做这件事，经历了就可以。我对他更多的要求是这些综合能力、学习习惯的养成，对自身品质的养成和锻炼，这些才能受益终身。不单单着眼于成绩，他的成绩自然水到渠成。

刘莹老师：确实是这样，家庭对孩子品格的塑造非常重要，好成绩是品格的副产品。说到孩子的习惯培养，您会让他必须做一些什么事，或给他做一些规划吗？

Jay 妈妈：我觉得有这么几点吧。

第一，我特别注重培养孩子的自理能力。

比如孩子从大班开始，我们再也没给他洗过衣服，他的衣服都要自己洗，小衣服可以手洗，大衣服放在洗衣机和我们的一起洗。洗衣机操作简单，他有时候也会帮我们洗。

我也从来没有给他收拾过一次书包，都是他自己去做。如果真忘了东西是他自己的事，在学校也是他难为情，好在这种情况还没有发生过。我也从来没有过坐在他旁边陪他学习，一是我感觉坐旁边像一个监工似的，他会比较被动，二是我想达成一个共识，学习是他自己的事情，学好了自己受益。还有默写练习，因为我下班比较晚，我让他自己拿着平板录音，录下来之后自己放录音，自己默写。我也不会帮他检查作业，因为考试时靠的只有自己。网课期间提交作业我也绝不插手，这一切都是因为我想明确他才是学习的主体和直接受益者。当然不越位不代表放任不管，我会暗自观察他，不定期监督他的学习状态，如果有不好的地方，我一定会及时帮助他矫正。

或许有家长会担心孩子在没有家长陪伴的情况下，会不会偷懒或摆烂？我其实也是有监督的，比如他上一年级时，我给他在微信上弄了一个“学习任务消消乐”，提前一天晚上给他归纳转天的学习任务，比如第一项是英语第几页，第二项是数学练习第几页，类似于这样一系列的，然后微信发给他。他放学回家之后，完成一项，就删去那一行，通过微信再发给我。虽然我在单位很忙，但是看手机的时候就知道他现在到什么时间段，完成几项了，这个进度是否可以，大概心里有数了。这时候我也不需要再去找他，因为他给我发的过程其实就是一个反思复盘，他自己能感觉到这个时间段完成这些学习任务是否高效。

后来他自己去做这些消消乐任务，转天要学什么自己设定，自己消除。再后来，因为自主学习的习惯已经养成了，他就不做了。我不想一步步拽着他去学习，更想培养他自主学习的能力。毕竟以后真正面对未来人生的是他自己，家长也不可能时时刻刻陪着他。

所有学习目标都是我们协商后设定的，有时候他不想去做一件事，我说可以，从来没有过强迫他必须要怎么样。而往往当我说可以的时候，反而他想要继续坚持下去。我一直给他灌输学习是自己的事情，如果做不好这个，老师会批评他，难为情的是他自己。每个人其实都要为自己的人生负责。

包括洗碗、擦桌子、洗地这些，我从小就让他去做。最近我们去旅游，回来翻看照片，发现他背着书包，书包上挂着我们的帽子、伞什么之类，我在旁边拿着自己的一个水壶，就很好笑。他好像已经养成习惯了，不娇气，不矫情，有担当。

第二，我要求学习的专注度。

除了学习知识，他还有一些游泳班、钢琴课、朗诵课等，还要户外活动，每一个都需要时间，可是他的时间是有限的，必须要提高效率。我觉得就是要提高专注度，做一件事情是高度专注的，不想别的，用最短的时间产出最好的效果。

我在这方面的训练是有意的。比如他坐在那里学习的时候不能乱动，不能一会儿要喝水了，

参加英文朗读大赛的 Jay

一会儿要去卫生间了，一会儿又要吃东西了，学习就是学习。再比如他不可以随便切换事情去做，做了两道数学题，做不下去换成英语，背几个单词，又做不下去了换个语文，实际上哪个都干不下去。他既然决定要做一件事，即便遇到难题了，咬咬牙也要攻破它。上课也是一样，专注度高的孩子才能事半功倍。

我经常跟孩子说，学习就是爬山，这个山在那里，有的人能爬上去，当然更多的人爬不上去。我负责规划登山的路线，只要孩子战胜自己，一步一步努力，不需要别的，就是走好脚下每一步，就可以登顶。当然有的时候一定会觉得痛苦，但同时也能收获乐趣，看到别人看不到的风景。这种成就感是高级的快乐，也为他不断攀登提供了原动力，这样的人生才是充实的。

他假期背单词，我就跟他说，是背单词和其他任务齐头并进，每天背完一个单元，持续一个假期，还是集中全天只背单词？他说选择集中背，用一周把这本书背两轮，背完就背完了，不用一个假期都背单词。我说一整天只背单词是非常消耗情绪和脑力的，他说那也选择集中背。他在这个过程中就是在挑战自己的边界，不是觉得烦了吗？烦了也要坚持，可能在烦的前提下有很多人放弃，但坚持下来，就是成功。我一直认为现在的学习最后是为他的人生服务的，并不只是获得了知识，而是他敢于挑战困难，敢于通过挑战自己的边界进而磨炼意志。

其他还有很多，比如写字，他从一年级开始写字就很工整，因为字是他的门面，还有读题时圈画的习惯、草稿纸使用的规范、上课要怎么听讲、文具怎么摆放、书包怎么收拾、书桌怎么收纳……他都能养成一个非常好的习惯。可能一开始会有一个纠正训练调整的过程，但是习惯成自然。表面上看他学得云淡风轻，其实是细节满满。

他小时候就开始在一个软件上做英语配音，当时周围有很多孩子一起做，后来其他孩子慢慢放弃了。上学后，周围有同学一看他做配音，也跟着做，结果慢慢又都放弃了，包括当时很多朋友孩子也跟着做，但是只有他坚持下来。昨天晚上我问他一共配了多少音了？他给我转发了一下，已经坚持 1912 天，一共 4068 个作品。这个时间算下来有 5 年多了，一个配音可能只用 10 分钟的时间，但是他真的每天都在做这件事，不需要督促。像这样坚持的事情还有很多，他已经是一个特别有毅力的孩子，我还挺欣慰这一点的。

其实这些小习惯的养成并不难，很多家长也在用心做，比较难的是在这个前提下，怎么让孩子无痛地养成习惯？

很多人都说我脾气好，跟孩子的亲子关系特别好，从来不会吼他、打他。其实我的容忍度很低，但我相信冲动不能解决问题，我要做的是温和而坚定。做一个有尺度有温度的家长，培养一个高自尊的孩子。我愿意给他讲道理，和他说明白，学习是自己的事情，如果需要的话，我愿意帮助他一起努力；如果不需要，我可以养养花，晚上回来坐个按摩椅，看看书，一年能看 100 多本书，我也有我的生活和精彩。

我记得孩子当时在机构上课时，很多家长坐在后面拿个本子记得好详细，我从来没有帮他记过什么信息。我觉得是孩子自己要上课，有问题问老师，我没办法替代。我的角色并不能代替他，我是去助力他，推他一把。为了培养孩子完全牺牲掉了自己的生活，这肯定不是咱们的人生意义所在，也不想活成这个样子。我希望在事业上可以拼搏，生活的快乐也要有。父母比较放松的情绪反而让孩子也跟着放松，松弛有爱的家庭环境，甚至才是孩子前进的真正的能量和底气。

所以我很汗颜，因为看到您之前访谈的那些牛娃家长亲自给孩子读绘本、练口语，我真的从来没有过，我是喜欢放手看着孩子奔跑的那类家长。

刘莹老师：我觉得每个孩子都不一样。但是从学习力、习惯和自主性上，Jay 是我目前访谈过的牛娃中很惊喜的那种状态，他一直都在承担自己的责任。您看似在云淡风轻地表述，其实当过父母的都知道孩子的自主性、好习惯的养成过程落实在家里每一天，每一个细节是很不容易的。

您刚才说有时间会养养花、读读书，做读书笔记，包括您的这种松弛感，对工作的热爱，所有的这些细节这些瞬间其实对孩子都是有影响的。我觉得爸爸妈妈在某种程度上决定了孩子的天花板。非常感谢您接受我们的访谈！